學習輔導

學習心理學的應用

【第二版】

李咏吟　主編

李咏吟・邱上眞・柯華葳

杜正治・林本喬・陳慶福　合著

洪榮照・韓楷檉・董力華

作者簡介

李咏吟（主編、第七、十、十二章）

學歷：國立政治大學教育學士

美國明尼蘇達大學教學系統博士

曾任：國立彰化師範大學輔導學系、研究所副教授、教授

現任：國立台灣師範大學教育學系兼任教授

邱上真（第二章）

學歷：國立台灣大學心理學學士

國立台灣大學心理學碩士

美國佛羅里達大學特殊教育碩士

美國伊利諾大學特殊教育博士

曾任：國立高雄師範大學特殊教育學系教授

柯華葳（第八、九章）

學歷：美國華盛頓大學哲學博士

現任：國立中央大學學習與教學研究所教授

杜正治 (第一、十一章)

學歷：國立台灣師範大學英語學士

美國堪薩斯大學特殊教育碩士

美國堪薩斯大學特殊教育博士

現任：國立台灣師範大學特殊教育學系教授

林本喬 (第三章)

學歷：國立彰化師範大學輔導博士

現任：國立嘉義大學輔導與諮商學系副教授

陳慶福 (第六章)

學歷：國立彰化師範大學輔導博士

現任：國立屏東教育大學教育心理與輔導學系教授

洪榮照 (第四章)

學歷：國立彰化師範大學輔導碩士

國立彰化師範大學特殊教育博士

現任：國立台中教育大學特殊教育學系副教授

韓楷檉 (第五章)

學歷：國立彰化師範大學輔導與諮商碩士

國立彰化師範大學輔導與諮商博士

現任：國立台中教育大學諮商與應用心理學系副教授

董力華（第十三章）

學歷：國立台灣師範大學教育學學士
　　　國立彰化師範大學輔導學碩士
現任：私立高雄醫學大學學生輔導組總幹事

主編者序

　　據序者所知，以「學習輔導」作為大學用書的書名者，本書搶得先機，因此為此書作序，本人感到十分的榮幸，但也非常惶恐。由於國外沒有學習輔導的教科書章節內容以供參考，故本書的章節編排可謂相當本土化，共包括理論篇、應用篇與反省篇等三篇，其中以應用篇所占章節最多，因為序者相信學習輔導的書應該是應用性取向。

　　學習輔導的原理是以學習心理學為基礎，因此本書以學習心理學的兩大泛式學派——行為學派與認知學派作為理論篇四章的基礎，再衍生出認知行為心理學原理與後設認知心理學原理這兩章。應用篇包括五大部分，第一部分是著重學習者的心理建設，以學習動機、自我概念、內外控等的輔導為主。第二部分是著重學習者一般性學習能力的提昇而以學習策略的輔導為主。第三部分是以學科學習的輔導為主，此書僅先包括數學科和語文科。第四部分則以學習輔導上重要的特殊問題為主而包括低成就生的輔導和補救教學。最後，本書希望在反省篇提醒教師與父母如何去預防學習的問題。

　　本書是由公私立大專院校的老師共同合作撰寫而成，所有的老師均具師範教育背景。在本書章節的編排上，邱上真老師和柯華葳老師均提出寶貴的建議。為使本書符合教科書型式的新趨

勢，在每一章起始先介紹重要概念作為前導組織（advance or-
ganizer），也間接指出每章的重點。同時，在每章後面也提出問
題研討，希望使用此書的教師或讀者能學思並重，達到高層次的
學習目標。

　　本書能順利出版，除了合著本書的老師及時交稿外，心理出
版社發行人許麗玉的聯繫協調，編輯蔡幸玲小姐的戮力，均功不
可沒。

　　由於學習輔導的範圍不易界定，故本書可能遺漏應包括在本
書而未包括的重要內容，尚祈教育先進提供意見與指正，俾供再
版修訂時參考。

李咏吟

序於 台北

八十二年元月

目　　錄

理

論

篇

第 *1* 章

行爲學派的學習理論

重要概念介紹

1. 行為學派（Behaviorism）

行為學派係心理學的一支，強調以科學的方法研究個人的行為。因此研究的目標行為均為可以觀察、也可以進行量化的外在行為，俾能對行為作具體而明確的描述，以期有效地控制行為的表現。

2. 反應制約學習（Respondent conditioning）

這是一種以控制外界刺激而達到個體學習目的的學習方式，學習的內容偏重於激起個體原有的本能反應，而非學習新的行為。

3. 操作制約學習（Operant conditioning）

這是一種以外界刺激的控制達到個體學習的方式，學習的過程著重於操弄與利用這些外在刺激，來塑造個體新的行為模式。

4. 學習（Learning）

根據行為學派的觀點，「學習」乃是指個體透過經驗或練習而改變其行為的歷程。在一般學習情境下，所強調的是：在質的方面從壞變好，在量的方面由少變多。

5. 聯結論（Association theory）

這是一種學習理論，主要的觀點在於將學習的歷程視為刺激與反應之間的聯結。

6. 學習三大定律（Laws of learning）

這是桑代克（Thorndike）所發現的學習原理，這三大定律包括準備律（個體身心都有準備時）、練習律（反覆練習所學過的教材）與效果律（學習後適時給予鼓勵）；意即當個體在上述情境下，學習效果較佳。

7. 增強原理（Principle of reinforcement）

增強原理係利用學習三大定律中的效果率，以改變個體的學習行為。詳細地說，當個體表現行為時，給予適當的增強物，俾能在數量與質量上改變行為反應的形式。在類型上，增強又分為立即增強與延宕增強，或連續增強與間歇增強。

8. 辨異增強法（Differential reinforcement）

這是一種增強原理在教學上的應用，旨在識別目標行為，並依目標行為的性質，透過增強的提供，以改變個體行為。最常用的辨異增強法包括消失辨異增強法（DRO）與相剋辨異增強法（DRI）。

9. 工作分析（Task analysis）

這是一種教學策略，將複雜的技巧分解成為若干簡易的步驟，並依原來的順序排列，依序學習，以降低學習的難度。

10.代幣策略（Token economy）

這是一種延宕增強法；當個體表現良好的行為時，先給他代幣；之後，逐漸累積起來，過一段時間後再將代幣兌換成增強物。

第一節

行為理論概述

就學術歷史而言，行為學派（Behaviorism）若與其他的科學
領域比較，無疑的尚處於幼兒期。然而它對人類行為的發展之影
響與貢獻，特別是對近代人類教育的衝擊與效應，卻是既深且鉅
（Kimble, 1999）。自六十年代行為理論問世以來，行為學派研究
的範圍已超出特殊教育的範疇而擴及醫學、環保教育（Robottom
& Hart, 1995）、以及工商企業等環境與消費行為的問題。行為學
派在這些領域的發展與貢獻，實應歸功於其理論本身嚴謹的科學
本質。

美國心理學家華生（J. B. Watson）於本世紀初創造了「行為
學派」（Behaviorism）這個新名詞，因而被稱為行為主義之父。
華氏在「心理學：從行為主義者的觀點」（Watson, 1919）一書
中，曾大肆批評當時頗為盛行且已蔚為風氣的內省法（Introspec-
tion），因為內省法涉及回憶、自述、以及分析個人的心路歷程，
因此內省法有其限制，需要地反覆演練，累積經驗，才能習得技
巧；然而即使是經驗豐富的心理學家，對相同的個案也會作不同
的分析和結論。華氏認為心理學像其他科學一樣，研究的方法應
是客觀而有系統地觀察與分析個體行為，而研究的目標則為建立
資料與法則，以預測個體的行為發展。所以行為學派標榜「科學
的」心理學，以個體可觀察、可量化的行為作為研究的範疇。

行為學派的學習理論，依其特性、制約的取向、以及演進之先後，可再細分為二種學習理論：反應制約學習理論（Theory of respondent conditioning）與操作制約學習理論（theory of operant conditioning），詳述如下：

一、反應制約學習理論

㈠反應制約實驗模式

反應制約學習理論，係俄人巴夫洛夫（I. P. Pavlov）創始於本世紀之初，故又稱為古典制約學習（classical conditioning）。雖然巴氏在一九○四年因其早年在消化系統的卓越貢獻獲諾貝爾獎，但他卻以狗的研究聞名於世。巴氏自一九○二年至一九三六年止，一直致力於制約反應的研究。其中最著名的研究，應屬對狗的唾液分泌反射之實驗，其實驗的過程如下：

實驗前，在狗的下巴進行小手術，使一根細長玻璃管的一端連接狗的唾腺，另一端則連接一玻璃容器，可以記錄唾液的分泌量。另設置一折光鏡，以觀察狗的行為，並以遙控方式操弄實驗室內的燈光與聲音，以及食物的呈現。

實驗時，帶一隻狗到實驗台上，以繩索繫緊四肢與頸部，限制其活動。俟確定其饑餓時，呈現鈴聲數次，發現狗表現疑似探索的活動，但無唾液分泌。數秒之後，呈現一盤牛肉粉餵狗，發現狗開始分泌大量的唾液。巴氏以相同的順序，反覆操作上述實驗，亦即首先發出鈴聲，接著呈現食物，最後發現分泌唾液。

實驗結果，巴氏發現狗接受多次的經驗後，只要鈴聲響起，在食物未呈現之前，狗即開始分泌大量的唾液。巴氏將以上的實驗結果，解釋成「刺激—反應」的學習模式。該學習模式的要項如下：

1. 非制約刺激（Unconditioned stimulus, UCS）

非制約刺激係指在未經學習的反射動作中，引起反射動作的因素，如在上述實驗中，肉粉引發狗分泌唾液，其中的肉粉即為非制約刺激。

2. 非制約反應（Unconditioned response, UCR）

非制約反應係指非經學習而來的行為，亦即由非制約刺激所引起的反應，如肉粉引起狗分泌唾液，其中的分泌唾液，即為非制約反應。

3. 制約刺激（Conditioned stimulus, CS）

制約制激係指在學習的歷程中，引起反應的刺激，如在上項實驗中，狗學會聽到鈴聲即分泌唾液，其中的鈴聲即為制約刺激。

4. 制約反應（Conditioned response, CR）

制約反應係指在學習的歷程中，由制約刺激所引起的反應，如狗學會聽到鈴聲即分泌唾液，其中的分泌唾液即為制約反應。

根據這個學習模式，個體與生俱來能表現許多反射的動作，包括分泌唾液、瞳孔擴大與眨眼睛等，這些未經學習的行為在心理學上稱為非制約反應。引起這些反應的因素，可能是環境中的事物，包括食品、燈光與聲音。這些引起非制約反應的刺激稱為非制約刺激。從一序列的觀察與實驗中，巴氏發現：一些原先未能引起個體任何反應的刺激（即中性刺激），經與非制約刺激配對數次後，若將非制約刺激撤除，該中性刺激居然也能單獨引起

類似的反應。例如鈴聲與食物配對出現數次後，若不再呈現食物，單單鈴聲也能引起個體作分泌唾液的反應行為。這種中性刺激稱為制約刺激，其所引起的反應稱為制約反應。根據巴氏的觀點，以制約刺激引起制約反應的歷程，即為學習。

(1)學習之前：非制約刺激（呈現肉粉）——→非制約反應（分泌唾液）

中性刺激　（發出鈴聲）——→漠然反應　（無動於衷）

(2)學習過程：中性刺激—非制約刺激 ——→非制約反應

（反覆練習）（發出鈴聲—呈現肉粉）　（分泌唾液）

(3)學習結果：制約刺激　（發出鈴聲）——→制約反應　（分泌唾液）

圖 1-1　反應制約學習模式

㈡反應制約學習的應用

　　在日常行為的學習上，反應制約學習的例子很多，俯拾即是。例如張生每晚上床之前將鬧鐘撥至早晨七點整，結果每天早晨聽到鬧鐘響後即起床。後來，由於巧合，經常有位晨跑者在七點快到時，即跑過張生的窗外，接著鬧鐘即響起。這種巧合連續發生數次後，張生一聽到晨跑者的腳步聲即立刻起床。依古典制約理論的觀點，此即學習的歷程。（如圖 1-2）

(1)學習之前：七點鬧鈴 ——→ 立即起床

晨跑步聲 ——→ 漠然反應

(2)學習過程：晨跑步聲—七點鬧鈴 ——→ 立即起床

（反覆同時出現）

(3)學習結果：晨跑步聲 ——→ 立即起床

圖 1-2　反應制約之日常行為學習

在課業的學習上，反應制約理論也廣泛地應用，舉語文教學為例，目標行為是見到「柳丁」這個字（文字）能發出柳丁的音（語音）。教學方案可包含下列三項：

1. 首先，以實物為教具，目標行為是見到柳丁（實物）能說出該物的名稱。起初，學生聽到老師唸柳丁時，能跟著老師唸，但見到柳丁（實物）時，毫無反應。接著呈現柳丁時，老師說出來，也要求學生跟著唸，並練習數次。最後，老師只要呈現柳丁，學生即能說出名稱。以上教學活動如下圖：

(1)學習之前：柳丁（語音）──→ 柳丁（語音）

　　　　　　　柳丁（實物）──→ 漠然反應

(2)學習過程：柳丁（實物）─柳丁（語音）──→ 柳丁（語音）

(3)學習結果：柳丁（實物）──→ 柳丁（語音）

圖 1-3　實物教學歷程

2. 其次，以圖片為教具，目標行為是見到柳丁的圖片能說出該圖的名稱。其教學活動與圖 1-3 類似。教學方法是先呈現柳丁的圖片，接著老師說出柳丁的名稱，再來要求學生跟著唸；練習數次後，學生只要見到柳丁的圖片，即能說出柳丁的名稱。

3. 最後，以單字卡（flash cards）為教具，目標行為是見到單字卡時，能正確地說出該字。此段教學程序也與圖 1-3 類似。首先呈現單字卡，讓學生清楚看到「柳丁」這個字，接著老師唸出該字，然後要求學生跟著唸；練習若干次後，學生只要見到「柳丁」這個字，即能正確地唸出來。

二、操作制約學習理論

㈠操作制約學習實驗

操作制約學習的特性，在於個體主動操弄環境，以環境所提供的事物爲工具，以達學習的目的。因此操作制約學習又稱工具制約學習（Instrumental conditioning），操作制約學習係美國教育心理學家桑代克（E. L. Thorndike）創始於三〇年代，繼而美國心理學家史基納（B. F. Skinner）以更嚴謹的科學實驗方法，加以發揚光大。

桑代克以貓作「迷籠實驗」，而發現嘗試錯誤的原理。實驗程序如下：首先準備一個迷籠，籠內設有門閂，只要一觸及門閂籠門即開啓；其次將一隻飢餓的貓關在迷籠內，並在籠外放置貓食，仔細觀察貓的行爲。桑氏發現，起初貓覺得好奇，表現出探索的行爲，久之便覺無奈，便胡亂走動；在盲動中，偶然間觸及門閂，便出籠取食。之後，桑氏發現貓的盲目動作逐漸減少，碰觸門閂的動作逐漸增加。最後，貓一進迷籠即能碰觸門閂，出籠取食。此即嘗試錯誤的學習歷程，亦即在學習情境下，起初個體的行爲是嘗試性而盲目的，毫無章法。在這些行爲中，多數行爲無效，只有少數行爲有效。有效的行爲帶來滿意的結果，並受到強化而保留下來。而後在類似的情境中，個體即學會表現有效的行爲，以獲致滿意的結果。

史基納以白鼠作實驗，其實驗裝置即爲著名的史基納箱（Skinner

Box），箱內壁上設一槓桿，壁下裝一餐碟；按下槓桿時，先發出響聲，隨即食物呈現在餐碟上。槓桿與自動記錄器連接，可詳細記錄按桿的次數。史氏訓練的步驟如下：

1. 引導白鼠走進實驗箱；
2. 發出音響，接著食物呈現在餐碟上；
3. 白鼠聽到音響後，即至餐碟等食物；
4. 白鼠碰觸槓桿即發出音響，並呈現食物；
5. 白鼠按下槓桿即發出音響，並呈現食物；
6. 白鼠按槓桿的次數逐漸增加。

　　操作制約學習與反應制約學習一樣，皆為遵循聯結模式，亦即刺激與反應之間的聯結。其聯結的歷程如下圖：

(1)學習之前：增強刺激（食物）━━━▶非制約反應（取食）
　　　　　　　中性刺激（槓桿）━━━▶漠然反應
(2)學習過程：中性刺激（槓桿）━增強刺激（食物）━━━▶非制約反應
　　　　　　　　　　　　　　　　　　　　　　　　　　　　（取食）
(3)學習結果：制約刺激（槓桿）━━━▶制約操作（壓桿）

圖 1-4　操作制約學習歷程

㈡操作制約學習的應用

　　操作制約學習的基本假設，在於人類個體的學習行為主要是一種反應的表現，而反應的形式則受外在制約的影響。因此個體行為的形成，係其操弄周遭環境的結果，亦為一種與環境互動的行為，因此不僅改變了個體，也改變了環境。而後的行為發展，

端視行為的效果而定。如果行為的效果是正面的、可喜的、或有利的，則個體將表現更多類似的行為；相反的，如果行為帶來負面的、嫌惡的或不利的效果，則個體將不再表現類似的行為。例如在教室的情境中，當學生寫字寫得很端正時，如果老師能適時給予讚美，而後學生寫字時必然寫得更認真，寫出的字也無疑的更端正與整齊了。相反的，當學生寫錯字時，若遭到斥責或罰寫等結果，則學生寫錯字的次數將大為減少。

操作制約學習的延伸，用於實際的情境，過去稱為應用行為分析（applied behavior analysis），現在則稱做行為改變技術（behavior modification）。將應用行為分析理論實施於日常學習活動中，在方法上具有四點特色：

1. 著重於外在的、可觀察與量化的行為，而不須考慮意識型態（Watson, 1994）。有別於傳統的心理治療，因後者偏重於內在的、主觀的意識或感覺。
2. 研究重點在於藉實驗過程，以分析各個變項之間的關係。
3. 採用較適合研究人類行為的方法，即受試者內分析（intrasubject analysis），以控制可能的混淆變項，有別於一般教育研究方法，因後者較強調量的研究與統計分析。
4. 發展有效的科技器具以利於改變行為，儘量利用視聽媒體與資訊系統等科技產品，以輔助學習，並提高學習效果（Cipani, 1990）。

以操作制約學習理論為基礎的行為改變技術，已在各種情境廣泛採用，並已獲致預期的效果。較為常用的行為改變策略包括辨異增強法、代幣遊戲法、過度矯正法、反應代價法、隔離法、減敏感法，以及行為契約法等。

個案研究實例

　　一位大二學生上過行爲改變技術這門課後，到校外兼家庭教師，發現她的家教學生上課時不專心、注意力無法集中、也不喜歡唸書，特別是英語科。學生家長希望家教老師加強其英文程度。老師深信字彙能力是提高英文程度的基礎，因此初期的教學目標之一是多背英文單字。於是著手研擬行爲改變方案。瞭解其起點行爲後，訂定終點行爲，並選擇行爲改變技巧，以協助該生達到預訂的學習目標。

　　經過初步的觀察與評量，該生平均每十分鐘只能背二個單字，此爲起點行爲，再根據該生的學習能力與家長的要求，將終點行爲訂爲每十分鐘背八個單字。在選擇行爲改變策略上，發現該生的學習問題癥結，並不在於學習能力而是學習態度；若能適時提供增強物，應能提高其學習效率。於是選擇增強與反應代價法，作爲主要的行爲改變策略。

　　實施過程中，起初訂定容易達到的行爲目標（如每十分鐘三個單字），接著逐漸提高目標，以達終點行爲（每分鐘會背八個單字）。增強物爲音樂欣賞，該生酷愛音樂。每次評量結果若達到各階段的行爲目標，則給予自由時間，供聆聽音樂，以資鼓勵。反之，若未達到預定標準，則剝奪其休息時間。

　　結果，該生背會的單字呈顯著增加，一週內即能在十分鐘內背會八個單字，達到終點行爲目標。最後，逐漸提高行爲目標，增加背單字的數量，同時遞減提供音樂時間的次數，直至在不提供增強的情境下，亦能自動背熟英文單字的最終目標。

三、行為學派的學習觀點

㈠學習的定義

迄今，固然大家對「學習」（learning）一詞，仍有不同的說法，不過一般心理學家均同意：「學習」似可界定為「經由練習而改變行為的歷程」。根據行為學派的觀點，「學習」具下列涵義：

1.行為改變的方式是多向的

學習不只是知識的獲得，而是包括一切行為改變的形式。誠然，獲取、增加、強化與發展等皆為改變的一種形式，這是從無到有或由少而多的變化；改變的另一種方式是從有到無或由多而少，亦即所謂的減少、消弱與消失等。因此，學會唸注音符號固是學習，改掉對人踢打或說粗話的行為，也是一種學習。

2.行為改變的動力是練習

一切學習均涉及行為的改變，但並非所有行為的改變均意謂學習。行為的改變有時係源於疲倦、受傷、疾病、服藥或成熟等因素，例如不當拉扯他人的習慣因受傷而不再有拉扯的舉動，這種行為的改變不能稱為學習。

3.行為改變的期間是持久的

經由練習而改變的行為是持久的，個體對新的行為模式也許會有遺忘的現象，但只要再練習，就有恢復到原來的表現水準的可能，且將成為日常行為的一部分。

4.改變的行爲型態是多元的

從學習中，我們所改變的不只是外在的、可觀察的行爲，且包含內在的、不易觀察的部分。學習是一種媒介，透過學習活動，我們不僅獲得知識與技巧，且可能也改變原有的態度、情緒，以及價值觀等（Kimble, 1999）。

㈡學習的特性

行爲學派者視行爲的改變爲刺激與反應之間的聯結歷程。因此行爲學派的學習理論又稱聯結理論（association theory）。從行爲學派的觀點，學習具下列特性（Wooley, Wooley & Hosey, 1999）：

1.行爲的產生係經由學習而非與生俱來

在學習的歷程中，行爲學派否定遺傳的因素，相信個體的一切行爲均爲後天學習的結果，與遺傳無關。舉凡日常生活自理、語言文字、算術能力、課業知識、社交技巧、生涯規畫、以及工作能力等，均須透過學習的歷程，方能習得。至於不當行爲如脾氣暴躁、反抗權威、過度恐懼、獨自遊戲、不作作業、破壞公物，以及滿口穢言等，亦爲個體在教室、家裡、社區或其他的情境學習而來。

2.學習是刺激與反應之間的聯結

刺激係泛指在個體所處的物理環境中，任何能引起個體作出反應者。因此具體而言，刺激的概念包括環境中，一切能影響感官作用的事物，諸如燈光、聲響、味道、觸感及氣味等。反應係指個體的肌肉動作。例如貓學會了拉起門閂並打開籠門，這種複雜的行爲是若干簡單肌肉動作的組合。學習即爲環境特性與各種肌肉動作的聯結。基本假設之一，是當刺激與反應同時出現若干

次後，只要再呈現刺激即能引發相同的反應。

3.動作本身也是一種刺激

除了外在的環境因素，反應本身也是一種刺激，因此也能引發其他的反應行為。個體目前的所作所為，事實上很可能決定他的下一步動作，因為此時的動作提供了足量的刺激，以影響其肌肉。這種現象在複雜行為的學習過程中尤為明顯，因為外在環境即使沒有改變，個體也能表現連續的、相關的與統整的行為。

4.反應的消弱現象也是一種學習的歷程

當個體養成一種習慣之後，刺激與反應間形成強有力的聯結。所以戒除習慣的方法在於使舊刺激與新反應之間，建立起新的聯結，以取代舊刺激與舊反應的關係。此時，若是選一種與舊反應不相容的新反應，新的聯結關係更容易建立。

5.行為係環境的產物

在不同的環境中可表現不同的行為。例如兒童在家裡可能是個小霸王，鎮日吵架、惹是生非、難於管教；但在學校卻可能是老師心目中的好學生，也是同學中的模範生。其次，在同一個環境裡，在不同的人面前也常表現不同的行為。例如兒童在學校中，上某一位老師的課時，表現得安靜又乖巧，但上另一位老師的課則是十足的搗蛋鬼。

6.重視此時此地的學習情境

過去的學習經驗，不論是有效的或無效的、愉快的或挫敗的，業已成為過去，對目前的學習並無助益，也無意義。重要的是現在的學習環境與條件。因此課程的編製與活動的設計，皆考量學生此時此地的需要。例如發現兒童需要學習日常生活中簡單的數字運算技巧，則針對目前的生活環境之需求，列出可能涉及一般

算術的場合，設計一套電子計算機實用的課程。

7. 學習的問題係環境所造成

行為論者排斥一切心理因素對學習的影響；換句話說，所有與學習有關的因素均為環境造成，因此皆可以加以操弄，進而予以改善。當教師發現學生在學習上有困擾時，宜從學習環境著手，營造有利的情境，如此方可促進其學習效果。若從學習者的心理因素或其他不可捉摸的變項去探討，往往徒勞無功。

8. 影響學習活動的決定性因素，主要有三：前因刺激、刺激反應、以及結果刺激

(1)前因刺激：指學習前之活動、物品、經驗或事件。

(2)操作反應：係一組可觀察與可評量的反應，表現在前因刺激所在的環境中。

(3)結果刺激：指外在的環境刺激，緊跟在反應之後出現，能改變而後個體反應的水準。

9. 學習是漸進的過程

學習無法在瞬間發生，而必須經由若干微小而有系統的步驟。在有限的時間內作大量的、反覆的練習，隨著練習的次數增加，其所需的時間漸少，直至學會目標行為。

10. 任何行為皆可以改變

理論上，所有適當行為均可以透過學習情境的控制與營造，以循序漸進的方式，予以塑造成型。對某些兒童而言，若是目標行為之難度太高，教師可運用有效的教學方法，以降低學習的難度，減少學習的挫折。不當行為則可以經由行為技巧的應用，而予以改變。例如學生在教室裡的喧嘩與搗亂行為，教師可以考慮採用過度矯正法、忽視法或其他的管理策略予以消弭或減至可以

接受的程度。

*11.*學習目標應為詳明而具體的行為

　　目標行為應為可觀察的、可量化的，具體而明確的動作或行為。為了合乎這項要求，每一項目標行為均得通過「行為明確度測驗」（IBSO Test: Is-the-Behavior-Specific-and-Objective Test）（Morris, 1985）。

行為明確度測驗

本測試包括下面三個問題：

(1)你能計算出行為發生的次數嗎？換句話說，這行為可以量化嗎？例如某生每十五分鐘、一小時、或一天表現一次說謊行為。或者小孩表現該行為需花多少時間，你能測得出來嗎？換句話說，你能敘述行為發生多少次或持續多久嗎？你的回答應為肯定的。例如甲生在二小時內寫完數學作業，乙生今天在教室裡，無故出手打人共五次，或丙生這星期上學遲到共三次。

(2)當你告訴某人你要去改變某人的行為時，他知道要觀察什麼嗎？換句話說，你能實際目睹該行為嗎？你的答案亦應為肯定的。例如，你能作如下的描述嗎？小泰的目標行為是：每天早上進入學校走廊後須在四分鐘內掛上自己的外套，然後在三十秒內坐在自己的椅上，且二腳著地，面向黑板。

(3)你能將目標行為細分為若干片段嗎？俾使每個行為片段比原來的行為更詳明易見。你的答案應該是否定的。亦即目標行為本身已夠具體，不需進行工作分析，以加強行為之明細或具體化。例如，假設你的目標行為是寫英文字母或背誦九九乘法表等，若進行工作分析將目標行為細分為許多行為片段時，其行為片段未必比原來的目標行為更明確。充其量只是同樣明確與具體。

　　如果所訂的目標行為不能通過上述「明確性」考驗，則需重新選擇或界定目標行為，直至符合測試標準。

12.所得哺乳動物的學習方式均相同

　　在哺乳類中，雖然人類的學習能力較優，學習效率較高，能學會輔複雜的行為；但基本上，若從某個觀點言，人類與其他動物的學習方式是一樣的，均依循相同的學習原理。

第二節

學習原理

一、學習三大定津

　　自一八九八年，桑代克發表博士論文「動物的智力」（Animal Intelligence）以後，持續四十多年間，桑氏不斷地研究與發表，其學術貢獻涵蓋學習、心理學，以及教育學等領域，其中最重要的研究應屬迷籠實驗。桑氏以迷籠實驗發現賞試錯誤的學習原理，進而研究與分析影響學習的因素，並將這些影響個體學習的變項歸納為三個原則，此即為學習三大定律。

(一)**準備率**（Law of readiness）

　　準備率係指當個體心理與生理上有所準備時，所表現的行為

通常較令人滿意；反之，若在未準備狀態下，則學習結果多半不如人意。同理，當個體有備而來時，如果不讓他有所表現，也會有挫敗感。

桑氏發現：貓在飢餓的狀態下，較易引發其觸及門閂與出籠取食的反應；亦即貓已作好反應前的準備工作，因此隨時隨地可以表現預期的反應動作。個人在學習上，其準備工作包括二方面，一為身心基礎，即個體的發展階段，例如在學習寫字或彈鋼琴時，得先檢視其細部動作的發展，包括手指的靈巧度，以及眼手的協調性。二為學習動機，飢餓動機有助於引起貓作反應，求知慾與好奇心則能提高學習動機，增進學習效果。因此在進行一項新的教學單元時，首要課題即為激發學生的學習動機，引導學習者進入學習情境。一般引起動機的方式包括複習上次所學部分，以及提供有關的資料，俾對新教材產生興趣，以利學習。換言之，學習者生理與心理的周全準備，有助於學習。

(二)練習率（Law of exercise）

練習率包括有用律（Law of use）與無用律（Law of disuse）。前者係指當情境與反應之間的聯結可以改變時，該聯結關係較有可能建立起來；而後者意指若建立的聯結關係是無法改變的，則建立該聯結關係的可能性將大為減少。

桑氏發現，貓練習的次數愈多，開啟籠門的動作愈迅速而正確。在學習的歷程中，個人大量的反覆練習可以強化刺激與反應的聯結，增進學習效果。其次，根據記憶理論，個體接受外界刺激時，首先會形成極為短暫的感官記憶，進行初步的資料分析後，才進入短期記憶，再經過反覆練習後，最後才納入長期記憶。因

此練習是形成長期記憶的必經歷程。當學習已達預定的表現水準後，再進行額外的練習，即為過度學習（over learning），能使學習材料記得更為牢固，所以練習更是抵達過度學習的不二法門。

(三)效果率（Law of effect）

效果率係指當情境與反應間的聯結關係可以改變以及反應之後跟著呈現令人滿意的刺激時，則該聯結關係將有強化的可能。反之，若行為反應所得的結果是負面的，則聯結關係將被消弱。效果率是學習三大定律中最重要的一項，桑代克在「學習心理學」（Thorndike, 1913b）一書中，一再強調效果率的重要性。

桑氏也發現，若取走籠外的食物，貓的反應動作立即呈現消弱的現象，即不再主動而積極地表現正確開啟迷籠的動作。不過，當籠外又置食物時，其反應則又恢復原來的水準。這說明反應後若能獲得滿足的效果，則反應行為有增強的現象，刺激與反應間的聯結也獲得強化。個人學習某項行為後，其所獲得的待遇，也能決定學習的效果。如果所得的是正面的、積極的、以及鼓勵的回饋，例如提供物質性增強物、給予額外自由時間、或對他讚美一番，則個體必然會持續學習，表現更好的學習成果。相反的，如果學習或表現某項行為之後所得的是負面的、消極的或懲罰的回報，例如給予斥責、鞭打或扣除零用金等，毫無疑問地其學習動機將大為降低，甚至中斷學習活動。

二、增強原理

增強理論是行爲學派學習理論的精義，亦爲個體學習的依託。增強物乃指一切能增進行爲反應的事物。增強作用係於個體表現行爲之後，給予或收回增強物以改變該行爲的表現方式，包括反應的次數、強度，以及正確率等。例如，小朋友第一次在學校見到老師時，若向老師道早安（目標行爲），老師即摸摸小朋友的頭，並稱讚他一番（給予增強物），而後小朋友見到老師，就不忘向老師打招呼（增加行爲表現次數）。又如，小朋友上課時每次故意發出怪聲，老師即把頭轉向他，注意他的舉動，接著斥責他，結果小朋友可能變本加厲，製造更多、更大的噪音。後來，老師改變策略，每當小朋友再發出噪音時，老師不予理睬（收回增強物），有意忽視他的不當行爲，久而久之，該行爲即逐漸消失。

㈠增強物的種類

增強物依其性質可分爲：物質性增強物、社會性增強物、活動性增強物、象徵性增強物，以及代幣性增強物等。

1.物質性增強物

又稱爲消費性增強物，意指一切能作爲獎勵之用，以增進行爲動機的物品，包括食品、飲料、玩具、文具、衣物、裝飾物、以及其他的日常用品等。

2.社會性增強物

指一切屬於社會行爲的增強物，包括微笑、讚賞、點頭、注

視、拍手、輕拍肩背、或其他表示認可的動作或行為。其次，負面的注意，如叱責、告誡、嘮叨，甚至嘲弄等也可能是增強物。

3.活動性增強物

又稱為權利性增強物，凡是兒童喜歡，而且只有少數人能享有的特權與活動均屬之；在學校中，可能包括當司儀、為老師跑腿、幫老師發簿本，以及其他有趣的球類或遊戲活動等。

4.象徵性增強物

又稱精神性增強物，意指一切本身不具增強性質，但具有特殊的象徵意義的增強物，包括記功、嘉獎，以及頒發獎狀或匾額等。

5.代幣性增強物

係指提供有形的物品，可加以累積，俾事後能兌換物質的、活動的、社會的或象徵的增強物。常用的代幣性增強物有小紙片、卡片、標籤、分數、金屬片，以及其他有形的東西。

㈡增強的方式

實施增強時，為求有效改變個人行為，需考慮若干變項；首先是個人的特性，包括年齡與性別，不同年齡層的個體會對不同的增強物感興趣，同時男生與女生的嗜好也有很大的差別。其次需要考量的是目標行為，意即在質與量上，目標行為與增強物需力求一致，否則不易達到預期的增強作用。例如，當小朋友每天按時練彈鋼琴，且彈琴技巧日精月進時，最佳增強物是與音樂有關的事物或活動，如一捲心愛的音樂帶、喜愛的樂器、或聽一場音樂會等。

增強個體的行為，其目的在於改變其行為表現之方式，包括質與量上的改變。前者指行為的正確性與熟練度，如減少讀錯字

的次數或增進投球的技巧。後者係反應的頻率與強度，如出席率的提高或上課時講話次數的減少。增強的方式，依增強物的性質與提供的方法，可以分爲三種：積極增強、消極增強，以及中性增強。

1.積極增強

係一種獎勵行爲的方式，藉提供正面的刺激物，以增進行爲表現之動機。例如學生背完一首詩後，即予以口語的讚美、微笑、或拍拍肩背，認可其行爲表現，甚或提供其他正面的刺激物，如加分、贈送鋼筆、或延長其自由活動時間。

2.消極增強

亦係一種鼓舞行爲的方法，透過間接地免除負面的刺激物，以提高其行爲表現之動機。例如學生按時交作業，即給予免除勞動服務；又如考了滿分，即以免交班費給予及時的鼓勵。

3.中性增強

乃是一種消弱行爲的作法，即不提供任何刺激物，期能忽視其行爲。例如當學生表現不當行爲時，老師不作任何反應，以減低其行爲動機。又如上課時若學生經常舉手發言，老師不予理睬，久而久之，其舉手的次數即自然減少，甚至消失。

雖然「增強」一詞泛指凡能改變個體行爲動機的過程，並無改變方向的指示，但一般人常將它視爲正向的學習、或強化的過程，因此不將中性增強視爲增強的一環。

(二)增強物的選擇

增強策略實施的成功與否，端視提供的增強物是否適當而定；因此如何選擇正確的增強物，乃是實施增強法的重要課題。選擇

增強物的方法主要有二：

1. 觀察法

　　透過平日的觀察，瞭解個體的興趣與喜好，作為選擇增強物的依據。例如在日常活動中，包括用餐、學習、運動、休閒、以及遊戲時，對所接觸的事物表現之好惡行為或反應，宜詳細觀察與記錄，以作為選擇增強物的依據。因為兒童的增強物因人而異，有些兒童可能喜歡糖果而不愛喝飲料，有些女孩可能特別愛打電動玩具而厭惡洋娃娃；根據作者的觀察，有位自閉症兒童唯一的嗜好是倒垃圾。這些發現唯有透過平日的觀察，才能獲得正確的資料。

2. 調查法

　　調查法分為問卷調查與增強物清單二種。設計一份簡單的問卷調查表，直接了當的問學生：「在下列各項物件中，你最感興趣的是什麼？」問卷調查可以在最經濟的時間內，蒐集大量的資料，以了解學生的嗜好。其次，增強物清單（Reinforcer menu），係指一種圖文並茂的方式，分類列出各種物品、活動、以及事件，以供個人從中選擇，這對口語能力較差者，尤為有效。在每次行為訓練之前查問兒童在這期間，希望以何種事物作增強物，並在清單上選出。

　　選擇增強物時，宜避免下列錯誤的推理與觀念的陷阱：

　　(1)理所當然。例如小男生對玩具汽車感興趣，小女生則喜歡芭比娃娃，若不喜歡一定大有問題。此乃傳統錯誤的觀念所致，事實上，有此「問題」的孩子多得是。他們不只欣賞中性的玩具，也對異性的玩具趨之若鶩。

　　(2)以此類推。此乃錯誤的演繹方法，係指根據有限的資料，

作不實的推理。例如觀察學生的日常言行，發現他個性沉靜，以此推斷他的喜好和興趣，相信他必定喜歡聽音樂、繪畫或下棋；相反的，另一位學生生性活潑，則必然是運動的愛好者，對球類活動有偏好等。

(3)第一印象。學生給老師的第一印象總是特別深刻，若第一次遇到學生是在圖書館看書，以此判定該生性喜閱讀，則書籍是必然的增強物。

㈣增強的實施原則

1. 質的方面

增強物雖可依其性質分爲多種，但實施原則之一，乃以非物質性增強物爲優先選擇，主要的優點在於經濟實惠且易於實施。

2. 量的方面

提供增強的目的在於提高學習動機，一切的增強措施皆源於外在環境，爲了避免養成過度依賴外在的刺激環境，增強的消弱乃是必要的過程，因此提供增強時，以少量爲宜。

㈤增強物的分配

增強的實施可因時間與次數的不同，而加以分類。在時間上，有固定時距與變動時距之分；在比率上，也有固定比率與變動比率之別。二者交叉組合，又可分爲四種不同的增強分配方式：

1. 固定時距式（fixed interval, FI）

僅以時間間隔爲考量的分配方式，即不論是否表現目標行爲，每隔一段固定的時間，即提供增強物；例如可能每隔一分鐘，或五分鐘即給予增強，而不問表現如何。可想而知，此種增強方式

效果往往不佳，且易形成預期心理，有礙學習活動。

2. 變動時距式（varied interval, VI）

亦係以時間為考量的主要變項，即不論目標行為表現與否，間隔一段非固定時間，即提供增強物，間隔時間可能是一分鐘，或五分鐘，每次不等。就學習效果言，變動時距式優於固定時距式。

3. 固定比率式（fixed ratio, FR）

考慮的重點是目標行為，當學生表現一定次數的目標行為後，即提供一次增強，例如每兩次行為即增強一次。然因涉及固定的行為次數，因此可能會形成期待心理，即每當行為次數到達某一固定數量時，學習者即預期增強物之呈現，以致影響行為之表現。但若在學習初期實施，則能有效地提高行為的動機。

4. 變動比率式（varied ratio, VR）

亦係以目標行為之頻率為考量的分配方式，即依其目標行為之表現，在非固定的時間間隔與行為次數下，隨機提供增強物，以強化行為動機。例如第一次增強是在第一次目標行為出現之後提供，而第二次增強可間隔四次行為後才實施。就學習效果言，變動比率式略優於固定比率式。

根據研究顯示，變動式增強優於固定式增強分配，同時比率式又優於時距式增強方式，因此一般而言，在上述四種增強分配中，以變動比率式效果最佳，其次為固定比率式，再次為變動時距式，而以固定時距式最差（如圖 1-5）。

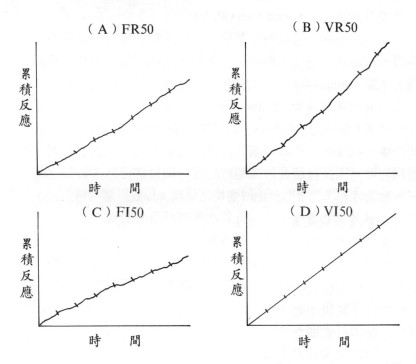

（A） FR50係在固定比率式中，每五十次反應後給予增強一次。

（B） VR50係在變動比率式中，平均每五十次反應後給予增強一次。

（C） FI50係在固定時距式中，每隔五十秒給予增強一次。

（D） VI 50係在變動時距式中，平均隔五十秒給予增強一次。

圖1-5　增強物分配方式與反應型能的關係（Change, 1988）

㈥增強的類型

1. 連續增強與間歇增強

在增強的次數上，當固定比率定為一比一時，則每次表現目標行為後，即給予增強一次，此為連續增強。若增強與行為之比小於一時，如一比三時，則為間歇增強。換言之，連續增強為一次行為，一次增強，而間歇增強則為多次行為之後，才獲一次增強。連續增強的實施有助於新行為之建立，特別適用於初期之學習活動。反之，間歇增強有助於習得行為之維持，特別適用於末期之學習活動。

2. 立即增強與延宕增強

在增強的時機上，有立即增強與延宕增強之分，當個體表現行為之後，若立即給予增強，能有效提高學習動機，其作用與連續增強同，也適用於初期之學習活動。若目標行為表現後，延宕一段時間才提供增強，則有助於增強的消弱，其作用與間歇增強同，也適用於末期之學習活動。

㈦增強策略的實施步驟

1. 確定目標行為（target behavior）

在學習情境中，為能有效運用增強策略，以達成學習目標，首先須確定目標行為，目標行為乃是目前我們學習的重點行為，亦即學生需要改變的行為，因此它可能是正面的行為（如上地理課時，能說出亞洲國家名稱）；此時若能適時地提供增強物，則能強化其表現正確的目標行為。然而，目標行為也可能是負面的行為（如「上作文課時，經常寫錯別字」），此時，若收回增強

物，則可減少錯誤行為之發生次數。

2. 訂定起點行為（entry behavior）

目標行為確定之後，需進一步觀察與評量，以決定學習者目前具備的行為或程度。例如，在地理課方面，於亞洲各國中，現在只能說出三個國家名稱；或目前寫作文時，平均每篇作文錯別字在十五字左右；此即其起點行為。

3. 決定終點行為（outcome behavior）

終點行為係教學活動結束時，所預期的學習結果，例如「能說出百分之九十的亞洲國家國名」或「每篇作文的錯別字在五字以下」。終點行為的訂定需考慮目標行為的特性（如學習的難易度等），也須考量學生的起點行為（目前的知識程度與已具備的能力），當然更須衡量學生的學習條件，包括學習性向、興趣，以及動機等。如此才能訂定合理、易達的學習目標。

4. 實施增強策略

在學習過程中，如何將目標行為從起點過度到終點，有賴實施適當而有效的教學方法。辨異增強法（differential reinforcement）是廣被採用的方法與策略之一。辨異增強法的特點，首先在於辨別目標行為與非目標行為，之後只增強與目標行為有關的行為。其次，根據目標行為的性質與教學目標，採用下列辨異增強法之一：

(1)消失辨異增強法（differential reinforcemnt of other behavior, DRO）：消失辨異增強法，意指當目標行為消失時，才提供增強物。適用的情境是當目標行為屬於不當的學習行為時，而增強的目的則在於消弭不當行為的表現。再以上述作文課的例子來說，此時可實施消失辨異增強法，即當學生沒有寫錯字時才給予增強，目的在於維持與強化「沒有

寫錯別字」的行為。又例，某生的問題是唸書的速度太快，以致發音不清，語調含糊，其目標行為即「唸書的速度太快」；若採用DRO，實施增強的時機是當其念書的速度減慢時，而增強的目的則在於減低閱讀的速度。

(2)相剋辨異增強法（differential reinforcement of imcompatible behavior, DRI）：相剋辨異增強法，意指增強其與目標行為互相衝突或不能相容的行為，增強的目的在於一方面消弱不良的目標行為，另一方面則在建立良好的學習行為。因此，在實施的過程中，首先要確定目標行為，其次須找出與目標行為不相容的行為，最後增強這種不相容的行為；例如，某生的問題是一邊讀書一邊哼唱，因而不能專心，讀書效率欠佳。雖曾予以斥責，處罰其不良的讀書習慣，但效果短暫，不久故態復萌。根據研究顯示，處理類似此個案的目標行為，較為有效的方法是採用相剋辨異增強法。首先選擇與哼唱相剋的行為，意即表現該行為時，即不能哼哼唱唱。此時相剋的行為可能很多，但比較適合的選擇也許是朗讀。因為朗讀是良好的閱讀行為，可以取代過去不良的哼唱習慣。其次，選定了相剋行為之後，即實施增強，每當表現相剋行為時，則提供適當的增強物。

(3)低頻辨異增強法（differential reinforcement of low rates of behavior, DRL）：低頻辨異增強法所處理的目標行為本身不一定是不當行為，唯其表現的頻率太高，以致很難為人接受，因此增強的目的僅在於降低行為的次數。例如，上課舉手發言本是良好的行為，值得學習，但若舉手動作過於頻繁，將影響教學；因此當某生的問題行為是此類型時，

改變行為的策略之一即為實施低頻辨異增強法，實施的步驟有三：起初，觀察並記錄學生的目標行為，當目標行為次數略微減少時，即給予增強物；接著，逐漸提高標準，唯有行為發生的頻率顯著降低時，才提供增強物；最後，行為表現達到預定標準時，才給予增強物。

(4)高頻辨異增強法（differential reinforcement of high rates of behavior, DRH）：高頻辨異增強法所處理的目標行為與 DRL 類似，目標行為本身不一定是不當行為，問題在於反應頻率上。若良性行為發生的頻率太低，不能為人接受，此時的教學目標即為提高行為的次數。例如寫交作業行為，某生並非不寫交作業，唯次數太少，對此個案若實施高頻辨異增強法，能有效提高其寫交作業的次數。實施步驟與 DRL 類似，起初觀察並記錄平時寫交作業的情形，每當寫交作業的次數增加時，隨即給予增強。接著逐漸提高標準，俟目標行為有顯著上升時，才提供增強物。最後，行為表現達到預期標準時，才給予增強物。

第三節

教學策略

一、行為塑造策略

對學習能力較低的學生，學習複雜的、難度較高的材料，常遭遇挫折，因而失去學習的興趣、動機、乃至信心，終於功虧一簣。在此情境下，較為有效的學習策略是行為塑造法（Shaping）；因為行為塑造法的特色在於循序漸進，以至於完成，不僅保證學習成功，且可避免任何有關學習的挫敗經驗。

行為塑造策略適用於各種教材內容，特別是基礎課程。行為塑造策略的另一特點，為步驟簡單，易學易用。實施步驟分為工作分析、串連方式，以及提示技巧等三部分。

㈠工作分析

工作分析（task analysis）乃為行為塑造策略提供基本架構，旨在簡化目標行為，俾利於學習。更詳細地說，係將目標行為細分成簡易的行為片段，依序排列，依此步驟循序學習，直至整個目標行為學習完成（Henson等，2000）。例如，以「能認識顏色」為目標行為，可以進行以下簡單的工作分析，分成三個細目或步驟：

1. 顏色配對：當呈現彩色卡片時，學生能將同色卡片配成對；
2. 顏色辨認：當問及某一顏色時，學生能正確指出該色；以及
3. 顏色命名：當呈現某一種卡片時，學生能正確說出該卡片的顏色名稱。

又如，以「能打投幣式公共電話」作為教學目標，進行工作分析時，則可包括下列十項步驟：

1. 辨識投幣式公共電話機；
2. 取下聽筒並置於耳旁：
3. 傾聽話筒聲音；
4. 判斷是否故障（若是，則掛上話筒，另找其他公共電話）；
5. 投入適當的硬幣；
6. 撥號；
7. 傾聽話筒聲音；
8. 判斷是否佔線（若是，則掛上話筒，取回硬幣，稍後一會兒後，重新投幣）；
9. 俟接電話線後，開始談話；以及
10. 話畢，掛上話筒，取回可能剩餘的硬幣；

工作分析是行為塑造策略的初步工作，不僅影響學習的速度與效果，更決定行為塑造策略的成敗，因此進行工作分析時，需注意下列幾項原則：

1. 依據學生的能力，決定工作分析的項目。能力愈低，則分析愈細，細目愈多。因此同一目標行為，對某些學生只需分為三、五個細目，對其他學生則可能需分為十幾個細目，如此才能迎合個別的需求。

2. 前後二個細目之間，需能密切銜接，形成一較大細目；最後，
　將所有細目貫串成完整的行為目標。以實際的學習行為為基
　礎，進行觀察、記錄與工作分析，有助於達成細目連貫性。
3. 在同一項工作分析中的行為細目，其難易度應儘量一致。若
　難易度相差太大，則學習活動將有半途而廢之虞。不過為提
　高學生的自我信心，盡可能降低最初若干細目的難度。

　　目前，工作分析已廣泛應用於教學活動，特別是補救教學與
特殊教育。工作分析之所以廣受青睞，除了具有避免挫折的優點
外，它尚具備診斷與評量教學的功能。分別說明如下：

1. 診斷教學

　　工作分析可作為診斷教學的工具，也可視為決定教學單元先
後順序的指南。一旦完成工作分析後，教師應比較工作分析的項
目與學生的實際表現，正確指出學習的困難所在，同時也診斷出
錯誤的型態，究竟是錯在步驟的技巧，抑或錯在步驟的序列上，
進而找出錯誤學習的根源，最可能發生的癥結有三（Axelrod,
1983）：

　⑴學生也許缺乏先備的技巧（prerequisite skills），以完成該
　　步驟，因此表現錯誤的行為結果。例如，若九九乘法表不
　　熟，演算除法必定錯誤連連。
　⑵未能遵循所教的方法去作。例如，演算乘法習題時，不從
　　個位數開始而是十位數，所得結果自然是錯的。因此，即
　　使具備先備的技巧，也有可能犯錯。
　⑶學習動機不足，或學生偷懶，以致遺漏某些步驟或前後步
　　驟倒置。

2.評量教學

工作分析評量（task analytic assessment）所評量的內容不是單項而是一系列的項目。評量的步驟包括：

(1)進行工作分析，將目標行為化為若干細目或行為步驟，以一定的順序排列。

(2)觀察學生的實際表現，比較所表現的行為與所分析的行為，是否行為步驟相同，順序一致。

(3)對每一行為步驟進行評量，一般以能為下一步驟作準備為評量的最低標準。

(4)若發現第一次錯誤時，即應考慮是否停止評量工作的進行，因往往先前步驟發生錯誤時，後續步驟即無法進行。

㈡串連方式（Chaining）

在複雜行為的學習過程中，進行工作分析只是初步工作，同樣重要的是教材的呈現方式與教學方法的選擇。目標行為經過工作分析後，可透過二種呈現方式將各行為步驟串連起來，以決定學習步驟與教學方法。

1.正向串連（forward chaining）

正向串連係遵循一般學習的程序，從工作分析中最初的步驟開始，列為起點行為，各步驟的表現水準一旦達到標準後，才進入下一個步驟，如此依序學習，直至終點行為，而完成所有的行為步驟。

以打公共電話為例，正向串連方式是從步驟一開始，即將「辨識公共電話機」列為起點行為，練習數次並達預定標準後，接著是步驟二，即「取下話筒」。依此順序呈現其餘各步驟，直至步

驟十。

2.反向串連（backward chaining）

反向串連係採取與正向串連相反的呈現方式，亦即從工作分析所列的最後一個步驟開始，列為起點行為，學習到預訂標準後，進入一個步驟（即倒數第二個步驟），依此序列呈現其餘各步驟，直至所有步驟的完成。

㈢提示技巧（prompts）

1.提示層次

行為塑造法需要提供適當的引導，針對每一步驟之學習過程，給予適時與適量的指導，以協助其研習教材，並達到獨立學習之教學目標。教師所實施的提示教學，依提示的型態，以及協助之大小與程度，約可分為下列四個層次：

(1)口頭指示（oral instructions）：以口語提示目標行為，指示下一個學習步驟，不提供其他的協助。口頭指示又分為間接口頭指示與直接口頭指示，前者指詢問如何去執行該步驟，例如問學生「這就是書本所說的嗎？」；後者指告訴如何去執行該步驟，例如告訴學生「先寫『一』字」。

(2)手勢指引（gestural cues）：以手勢比劃或以表情暗示，提供必要的協助，以完成學習步驟，例如以手勢指導學生寫出生字或作出敬禮的動作。手勢提示可以配合口頭提示，即指出正確的步驟並告訴如何做，例如指著一本書並告訴學生，「看書上說什麼」。

(3)示範模仿（modeling）：教師親自執行該步驟，要求學生模仿一遍，例如告訴學生：「仔細看我怎麼做，然後請跟著

　　我做一遍」。

(4)肢體引導（physical guidance）：操弄學生的肢體，指引動
　　作要領，以完成工作分析中的某一行為步驟。例如握著學
　　生的手寫出生字，或作出敬禮的動作。

　　在這四種提示層次中，以口頭指示的提示量最低，亦即所提
供的協助最少，其次為手勢指引，接著是示範模仿，而以肢體引
導為最高層次，亦即所提供的協助最大。不過，這只是大致的分
類，教學時往往為切合實際需要，在這四種提示中作不同的組合，
例如將肢體引導與手勢指引組合成「肢體引導＋手勢」，同時亦
可在手勢提示與口頭指示之間加上「手勢指引＋口頭指示」。其
次，同一層的提示，也可以作量的變化，進一步細分提示的水準；
例如提供肢體引導時，起初可以作充分的引導，從頭到尾，完成
整個步驟；接著只做部分引導，引導完成一半的步驟，另一半由
學生自行完成；最後只是提供象徵性的引導，亦即只握著對方的
手而不去引導。同樣的，手勢與口語提示也可以作類似的細部分
類，以合乎「提供適量的引導」的要求。

2.實施原則

　　提示教學宜依學生的需要而提供不同層次的協助，其最終目
標不僅在完成學習目標，更重要的是培養獨立學習的能力與技巧。
為達此目標，上述提示技巧依其使用的先後次序，可分為二種呈
現原則：

(1)最小提示原則（the least-to-most principle）：意指以層次最
　　低的提示開始，若需要時，再漸次提高協助的層次，直至
　　達成預定行為目標。例如首先提供口頭指示，要求學習者

寫出「壹」字；若寫不出，則提供手勢提示；若仍寫不出，
則教師示範並要求學生模仿；若無法模仿寫出，才提供肢
體引導。

(2)最大提示原則（the most-to-least principle）：開始即提供層
次最高的提示，之後漸次降低提示的層次，直至能獨立學
習並達到預定的程度。例如，以「行舉手禮」作為目標行
為，首先提供肢體引導，握著對方的手，引導作出舉手禮
的動作；接者改為示範模仿，若能模仿學習目標行為，則
進而提供手勢提示，只做出舉手禮的動作，令學習者表現
目標行為的動作。俟學生能獨立練習後，即改為口頭指示，
以口語暗示目標行為。

基本上，提供指示與給予增強的目的相同，皆是在於協助學
生有效地學習；然而，這只是一種手段而不應視為目的，因此應
適時減少提示的質與量，使提示消褪於無形，達到獨立學習的目
標。提示技巧呈現的先後次序，不僅左右學習的效果，更重要的
是影響獨立學習的目標。以上二種提示原則皆能有效達到協助學
習的目標，不過研究顯示，採用最大提示原則易使學生產生依賴
心理；相反的，最小提示原則較能達到消弱提示的目的。

㈣研究實例

Wong 與 Woolsey（1989）曾經對三女一男，慢性精神分裂症
成人病患為受試者，以行為塑造法訓練說話技巧。他們訓練的模
式包括漸次提示法（graduated prompts）、社會性與消費性增強、
回饋、延宕增強，以及行為串聯等。其實施的步驟如下：

1. 在教特定反應時，先提供教學刺激，給予十秒作反應。例如向受試者說「海倫……」（停十秒）：

2. 如果受試者未對教學刺激作適當的反應，則採用的提示法，包括一連串的提示以及立即的社會性與消費性增強；

3. 提示法則包含下列各項：

(1)負面回饋與口語示範，例如「不，那是錯的，當他人說『哈囉』時，正確的作法是向對方說『哈囉』」；

(2)提供另一次機會以表現目標行為，除了給予提示外，也給十秒作反應。例如向受試者說：「讓我們再來一次，『哈囉，瑪麗……』」；

(3)如果受試者於提供示範後仍未作正確的反應，則給予負面回饋，並提供更強烈的提示，手握增強物，並說「不，那是錯的，如果我對你說『哈囉』之後，你也對我說『哈囉』，我就給你這個禮物」；

(4)第三次，訓練者提供教學刺激，並延宕十秒，如果這次又未作正確反應，訓練者除了給予負面回饋外，也收回增強物，改為提供下一個教學刺激；

(5)如果受試者作錯誤的反應，則給予負面的回饋，並提供更大的提示；若是正確的反應，則立即提供社會性與消費性的增強物。

4. 串聯法

(1)如果提供第一次機會時能正確地表現剛學會的反應，才可獲增強；

(2)如果作錯誤的反應，則需進行矯正程序（correction sequence），包括提供負面回饋、口語示範正確反應、提供

教學刺激、以及演練正確的反應。矯正程序須反覆進行，
直至教學刺激提供三次，才進入序列中的下一個教學刺激。

二、代幣策略

　　增強原理是兒童學習活動中不可或缺的一環，但是宥於情境
或外在因素的限制，有時一般的增強策略難以立即實施，代之而
起的是一種變化的增強方式。代幣策略亦為一種增強方法，只是
在實施方式上略為改變，但仍不失為一種因時與因地制宜而實用
的增強替代策略。目前在各級學校常用的積分卡遊戲，即為一種
代幣策略。

㈠代幣策略的特性

1.增強時間

　　在時間上，代幣策略係一種延宕增強，即學生表現目標行為
後，並不立即提供增強，而是延宕一天、一週、甚或一個月之後，
才結算一次，才給予增強。

2.增強類別

　　在增強物方面，首先使用次級增強物，即本身不具增強性質
的事物，如積分卡、金屬片、圖片、塑膠片或點數等。其次，累
積之後才換成原級增強物，即本身即具有增強性質的事物，如消
費性與活動性增強物。

3.兌換系統

　　在實施過程中，代幣策略主要包含二個步驟，即提供次級增

強與兌換原級增強物。兌換系統爲代幣策略的主要成份，即以次級增強物兌換原級增強的過程。首先累積次級增強物（如十分），結算後即可兌換成原級增強物（如一盒彩色筆）。

㈡適用對象

目前在社會上，代幣策略廣爲使用，例如點券制度與購物優待券等，均爲代幣策略的具體作法。然而，在學校的情境，因代幣策略涉及原級增強物，所以實施對象以兒童與青少年爲宜，對年齡層較高的學生，因興趣與喜好不同，代幣策略往往不易引起其學習動機。

㈢選擇代幣的原則

1.學生容易使用

採用的代幣必需具備可累積、可計值、看得見、摸得著等特性。

2.教師容易實施

教師可隨身攜帶、經濟實惠、合乎輕薄短小原則。

3.學生不易複製

教師可考慮每天使用不同的代幣，俾能短時間內學生不易複製，其次教師可自行設計並製作，自訂形狀、大小與顏色等屬性，如此則不需從商店購得。此外教師也可簽名以示區別。

4.不能移作他用

若所使用的代幣能移作他用，則很可能受損或遺失。例如撲克牌、貼紙等。

㈣兌換系統的擬定

1. 首先以數目的大小與價值的高低，分別列出代幣數目與原級
   增強物清單。
2. 根據上述二項資料，製成兌換表（如下表）。

表1-1 學校用代幣制得分表

學習活動／目標行為	獲取代幣（分數）
1. 每天按時交作業	5
2. 每節上課鈴響，馬上進教室坐好	1
3. 各科月考成績獲甲等	3
4. 各科月考成績獲優等	5
5. 發言之前先舉手，並等老師同意	1
6. 整天都沒亂扔垃圾	2
7. 當值日生時，負責盡職	2

表1-2 學校用代幣制兌換表

兌換增強物／活動	消耗代幣（分數）
1. 使用教室裡的電腦	2
2. 在教室與老師同桌吃午餐	3
3. 開班會時當司儀	1
4. 下課時間延長五分鐘	4
5. 協助老師早點名	5
6. 免繳班費一元	5

表1-3 家庭用代幣制得分表

學習活動／目標行為	獲取代幣（分數）
1.早上在七點以前起床	1
2.早上起床後整理床鋪	1
3.早上七點半以前上學	1
4.下午放學後按時回家	1
5.每晚按時餵金魚	2
6.晚上按時作功課	3
7.晚上按時倒垃圾	3

表1-4 家庭用代幣兌換表

兌換增強物／活動	消耗代幣（分數）
1.帶去逛博物館	1
2.週末延後一小時上床	1
3.週末吃館子	3
4.看電視一小時	2
5.玩電腦遊戲一小時	2
6.週末去郊遊	2

㈤**教學實例**

　　貝貝上五年級時，換了一位導師。一開學，老師就開了一次班會，提出一項「遊戲」，這個遊戲是由老師設計三種圖案可愛的「積分卡」，分別為十分、五分與一分。班上的學生若有良好表現，就可得到一張卡。每次月考後結算分數，分發獎品，一分等於一元，老師把獎品項目及價值金額公佈在佈告欄，由學生們自己選擇。

　　第一次月考後，貝貝累積了八十四分，她選了一個小玩偶，拿回家的時候，興奮得不得了，一進門就嚷著要媽媽看，還把它當寶貝似擺在書桌上。其實貝貝家裡的文具、飾物多得堆在架子上招灰塵，那個小玩偶並不特殊；但是，就如她自己說的，「這是老師送的，也是我努力的成果呀！」

　　貝貝的老師所設計的這項「遊戲」最大的特點是，它突破了傳統作法──獎品總是由成績優良的學生得到。同時，所有的標準都是全班提出擬定的，包括作業簿得甲上或九十分以上、一週內晨檢全部合格、工作努力由清潔組長推荐、以及剪貼或自然實驗材料準備齊全的人，各得若干不等的分數。表現最不好的學生也拿到十多分，領了一枝自動筆，還有學生因為喜歡老師親手繪製的卡片，捨不得拿去和老師換獎品呢！

問題研討

1. 何謂「學習」？學習的特性為何？

2. 桑代克的「學習三大定律」是什麼？

3. 辨異增強法有哪些？

4. 請試以「演算一題二位數減法（需借位）」進行工作分析。

◆參考書目◆

Axelrod, S. (1983). *Behavior modification for the classroom teacher*. New York:McGraw-Hill.

Change, P. (1988). *Learning and behavior*. Belmont, California:Wadsworth Publishing Co.

Cipani, E. (1990). Principles of behavoir modification. In J. L. Matson (Ed.) *Handbook of behavior modification with the mentally retarded*. pp.129-130. NY: Plenum Press.

Henson R. K., Bennet, D. T., Sienty, S. F., & Chombers, S. M. (2000). The relationship between means-end task analysis and context-specific and global self efficiency in emergency certification teachers: Exploring a new model of teacher efficiency. Paper presented at the Annual Meeting of the American Educational Research Association (New Orleans, LA, April 24-28, 2000).

Kimble, G. (1999). Functional behaviorism: A plan for unity in psychology. *American Psychologist, 54*: 981-88.

Morris, R. J. (1985). History and overview of behavior modification. In Morris' (ed.) *Behavior modification with exceptional children: Principles and practices*. Gleview, Illinois: Scott, Foresman and Company. pp.19-20.

Robottom, I., & Hart, P. (1995). Behaviorist EE research: Environmentalism as individualism. *Journal of Environmental Education, 26*(2),

5-9.

Sanders, M. R., & Parr, J. M. (1989). Training develiopmentally disabled adults in independent meal preparation: Acquisition, generalizatin, and maintenance. *Behavior Modification*, *13*(2), 168-191. U of Queensland.

Shapiro. E. S. and Browder D. M. (1990). Behavior assessment. In J. L. Matson (Ed.) *Handbook of behavior modification with the mentally retarded*. NY: Plenum Press.

Watson, J. B. (1994). Psychology as the behaviorist views it. *Psychological Review*, *101*(2), 248-253.

Wong, S. E., & Woolsey, J. E. (1989). Re-establishing conversational skills in overtly psychotic, chronic schizophrenic patients:Discrete trials training on the psychiatric ward. *Behavior Modification*, *13*(4), 415-430. Children's Center of Florida.

Wooley, S., Wooley, A., & Hosey, M. (1999). Impact of student teaching on student teachers' beliefs related to behaviorist and construct theories of learning. Paper presented at the annual Meeting of the Association of Teacher Educations (Chicago, IL, February 12-16, 1999)

第 *2* 章

認知學派的學習原理

重要概念介紹

1.訊息處理模式（information processing model）

一種認知心理學家用以說明「人類對所接收之訊息如何加工」的理論架構。

2.基模（schema）

認知心理學家對存在於人類腦子裡之知識結構或組織的一種假說，即與某一特定主題（topic）有關之所有知識之有系統的組織謂之「基模」，亦有複數形式，稱之為「基模群」（schemata）。

3.上行處理（bottom－up processing）

人類瞭解或解釋所接收之感覺訊息的一種方法，即對感覺訊息之物理特徵加以細步分析並整合之後，賦予意義。

4.下行處理（top－down processing）

人類瞭解或解釋所接收之感覺訊息的另一種方法，即人類透過已知的經驗對於剛接收進來之感覺訊息賦予意義。

5.語意網絡（semantic network）

認知心理學家對於人類所儲存之知識結構的形式所做的一種假想，即認知心理學家假想人類的知識就像許許多多的節點密密麻麻地由許許多多的連接線聯結起來，像個十分複雜，但卻有層次、有組織、有脈絡可循的交通網路一樣。

6.**陳述性知識**（ declarative knowledge ）

知識種類的一種，以事實、概念、現象為主的人、事、物所組合而成的知識。

7.**程序性知識**（ procedural knowledge ）

知識種類的一種。以動作、有時間先後順序之操作技巧為主的知識。

8.**先前知識**（ Prior Knowledge ）

在接收任何訊息之前，即已存在於訊息接收者之腦子裡的知識。

9.**非參照性測驗**（ nonreferencing test ）

不以某一團體的平均表現或某一特定學習目標做為指標，以評定學生之操作水準的測驗。

10.**動態性評量**（ dynamic assessment ）

又稱協助式評量，即在測驗進行中，允許給學生提供暗示、線索及協助，以便獲得學生「最大可能操作水準」的資訊，稱之為動態性評量。

11.**臨床晤談**（ clinical interview ）

由皮亞傑所首創，即施測者透過給學生一個「作業」的方式，注意學生如何反應，並依據學生的反應提出問題問學生，甚至提出反建議，以確認學生的思考或認知歷程。

12.**放聲思考**（ thinking aloud ）

　個人將內在無聲的思考，透過口語表達的方式，使思考外在化、有聲化。

13.**博多稿分析**（ protocol analysis ）：

　又稱「原案分析」，即研究者將所蒐集的語音（可包括影像）資料，忠實地轉錄成文字資料，然後對文字資料，加以細步分析，以便進行歸納或做暫性結論。

　　本章的主要目的，在於從近代認知心理學的觀點，來探討學生學習的內在歷程，更進而從對學生如何學習的認識與理解，提供教師可行的學習輔導原則。因此，本章的內容將涵蓋近代認知心理學的意義及其基本理論架構、認知心理學者對學習、教學以及評量所持的觀點，最後則論及認知心理學所揭櫫的學習原理對學習輔導所帶來的啓示與可能的應用。

第一節
認知心理學的涵義

一、廣義的與狹義的認知心理學

　　認知心理學可以有廣、狹二義的看法（張春興，民77）。廣義的認知心理學應該溯及於二〇年代即興起於德國的「完形心理學」（ gestalt　psychology ）、皮亞傑（ Piaget ）的「認知發展」（ cognitive　development ）理論、二次世界大戰後在美國所盛行的「教學心理學」（ instructional　psychology ）、以及也是在六十年代開始蓬勃發展的「訊息處理模式」（ information　pro-cessing　models ）。而狹義的認知心理學則只限於起源於美國的「訊息處理模式」。近年來，又有學者提出對「訊息處理模式」的質疑與修正，較具代表性的有所謂的「情境訊息處理模式

」（situated information processing models）（Greeno, 1989）
以及「神經網絡取向」（neural-network approach）（Martin-
dale, 1991）的認知心理學。而狹義的認知心理學又可稱之為近
代認知心理學。

完形學派的主要貢獻，在於以實驗的方法來研究人類的「知
覺」（perception），並據以發展人類在知覺歷程中如何組織外
界刺激的一些原理原則。他們曾提出一句名言，更進而延申至「
學習可經由對整體刺激情境的領悟（insight）而獲得」。因此，
他們並不贊成僅僅用刺激與反應間的機械式聯結（association）
來解釋人類所有的學習。他們這種重視知覺組織與領悟之內在認
知歷程的學習觀，被認為是近代認知心理學的濫觴（張春
興，民77；張新仁，民80）。

至於皮亞傑的認知發展研究，在五〇年代傳入美國後，對於
美國的教育理論與實踐，尤其是科學教育這個領域更有著深遠的
影響，我國也不例外。皮亞傑經由對兒童行為的直接觀察，他認
為兒童的認知能力會隨著年齡的增長，在質的方面發生階段性的
變化。皮亞傑也認為個體認知能力的發展是遺傳與環境互動的結
果，而所謂認知能力的發展便是指先天結構，經由與環境的互
動，由簡而繁的變化歷程。教育學者們將此理論間接應用於教學
情境中，便特別強調教材與教法必須配合兒童的認知發展階段，
以達因勢利導的教育目標。在皮亞傑的認知發展理論中所使用的
概念，例如「基模」（schema）、「同化」（assimilation），
以及「調整」（accomodation）等概念亦在近代認知心理學中被
重視並做更深入的探討，使得原本是十分抽象的概念，能獲得實
徵資料與具體的成果，而導致理論與實用的距離明顯的縮短。

　　「教學心理學」的興起，乃在於心理學者將學習理論的焦點，由「學習是如何產生的」，轉移至「教學活動應如何促進學生學習」（張新仁，民80）。教學心理學的主要代表人物可包括主張「有意義的學習」的奧斯貝（Ausubel）、提倡「發現式學習」的布魯納（Bruner）、重視「學習條件」及「學習階層」的蓋聶（Gagné）以及綜合行為學派與認知學派而提出「觀察學習」的班都拉（Bandura）。奧斯貝以及布魯納對學習以及教學的看法被認為是較重視學習者的認知歷程與認知結構的，而蓋聶早期雖偏向行為學派，後來亦加入「訊息處理模式」的行列，至於班都拉的理論則綜合了行為學派與認知學派的優點，其對學習以及教學的觀點為大多數學者們所接受。綜合而言，「教學心理學」所重視的焦點雖偏向教學原理原則的探討，但其與近代認知心理學所研究的主題卻關係密切，當吾人從近代認知心理學所得的研究成果引進教學與學習輔導的領域時，亦不忘融入「教學心理學」裡所揭櫫的學習與教學原理。

二、狹義認知心理學的發展史及其理論架構

㈠狹義認知心理學的發展史

　　狹義認知心理學是指六〇年代盛行於美國的「訊息處理模式」，所謂近代認知心理學亦指狹義的認知心理學。撇開哲學思潮對心理學的影響不說，其實早在一八九〇年 Willam James 在其出版的《心理學原理》（ Principles of Psychology ）一書中，即

已探討了人類思考的內在歷程，例如注意、記憶、想像與推理。而巴特來（Bartlett, 1932）更在其名爲《記憶——實驗與社會心理學的研究》一書中提出了有關記憶的理論。可惜當時的心理學界對於內在歷程的研究並不熱衷，因此巴特來對記憶的研究成果，並沒有受到應有的重視。

　　及至五○年代末期，不少心理學家們對行爲學派所研究的內涵不再滿足，因爲它無法解釋人類所有的行爲，尤其是高層次的思考活動。除此之外，更由於資訊科學、人工智慧、心理語言學、腦神經科學，甚至包括考古人類學所帶來的衝擊，使得心理學家們重新再對人類心智活動的內在歷程投入莫大的關切，並且有所斬獲。

　　論及近代認知心理學的發展史，就一定要提及喬治米勒（George Miller, 1956）所發表的一篇論文《奇妙的數字七加減二——人類處理訊息在容量上的一些限制》。米勒在這篇論文裡指出人類的短期記憶（short－term memory，簡稱STM）容量有限，而此限制影響了人類許多認知活動的運作。兩年後，Broadbent（1958）首先提出了以訊息處理分析爲主的模式「選濾模式」（filter model）。這個模式指出人類的注意力是有選擇性的。

　　Newell和Simon（1972）則更進一步地利用訊息處理模式分析人類更複雜的思考歷程。他們使用數位電腦，設計程式，模擬人類下棋及邏輯推理的思考歷程。

　　此外，心理語言學的興起，也對近代認知心理學有著相當重要的影響。因爲心理語言學主要的研究主題是人類的語言，而語言本身即是個非常複雜的認知歷程，更甚者，語言與思考的關係

是十分密切的。因此，心理語言學者以科學的方法來研究人類的語言，將有助於心理學者對人類語言的認知歷程以思考歷程的理解。例如著名的語言學家杭士基（Chomsky, 1957）就反對行為學派大師 Skinner（1957）所主張的人類語言的行為是經由操作制約（operant conditioning）而形成的，杭士基力主人類具有先天的語言能力機制，能自然地獲得與產出語言，即人們可以透過知曉語意、使用語法而產生無限多的句子，而這些句子不一定要經由制約學習而獲得。而分析與理解這種先天的語言能力機制也正是近代認知心理學家們努力的目標。

　　另有一位心理語言學家 Kintsch（1974, 1979）所做的一系列研究，探討了什麼是語意或知識的最小單位、語言是以什麼方式被儲存在記憶裡的，而吾人又是如何理解所閱讀的文章以及文章的基本結構等問題。這些研究也為近代認知心理學開啓了一片新天地。例如人類的知識是以何種方式與結構被儲存的？而獲得知識的重要途徑——閱讀——的歷程又是如何？如此一來，近代認知心理學所研究的單位被擴大了，它不再是早期實驗心理學家們用來做實驗材料的那些所謂的無意義的字母或數字，而可以是一篇有意義的文章了。

　　近年來，腦神經科學所做的研究及其發現，對近代認知心理學的貢獻也是不可磨滅的，而其影響也正在擴大之中。拜今日科學發達之賜，單一神經細胞的活動皆可被觀察與記錄，甚至整個記憶活動與複雜的思考歷程也可以動態的方式加以記錄。在此之前，學者們先用腦傷的病人為對象，研究腦細胞受傷後對人類行為的影響。例如早在一八六〇年代 Broca 即發現在人類左半腦前靠近運動區的地方若受到傷害時，人類說話的能力即受到影響。

而一八七○年代 Wernicke Broca 也發現當人類左半腦顳葉的某一個特定區域受傷時，人類對字義的理解便會受到破壞。同一時代，生理心理學家 Sperry（1968）及其同仁也因研究裂腦病人（為了防止或減少癲癇發作，而將病人腦部聯絡左右兩半腦的神經纖維束——胼胝體——切斷），而對左右兩半腦分化而又總整的功能有了更進一步的理解。更何況二十世紀末是腦神經科學知識爆炸的時代，隨時都有新訊息提供給認知心理學家，使他們對人類各種認知歷程，例如知覺、注意、記憶等的生理基礎有了更精確與廣泛的認識。

如今，近代認知心理學便在上述各種學科共同影響之下，對人類各種認知的內在歷程重新加以重視，並建立理論架構與模式，以便做更深入的探討與驗證。

㈡狹義認知心理學的理論架構

近代認知心理學家為了研究人類認知的內在歷程，發展了不少訊息處理模式，這些模式有簡有繁，但大多大同小異，本篇就以蓋聶（1974）的訊息處理模式做為代表（見圖 2-1）說明人類訊息處理的歷程。

從圖 2-1 我們可看出近代認知心理學家們把人腦比喻成像電腦似的（當然不完全相同），它會接收訊息、訊息處理並且產生反應。圖 2-1 中框框內的是種認知的結構及其功能，而箭頭所指的則是訊息的流向。現在就讓我們由左而右順著箭頭來說明這個訊息處理模式的涵義：

1.環境（environment）

此處的環境是指供刺激給個體的場所或來源。而刺激又可分

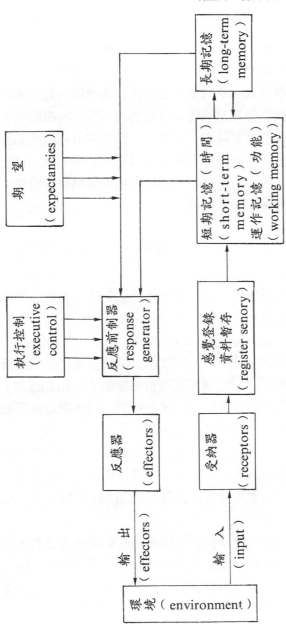

圖2-1 訊息處理模式（R. Gagné 1974）

爲外在刺激與內在刺激。所謂外在刺激是指刺激的來源是在個體之外的，例如一幅畫、一盞燈、一首歌、一陣花香等等來自個體之外的光線、聲音或化學物質。至於內在刺激則可包括像飢餓、口渴、發燒、頭痛等發自個體本身的刺激。以上所舉的例子大都以物質或生理性的刺激爲主。事實上，環境中所提供的刺激也可涵蓋較抽象的東西，例如別人說話的口氣與表情、個人自己的態度、動機等等。因此，凡是可以提供訊息供受納器接收的，原則上都可納入環境這個大範疇裡。

2.輸入（ input ）

是指個體接受某刺激的那一瞬間，是訊息處理的開始。

3.受納器（ receptors ）

指個體的各種感覺器官，用來接收訊息的。其功能例如視、聽、嗅、嚐和肌肉動作感覺等。

4.感覺登錄（ sensory register ）

訊息被短暫地（大約 1 / 4～2 秒）保留在受納器並且被轉換成大腦能接收的形式。此過程又可稱爲編碼（ encoding ），在這瞬間，個體會對訊息做適當而迅速的選擇，以便讓這些經過選擇的訊息能接受下一步的訊息處理。

由於並非所有的訊息都能進入下一個階段接受處理，因此，如何限制與組織可進入下一階段接受處理的訊息，便成爲一個很重要的歷程了。這歷程可包括注意（ attention ）和知覺（ perception ），現分述如下：

「注意」是具有選擇性的，因爲在同時間能被我們用來「注意」的能源是有限的，因此我們不可能注意到所有的或任何出現在我們環境中的刺激。影響我們注意的因素很多，例如刺激本身

的特徵與個體個人的期望或動機都會影響我們選擇某刺激。我們時常會抱怨學生上課注意力不集中，其實較正確的說法應該是學生所選擇要注意的刺激不是我們要他注意的刺激而已。注意歷程的特性除了選擇性之外，還有持久性、轉移性、分離性與自動性。

「知覺」是個體對經由受納器所接受進來的訊息有所瞭解之意。近代認知心理學家（例如 Anderson, 1980）認為知覺歷程至少應該包括二種方式。第一種方式稱為特徵分析（feature ana-lysis）或上行歷程（bottom－up processing）。第二種方式則稱為下行歷程（top－down processing）。所謂特徵分析是指經由確認刺激中的每一元素或特徵來辨識一個新刺激。例如字母A是由兩條相交於一點並成四十五度的直線（∧）和一條水平線（—）所組合而成的。特徵分析也可以稱為上行歷程（Glass & Holyoak, 1986），因為所謂上行歷程是指分析刺激的基本元素並且把這些元素組合成一有意義的類型（Glass & Holyoak, 1986）。例如當我們面對一個不熟悉或陌生的字時，我們往往無法迅速閱讀過去，而會在此字停留較長的時間，分析此字每一個組成成份及其特徵，然後再把這些個別的成份與特徵組合起來以便辨識此字的字音與字義。至於下行歷程則是指透過推論來瞭解刺激的歷程。即下行歷程不對某一陌生刺激進行特徵分析，但卻透過在此一陌生刺激之周圍情境的理解來推論此陌生刺激的性質。例如我們在閱讀時遇到生字，我們不直接去分析此生字的特徵，而卻透過上下文的理解，來推論此生字的可能意思。在日常生活中，我們對環境的理解都是經由交替使用上行與上行歷程而產生的。

5.短期記憶（short－term　memory）與運作記憶（working
　memory）

　　前者指訊息被存留時其持續時間的短暫，後者則指在此短暫
時間內所做的思考活動（張春興，民77）。經由感覺登錄的訊
息被送進短期記憶處理階段時，僅能在此停留大約十到二十秒的
時間（例如Mayer, 1981）。為了讓訊息能保留得較長久，吾人
必須對這些進入短期記憶的訊息做些工。如何做工呢？至少有兩
種方法，即複誦（rehearsal）與分節（chunking）。複誦是指反
覆的背與練習，分節則是將訊息分成一節一節使其成為幾個群聚
以便記憶（林清山，民76）。訊息若不加以複誦或分節記憶，則
超過某一段時間（大約20秒）後此一訊息便不復存在而喪失
了。假若訊息還想再進一步進入長期記憶中被永久保留，則除了
複誦或分節之外，還可運用精進作用（elaboration）與組織
化（organization）的方式來處理訊息。所謂精進作用，是指將
新進的訊息跟已存在長期記憶裡的訊息產生有意義的聯結。至於
組織化則是將新進的訊息有層次、有系統、有脈絡地組織起來以
利儲存。

　　雖然短期記憶又可稱為運作記憶（E. Gagné, 1985），然而
運作記憶較強調它的功能。運作即是做工的意思，所以運作記憶
的功能在於將經由感覺登錄的訊息接收進來，利用複誦與分節暫
時將訊息保留在短期記憶裡，並運用精進作用和組織化的方式將
訊息送進長期記憶裡。同時，為了要進行精進作用，運作記憶必
須從長期記憶裡去尋找或檢索（retrieval）與新進訊息相關的資
料以便進行聯結。另一方面也需將長期記憶裡的訊息重新組
合（reconstrucion）以便與新進訊息建構最佳的組織。

6.長期記憶（ long－term memory ）

　經由運作記憶處理過的訊息，被保留後可送進長期記憶。相對於感覺登錄與短期記憶之訊息容量的有限性，長期記憶可容納的訊息量幾乎可以說是無限的。又相對於感覺登錄與短期記憶之訊息保留期間的短暫性，長期記憶可保留訊息的時間幾乎可以說是永久的。學者們假設訊息有如密密麻麻的交通網路般地被儲存在長期記憶裡，學者們把它稱爲語意網絡（ semantic network ）（ 例如 Anderson, 1983 ）。如果這些網絡的每條通道都很寬廣（ 複誦的效果 ）、通道很多（ 精進作用的效果 ）以及通道很有規則（ 組織化的效果 ），則要檢索訊息也就快速與精確得多了。心理學者們認爲有時候我們記不起過去發生的事，不是因爲訊息喪失了，而是因爲我們找不到而已，事實上那些訊息可能還好好地被保留在我們的長期記憶裡。

7.反應前制器（ response generator ）

　指決定以何種方式以及如何反應的歷程。個體在接收並處理環境中的刺激之後，若要對此刺激做反應，則相關訊息需要經由反應前制的處理。即經由解碼（ decoding ）的歷程，個體針對環境中刺激的需要，從短期記憶或長期記憶中找出適當的訊息，加以解釋，並決定將訊息以何種方式（ 例如說話、書寫或其他表情動作等 ）表達。此種解碼歷程即是編碼的反轉歷程（ 張春興，民 77 ）。此時，經由反應前制器處理過的訊息便被送到反應器部份。

8.反應器（ effectors ）

　即所謂的動作器官。動作器官在接受反應前制器所傳來的訊息之後，以外界能理解的方式做出反應。

9.輸出（output）

指個體所做的反應，對環境而言，即是個體輸出訊息給環境。

10.執行控制（executive control）與期望（expectancies）

除上述各個連續卻又有不同功能的訊息處理歷程之外，還有所謂的執行控制與期望的歷程。執行控制可包括計畫、策略的選擇以及偵測計畫的執行與成效等高層次的認知歷程。近年來，有關後設認知（metacognition）的研究（例如 Flavell, 1979；Brown, 1980）即是專門探討人類執行控制之認知歷程，它本身已成為認知心理學重要的一支研究主題。而所謂後設認知即是指個體能認識與覺知自己的認知歷程，並且知道如何去控制自己的認知歷程（Flavell, 1979）。至於期望是指個體預計自己所欲達到的操作水準以及考量行為之後可能帶來的後果，因此期望可帶來行為的動力即動機，以及行為後所可能產生的情緒反應。總之，執行控制與期望是整個訊息處理模式中較高層次的決策與動力單位，他們將影響整個訊息處理歷程中的每個階段與步驟。

㈢人類認知的特性

茲綜合國內學者鍾聖校（民79）以及其他學者們對有關認知研究的重要概念所做的歸納與總結，指出人類的認知至少具有下列十大特性：

1.認知的有限性（limited capacity）

身為一位訊息處理者，人類在注意訊息、登錄訊息、短期儲存訊息以及運作訊息等能力是有限的，因為人類在訊息處理時需要消耗能源，而在單位時間內，人類所能使用的能源是有限的。

2.認知的領域特定性（domain－specific）

過去的心理學較著重跨學科的一般學習原理、原則之建立，如今認知心理學者除了對一般性的學習原理持續加以關注之外，更因發現人類的認知歷程會因不同的學科領域，而其著重點也會有所不同，因而將研究方向導向各特定學科領域之認知歷程的探索，使得特定學科領或的知識與認知心理學關係日益密切，研究也更趨精緻化。例如目前認知心理學的研究內涵包括認字歷程、閱讀理解歷程、寫作歷程、數學解題歷程、自然科概念改變歷程、社會科批判思考歷程、以及藝能科創造思考歷程等等。

3.認知的意義性（meaningfulness）

認知心理學者認為人類的認知建立在已存在於人類腦中的知識結構（或稱基模）之上。換言之，新知識的獲得是建立在已知的知識基礎上。新知與舊識要能有適當的聯結，認知才有意義，學習才能有效。

4.認知的自動性（automaticity）

由於人類在單位時間內能使用或消耗的能源有限，因此有必要儘量節省能源，而節省能源的方法之一，便是使人類的認知歷程自動化，因為自動化的認知歷程只會消耗極小的能源，但依然可使認知歷程快速運作、極少錯誤，以及不干擾其他的認知運作。

認知歷程的自動化是透過反覆地練習而達成的，但並非所有的認知歷程都必須要自動化，有些必須隨時、空、地之不同而有不同反應的認知歷程，例如遇到不懷善意的陌生人應如何反應，就不太適合將之自動化。鄭昭明（民77）指出當所處理的知識或技能是屬於：(1)基本的原理、原則，例如認識國字、九九乘法

表；(2)百年內不會變化的知識，例如中華民國的國父是孫中山先生。又如騎腳踏車的技巧，則可以透過反覆練習，使其認知歷程自動化。

5.認知的組織性（organization）

人類各種知識的儲存與運作都是有層次、有組織的。無論是語意的、影像的，以及動作的知識都是經由分類的歷程加以覺知而進而予以儲存，以備未來能有效地檢索與取用，因之人類的認知相當具有組織性。

6.認知的編纂性（compilation）

人類的認知除了有自動性與組織性之外，還有編纂的特性，可使人類認知的運作更快速與有效。所謂的認知的編纂性是指人類能將陳述性知識（declarative knowledge，又稱事實性知識）轉化成程序性知識（procedural knowledge）的特性。例如我們可以依據說明書上的指示（陳述性知識）操作某一項技能（程序性知識），當反覆練習熟練之後，原本是屬於陳述性知識即可轉化為程序性知識了。

認知的編纂性還包括合成（composition）的作用，即將原本較為複雜或重覆的操作程序，轉化為較精簡而便捷的程序，例如有許多數學解題程序即具有此種特性。

7.認知的調節性（regulation）

所謂認知的調節性，是指人類具有自我規範與調整認知歷程的能力。具體而言，人類會隨時監控自我，並因時、因地、因事而調整自我的認知歷程與行為反應的模式，以達有效的環境適應。換言之，人類的認知是相當具有彈性，而不是一成不變與僵化的。

8.認知的差異性（difference）

人類的認知雖具有共通性，但亦具有差異性。這種差異性存在於不同年齡上的差異、不同智力上的差異、不同文化背景上的差異以及生手與專家之間之差異。認知的差異性可以表現在數量上，也可以表現在品質上。認知的差異性有些是可以透過有效的學習而加以減少的，例如生手即可透過有計畫的學習而逐步邁向專家之路。

9.認知的脈絡性（context）

所謂認知的脈絡性是指人類的認知是情境依賴的，是背景依賴的。換言之，人類的認知不能孤立於整體的知識脈絡中，或者孤立於其所生活的文化背景與環境中。以閱讀理解為例，往往有許多字義與詞義不能孤立於其所屬的句子或上下文。又如一篇以描述捕魚生活的文章，相信有捕魚經驗的讀者會比沒有經驗者的理解程度好。

10.認知的可延伸性（extention）

認知的可延伸性亦包括認知的可增長性。人類透過歸納與演繹等推理歷程，人類可產生新的認知能力。經由認知心理學者們的研究指出人類的認知能力是可以發展與培養的。透過有效的教學與學習，人類認知能力的成長是相當具有潛力的。

以上簡介人類認知能力的十種特性，雖不完整但老師們儘可透過對學生認知特性的理解，在教學予以配合，以達有效學習的目標。

認知心理學的學習、教學與評量觀

　　近代認知心理學者不僅對何謂「學習」有其嶄新的詮釋，而對如何「教學」與「評量」也有其獨到的見解，相信這些觀點將有助於老師規畫如何幫助學生學習。

一、認知心理學的學習觀

　　認知心理學者對學習的看法，有別於傳統行為學派對學習所下的定義：「學習是指經由反覆練習，而使行為產生永久性的改變」（Kimble, 1967）。茲綜合一些認知心理學者（例如Jones, Palincsar, Ogle & Carr, 1987；Resnick, 1984, 1989）的看法，分述如下：

(一)學習是目標取向的

　　近代認知心理學家認為我們人類是主動的訊息處理者而非僅止於訊息的被動接收。尤其是對於一個有效的學習者而言，他往往會主動地去瞭解他所必須要完成的工作性質或需要達到的標準是什麼？他目前的處境為何？如果要完成工作並達標準，他具有的優點或短處各有那些？他有那些可能的途徑、策略或方法可以

達到預期的目標以及他應該做何選擇與計劃，並執行與監視自己的行動以及決定是否需要改變策略等等。因此，認知心理學家們相當重視「學習如何學習」（learning how to learn），期盼個體能成為一個有效而獨立的學習者。

㈡學習是使新知與舊識產生最適當或最有意義的聯結

Ausubel（1968）主張有意義的學習（meaningful learning）才能產生真正的學習。而所謂有意義的學習即是指能將新的訊息與相關的先前知識（prior knowledge）產生聯結。學習者們將這些存在人們記憶裡有組織、有結構的先前知識稱之為基模（schema，單數）或基模群（schemata，複數）（例如Anderson, 1983）。更明確一點說，所謂基模便是代表個體對某一特定主題所擁有的所有知識的總和，它是具有結構性的（例如Anderson, 1983）。學者們更進一步地認為基模可以用來幫助我們對新進訊息加以推論與評鑑（例如Anderson, 1983）。因此，學習的產生在於將新的訊息適當地納入已存在的知識結構中。

㈢學習是將知識有系統地組織起來

研究指出架構清楚、層次分明的文章比雜亂無規則可循的文章較易使人理解（例如Armbruster, 1988）。而研究者更指出有效的學習者便是擅長於組織知識（例如Jones, et al. 1987）。這些技巧純熟的有效學習者：(1)能在文章中找出他們所要的訊息；(2)能將文章內的訊息以自己能理解的方式來表徵；(3)能分辨重要的訊息與較不重要的訊息；(4)能將組織性不夠的訊息加以組織化；(5)能將同一篇文章內或不同文章中的相關訊息加以綜合與

統整；(6)能將訊息依順序地加以處理或以書寫的方式表達出來；(7)能將新訊息與先前的經驗加以聯結；(8)能配合新訊息重組先前知識（ Jones, et al., 1987 ）。這說明了如何將知識有系統地組織起來呈現給學習者，以及學習者能主動地將知識有系統地組織起來，對於是否能產生有效的學習是相當重要的。

㈣學習是有策略的或學習是具有策略性的

策略（ strategies ）是指懂得如何使用某些技能、知道在什麼時候用最合適以及在什麼情境下使用最有效，並且能夠計劃、偵測及修正這些技能的使用。因此，策略是達到有效學習的重要關鍵。近年來有許多的文獻與研究都以學習策略做為探討的主題。Jones 等人（ 1987 ）便將這些文獻及研究中有關策略的特徵歸納如下：(1)策略需要做彈性的應用，才能達到預期的效果；(2)有些策略是自發性的，亦即吾人會自動發展一些有效的策略而無需刻意的教導；(3)對於年紀小的學童以及低成就者而言，策略是可以教，可以學的；(4)透過有效的教學，年青學子與低成就者也可以學會較高層次的思考技巧與策略；(5)由於學習遷移的效果不佳，除了要直接教導學習策略之外，也要直接教導如何進行學習遷移；(6)沒有單一的策略可以適合所有的學科領域的；(7)策略除了要直接教、老師要做好示範之外，還要讓學生有練習的機會，並且要檢查學生學習的成果如何。

㈤學習是具有階段性與反芻性的（ recursive ）

根據近代認知心理學的研究，人類複雜的學習例如閱讀、寫作、問題索解等都是具有階段性的，而且在各個階段中的學習所

需運用的技能與策略也是不盡相同的。若以閱讀為例，當學習者面對一篇充滿生字而主題又陌生的文章時，他恐需花費許多時間在瞭解詞彙以及熟悉文章的內容上。但若是學習者所要處理的是要背誦一篇已被理解的文章時，那麼他可能要運用各種有效的記憶策略，以達其目的。再者，若是學習者想要加深加廣對此篇文章所涵蓋的知識時，則他可能要廣泛地閱讀與此篇文章之主題有關的其他文章或書籍。又如學者們將閱讀分為閱讀前準備、閱讀時訊息處理、以及閱讀後穩固與延伸知識等三個階段，他們認為在不同的閱讀階段所需使用的讀書技巧與學習策略應該是不完全相同的（Jones et al., 1987）。

同時，學習也是具有反芻性的，亦即不同的學習階段是會不斷地重覆、循環地出現的。換言之，學習的各個不同階段間的關係並非單向以及直線式的。這也說明了學習中技巧與策略的運用是相當具有彈性的。例如在閱讀文章時，可能會有獲取新知、儲存新知、擴展新知之不同學習階段反覆、循環地交替出現。

㈥學習是受個體發展影響的

研究者發現學習的有效性是與年齡以及能力有關的（例如 Brown, Campione & Day, 1981）。例如後設認知技能是隨著年齡的增加而增加，而高成就者也比低成就者較會使用後設認知技能（例如 Brown et al., 1981）。雖然學習會受個體的發展所影響，但所幸的是這些與學習有關的讀書技巧與學習策略是可以教以及可以學的。

㈦學習是一種主動建構知識的歷程，而非僅僅被動地吸收知識

認知心理學者認為學習是一種學習者依賴舊有的知識去構築新知識的歷程，而不是外在環境提供什麼訊息，學習者便一成不變、不經由選擇地全盤接收。因此，雖然是接受同一位老師同一個時間的教學，但是每一位學生學習的程度卻都不相同。由於學習者需用已有的知識去建構新的知識，因此會造成在知識上富者愈富，貧者愈貧。換言之，隨著年級的增加，知識上的貧富懸殊愈來愈大。

㈧學習的產生不在於記錄訊息而在於解釋訊息

認知理論告訴我們，沒有經由理解的知識記憶，並不能算真正獲得該知識。換言之，認知心理學者並不反對背誦，但必須是建立在以理解為基礎的背誦，才能產生真學習。

㈨學習是情境依賴的，學習必須在知識脈絡中、特定文化背景與環境中進行

認知學者指出孤立知識（或事實）的記憶是有限的、是毫無目的與意義的。只有保留在有組織的知識結構裡，某一特定的知識才有意義。同時，知識的獲得也不能孤立於訊息處理者所身處的物理以及社會環境。換言之，學習是受學習者所屬社會生態的影響。

㈤有效的學習，依賴學習者的意向、自我監控、進行有意義的學習，以及能充分理解所獲得的知識

　　造成成功的學習，不是單一因素所能決定，而是綜合諸多良好的學習條件而產生的。一個學習者若有強烈的學習動機、能主動地管理與經營自己的認知活動、能使用有效的學習策略，並對特定學科領域的知識做長時間、深入地探討，那麼，此人在學習上的成功是可預見的。

　　以上簡述十點認知角度的學習觀，這些觀點將有助於老師對學生學習歷程的瞭解，進而能提供有效的學習輔導。

二、認知心理學的教學觀

　　近代認知心理學不僅對「學習」有新的見解與較廣闊的視野，同時，他們的研究方式也不只僅限於實驗室，有許多很傑出的研究，已走出實驗室，而與自然社會環境（例如教室情境）相結合，而其研究單位也由較小、較無意義的題材（例如，無意義的字母或數字）走向較大、較有意義的單位（例如詞、句子、段落、文章）。因而，經由研究結果的累積，認知學者結合了教學專家與學科專家，也提出了一些對教學的看法。現茲以 Resnick（1989）的觀點為例，說明認知學者對教學所持的觀點，如下所列：

㈠教學是一種介入（intervene）的歷程，即介入學生的知識建構歷程

傳統上，學者們認爲教學是一種從事知識傳遞的工作。但由於目前認知學者認爲學習者不只是被動地接收訊息，而是主動地處理訊息。知識是否能獲得，必須依賴學習者是否能有效地建構知識。因此，教學的工作並非由老師將整理好、組織的知識直接填入學習者的腦中，而是幫助學習者如何將老師所提供的或自己尋找的學習材料與其先備知識做最好的聯結。

㈡教學必須：⑴提供訊息，讓學生有建構知識的素材；⑵要激發學生有意願主動去建構知識；⑶要指導學生如何去建構知識

認知心理學者既然認爲教學是一種介入，那麼成功的教學就必須能提供一有效的介入方案，而認知學者認爲有效的介入方案必須要包含三個重要成份：素材、意願與方法，三者缺一不可。換言之，教學過程中，老師若僅僅提供很好的學習材料或很認眞的講解，但學習者若毫無學習的意願，則必功虧一簣。而若有很好的學習材料與強烈的學習意願，但若不懂得學習方法或策略，即學習成效也必定事倍功半。因此，教學者必須在這三方面給予學習者最大的幫助，才能期盼學習者能有眞正的學習。

㈢教學時必須先取出學生的「先前知識」（prior knowledge）

認知心理學的研究不只提供我們教學的原則，而且還指導我們教學的方法。其中之一便是，教學一開始，就必須先掌握學生對某一特定主題或學習內容，已經具有的知識有那些、其質與量

為何。至於如何取出學生的「先前知識」，則有賴老師的精心設計，例如老師可以透過問問題的方式、學生報告經驗或學習前評量等等方式探知學生的先前知識。然而在探知學生先前知識之前，老師必須很清楚他所教學的某一特定主題所需具備的先前知識應該有那些，如此，才能知道如何幫助學生有效地獲得與建構知識。

㈣教學時必須透過師生對談、討論以及類比的方式，將抽象概念具體化，並將老師的內在思維外在化

　　認知取向的教學觀重視歷程性的教導，教導學生如何思考與問題解決的技巧。一般而言，各種內在的認知歷程都是相當複雜的，但有些認知歷程由於精熟的緣故，可能已經自動化了，因此當老師在講解時，除非刻意地去思考與監控自己的認知歷程，否則往往會省略許多細部的、可能是關鍵性的認知歷程，所以很可能會造成學生不易理解的困境。可行的方法是老師在教學前，先仔細分析與整理自己在學習此單元時的認知歷程，而在教學時將此內在的認知歷程透過口語的表達方式將之外在化，使學生有機會充分地接觸與理解並模仿老師的認知歷程（例如解某一數學題的歷程、寫一篇作文構思與產出的歷程、遭遇困難時思索如何克服障礙的歷程）。當學生在熟練各種認知歷程的方法與技巧之後，再幫助學生將此歷程內在化，而成為學生自身的一部份。此外，老師亦可透過對談與討論的方式，瞭解學生的認知歷程，進而幫助學生進行有效的學習。

　　再者，在學科學習中，尤其是數學科及物理，往往有許多抽象的理論架構不易為學生所理解，此時老師可以透過對談、討論

以及多舉實例以類比的方式幫助學生建構新的解釋系統。

㈤教學時應注意認知與動機、情緒以及個人社會文化背景之間彼此的互動關係

目前，認知心理學者發現人類的認知能力並不能與個人的動機、情緒以及社會脈絡分離開來。在真實的學習情境中人類的認知能力是會與個人的動機、情緒以及其所屬的社會脈絡產生互動的。例如一位對數學科的學習沒有強烈的動機，且有負面的評價的學生，若再加上其所屬的生活環境並不重視數學科的學習，或並不需要太高深的數學科知識，那麼我們期待他將數學科學得很好，似乎是相當需要下功夫的。因此，老師在教學時必須考慮學習者的動機、情緒以及其生活文化背景。

㈥當知識無法直接經驗時，讓教科書成為有效的教學工具，而教科書的編輯者應慎重考慮需要放進那些訊息，以及如何組織與呈現這些訊息

認知學者認為「學習」嚴重依賴學習者已經獲得的知識，而且認為學生的「先前知識」，是教學的基礎。學習者在開始學習時，都會從日常生活經驗中帶來一些觀念，但這些觀念並不一定正確或完整，而又有不少知識並不是學習者可以直接經驗的，因此有關人員應重視如何編寫教科書，使其能成為有效的教學工具。然而，過去教科書的編寫，通常只重視學科知識本身的結構或特徵，而忽視了學習者的先前知識與認知歷程，因此，認知心理學者特別呼籲在編寫教科書時，除考慮學科本身的知識結構與特徵之外，也應考慮人類的認知特性與學習歷程。例如，

Armbruster（1986）即提出編寫「考慮周全的教科書」所需具備的特質，供教科書的編寫者與使用者參考：(1)能幫助學習者「選擇」重要的訊息；(2)能幫助學習者「組織」重要的訊息；(3)能幫助學習者「統整」重要的訊息；(4)能提供正確、不矛盾而且能跟得上時代的訊息。

(七)教學時應重視學習原理原則的遷移或類化（generalization）

認知心理學者對遷移或類化的觀點比行為學派的看法較為寬廣，同樣主張共同元素論（common element theory），認知學者認為遷移作用不只發生在相似的「反應方式」上，同時也應包含相似的「基本認知歷程」。

由於認知學者強調人類是訊息主動的處理者，因而更重視學習者遷移或類化的能力，因為惟有依賴遷移或類化的作用，學習者才有可能成為主動而有效的學習者。但個人的遷移與類化能力與其後設認知能力（於第三章詳談）有密切的關係，因而有學者主張利用後設認知能力的訓練來強化個人的遷移與類化能力（例如 Brown, 1978），亦有學者主張直接教導學習者如何進行遷移與類化。

國內認知學者鄭昭明（民77）更將教與學的關係利用圖2-2的方式表達出來。此圖試從認知心理學的角度，分析教學歷程與建構知識歷程中的重要成份，進而分析成份與成份間的關係以及教與學之間的互動。此圖提供教師做為教學與學習輔導時的參考。

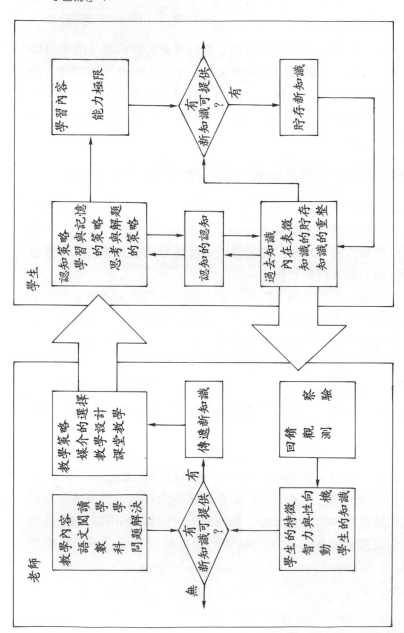

圖 2-2 教與學的相互關係（鄭昭明，民 77）

三、認知心理學的評量觀

今日的認知心理學不只努力探索人類是如何學習的，而且也對教學做了深入的觀察。除此之外，他們亦從認知的觀點對於學習的評量提出了不少的諍言與建議。由於學習、教學與評量三者密不可分，因此，特在此地介紹認知心理學者所構築的評量觀，希望能與學習觀和教學觀相益得彰。

筆者（邱上真，民 81）曾綜合認知學者們的觀點（例如 Campione, 1989；Chi, 1978；Elshout, 1985；Ginsburg, 1987；Marshall, 1987；Mayer, 1985），試從評量的向度、方法與內容說明認知學者對評量所持的觀點。茲轉述如下：

㈠就評量的向度而言

認知學者認為學習的評量應採多元化與精緻化的途徑：

1.重視以歷程（process）或認知成份（cognitive compo-nents）為導向的評量

由於認知心理學者重視人類的各種認知歷程與成份，因此，他們對教育評量的觀點，也主張採取對認知歷程與成份做細步化的評量。例如 Sternberg（1977）即將類比推理（analogical rea-soning）能力分為編碼（encoding）、推論（inference）、模比（mapping）以及應用（application）等四個成份來評量。又如 Mayer（1985）亦將數學解題歷程分為問題轉譯、問題整合、解題計畫及監控，以及解題執行等四個成份，然後依此四個成份分

別設計問題來評量學生數學解題的能力。國內王瓊珠（民81）亦依閱讀理解模式將閱讀理解測驗分為解碼認字、字面理解、推論理解、以及理解監控等四個部份。此外，Flower 和 Hages（1981）所提出的寫作歷程模式，將寫作歷程分為計畫、轉譯、回顧與監控等四個成份，也許未來寫作能力的評量有可能依此模式設計。

2.重視知識結構與類型辨識能力的評量

認知學者主張教育評量應該能找出學習者的知識結構為何，並且應該評量學習者之知識結構的組織性、層次性與統整性，而非只是評量零碎而片斷的知識。

至於類型辨識能力是指能抽離相同知識或將知識加以分類的能力。Marshall（1987）即將整數四則運算的文字題分為五大類型：(1)改變型（change）：小明有八顆糖果，吃掉了五顆，還剩幾顆？(2)組合型（combine）：小明有八顆糖果，大華有五顆糖果，兩人一共有幾顆糖果？(3)比較型（compare）：小明有八顆糖果，大華有五顆糖果，請問大華比小明少幾顆糖果？(4)重述型（restate）：小明的糖果是大華糖果的五倍，大華現有八顆糖果，請問小明有多少顆糖果？(5)單位型（unit）：一顆糖果五元，八顆糖果要幾元？此種類型分析，可幫助老師設計與發展一面面俱到的評量內容，而不致於遺漏任何重要的知識類型。

3.重視學習策略與認知層次的評量

認知學者認為學習者所使用的學習策略，會影響學習者的學習成效，因此主張學習者使用那些學習策略以及如何使用，都應包含在整個教育評量內。學習策略可包括注意策略、記憶策略、理解策略與解題策略等等。

　　又，認知學者亦努力探索與分析人類在各種認知歷程中的專精（expertise）階層，藉以判斷個人在某項知識或技巧的專精度。由於這方面的研究工作龐雜、細微又困難，因此，到目前為止，所累積的知識為數並不多。現以二十以內的計算為例，Fuson（1982）發現人們在計數專精度（或稱認知層次）的發展至少有四個主要階段：(1)全部計數（counting－all）：例如2＋4＝____，要數1, 2, 3, 4, 5, 6；(2)相接計數（counting－on）：例如2＋4＝____，則心裡記住二，伸出四個手指頭，數3, 4, 5, 6，或較高層次的，心中記住較大的數四，伸出兩個手指頭，數5, 6；(3)衍生事實（derived facts）：從已獲得的事實知識來計數，例如10－5＝____，該生已知5＋5＝10，而算出10－5＝5；(4)已知事實（known　facts）：對所要計算的問題已有現成的答案，例如10－5＝____，立刻說出五，無需計算。由觀察及詢問孩子的計算過程，可判斷孩子的專精程度或其認知層次。

4.重視錯誤類型分析，以便進行補救數學

　　認知學者不只注意學習者正確反應的歷程與結果，同時他們也非常重視錯誤反應的歷程與結果，因為藉由對學習者錯誤類型的分析，可獲得較為豐富的訊息，可做為設計與實施補救教學依據。以數學科為例，尤其是加減乘除運算，已有相當多的錯誤類型分析的資料可供參考（例如 Ginsburg, 1987）。大陸學者萬雲英、楊期正（1962）探討兒童初學漢字的心理歷程，其結果可供我們辨識兒童的錯別字類型是屬於認字歷程中的那個階段（引自萬雲英，民80）。國內也有不少研究者從事自然科的錯誤概念分析（例如楊其安，民78）。目前認知學者將此種以分析錯誤類型為主的測驗稱之為「非參照性測驗」（nonreferencing　tests

）（ Ginsburg, 1987 ），以別於傳統的常模參照測驗與標準參照
測驗。

　5.重視認知與情意、動機、情緒以及社會文化因素間互動關
　　係的評量

　　認知學者不只將學習策略納入正式評量的內容裡，亦考慮在
做認知性評量的同時，亦瞭解學生對該學習目標的態度與學習動
機以及該學習目標是否受學生所處社會文化背景的影響。以數學
科為例，即有學者將情緒與動機變項發展為評量工具，以做為數
學科認知性評量的補充訊息（例如 Fennema, 1989；曾淑容，民
78）。又由於認知學者主張學習是情境依賴的，因此他們亦主張
在設計評量問題時，應考慮與學生日常生活經驗相結合或考慮它
的功能性或實用性。

(二)就評量的方法與技巧而言

　1.主張以「動態性評量」（ dynamic　assessment ）充實「靜
　　態性評量」（ static assessment ）

　　「靜態性評量」是指在評量的過程中，依一定的標準化程序
進行，且不給予受評量者任何的暗示與協助。而「動態性評量」
則允許在評量過程中，給予受評者不同程度的協助。因此，所謂
「動態性評量」是指透過介紹施測材料與指導如何反應的方式，
使受評者的操作水準提高（ Embretson,　1987 ）。「動態性評量
」亦是指在進行評量時，注意受評者是如何產生學習以及學習如
何發生變化的心理歷程（ Campione, 1989 ）。或者說「動態性評
量」是企圖去評量受評者是否有「改變的潛能」（ potential　for
change ）（ Campione, 1989 ）。因為「動態性評量」的主張者並

不滿足於只是評量學生目前的操作水準，他們更有興趣去瞭解學生是如何（how）達到此水準的，以及未來可能達到的水準（或最大可能的操作水準），他們並且認為認知能力是可以經由教學以及訓練而加以改變的（例如 Campione, 1989；Feuerstein, 1979）。

2. 重視「臨床晤談」與「放聲思考」的技巧

「臨床晤談」（clinical interview）又稱「彈性晤談」（flexible interview）（Ginsburg, 1987），此種晤談的特點是施測者在進行評量時，會針對學生的反應與回答來問下一個問題，並且鼓勵學生用自己的話，來說明自己的認知歷程，施測者對所問問題之方向，內容與程序並不預設立場，也未有標準化。至於「放聲思考」（thinking aloud）是指讓學習者將其「內在思維外在化」的技巧，即施測者在評量進行時或測驗剛完成時，要求學習者將其當時心裡所想的任何事情或程序用口語的方式表達出來。這種技巧，難度高、主觀性也強，但卻能提供相當富有診斷性的訊息（Ginsburg, 1987）。

3. 致力於「觀察」技巧的細步化與精密化

拜現代科技之賜，今日的觀察技巧，確實比以往更具精密性與客觀性。而且觀察與記錄的內容也不只限於人類的外顯行為，而可涵蓋人類「內在」的神經活動，進而據以推論人類的內在認知歷程。

目前，在認知心理學中常用到的觀察記錄技巧有所謂的「博多稿分析」或稱「原案分析」（protocol analysis）（Newell & Simon, 1972）。此方法為施測者將學生接受評量時的整個過程錄影或錄音下來，然後將聲音的部儘量忠實地轉錄成文字，最後

再透過對文字資料的分析、探索學習者的認知歷程。

第三節

認知原理在學習輔導上的應用

本章第一、二節分別陳述認知心理學的理論架構與基本的原理、原則，本節則著重在如何將這些原理原則用在輔導學生進行主動而有效的學習上。為使本節的架構較為完整，並幫助教師在進行輔導計畫時，能思考得較為周全，茲參考馬扎諾（Marzano, 1992）在其新書《不一樣的教室：學習向度的教學》中所揭櫫的五個學習向度（dimensions of learning）做為教師進行學習輔導的主要內涵：

向度一、增進學生對學習有正向的態度與認識

學生如果對學習沒有積極正向的態度與正確的認識，那麼我們要期望他能進行有效的學習，其機率是相當小的，因此教師在進行有效學習輔導之初，就必須先建立學生對學習的正向態度與正確的認識。而在這個學習向度上，教師可以從兩方面來幫助學生（Marzano, 1992）。茲分述如下：

㈠幫助學生對學習情境（learning climate）有正向的態度與認識

學習情境或稱學習氣氛，它包含心理的和物理的環境，兩者教師都需特別經營：

1.讓學生感受到他是被老師以及同儕所接受的

無論是直覺的判斷，抑或是實徵研究的結果都支持老師是否接受班上的每一位學生，對學生的學習而言是相當重要的（Good, 1982）。因此，身為教師就必須在學校中運用不同的方法與技巧，讓學生感受到他是被老師所接受的，下列是一些可行的方法（Marzano, 1992）：

⑴上課時，儘量能注意到每個角落的學生，並且與每一位學生有眼光的接觸。

⑵儘可能只稱呼學生的名字，而不連名帶姓地叫。

⑶在個別指導或回答學生問題時，老師能走向較靠近學生的地，方表示對學生的重視。

⑷以合適的以及可接受的方式（例如拍拍肩膀表示鼓勵或安慰）表達老師對學生的關心。

⑸讓學生有適當的時間回答老師的問題。

⑹學生回答不完全正確時，對於正確的部份要給予肯定。

⑺學生不會回答時，可以再把問題說一遍。

⑻學生還是不會回答時，可以用不同的句子再把問題說一遍，以及把問題說明較詳細一些。

⑼學生實在有困難回答問題時，應給予足夠的暗示及線索，儘量能幫助他找到答案或回答問題。

此外，學生也需要感受到為其他同儕所接受。老師可以透過異質性的分組、合作或學習以及小老師制的方式幫助學生能彼此接受與了解。

2.給學生一個舒適的學習環境，並建立有秩序的教室規範

室內溫度、課桌椅的安排、活動的空間、噪音的控制都是物理環境中的變項。學校和老師儘可能在這方面能提供給學生一個舒適的學習環境。此外，在教室內也要讓學生感受到他身處於一個有溫情而富幽默感的心理環境。

有效的教室規範或教室管理對於學生的學習是很重要的。因此，教室行為的規則與程序必須在開學的第一個月內建立，如此才能使往後的日子教學與學習都能順利的進行，而不致於花費太多的時間在管理學生的行為上，而減少了學生真正學習的時間。而所謂教室規則可包括：(1)上課開始的行為；(2)上課結束的行為；(3)明訂上課時，有那些行為是屬於干擾性的；(4)教學時間的行為；(5)非教學時間的行為；(6)評分的程序與標準；(7)一般校內行為；(8)溝通管道與程序等等。老師可依實際需要，利用班會時間討論教室規則，而這些規則是合理而且也是學生能力做得到的。

㈡幫助學生對課業有積極正向的態度與正確的認識

有效的學習者認為老師要求的課業有價值、很清楚老師對課業的要求，並且能夠尋找適當的資源以完成課業。因此，老師在進行學習輔導時，必須要針對上述有效學習者的特點，來發展學習輔導的策略：

1.幫助學生肯定課業的價值

研究指出有學習動機的學生大多能肯定課業的價值，並且認為課業與達成其個人目標有密切的關係（Schunk, 1990）。因此，老師可以幫助學生認清個人的學習目標、生活目標，甚至人生的目標是什麼、應該如何規劃個人的生涯，進而指出目前所學習的課業與其個人近程以及遠程目標的關係為何，以肯定課業的價值。若能進一步引導學生對課業有興趣、有好奇心，則更能引起學生較強烈的學習動機。

2.提供學生很清楚的指示，以幫助學生完成課業

對課業做清楚的指示可包括：該如何完成課業、老師對學生的期望是什麼、標準又如何。老師甚至可以示範給學生看。

3.幫助學生尋找適當的資源

學生應該知道完成課業需要時間、書籍、參考資料、相關的設備等等，但這些都屬於外在的資源。成功地完成課業還需要有內在資源，例如能力與努力。老師要肯定學生的能力，並且鼓勵學生盡自己最大的努力。

向度二、幫助學生獲得與統整知識

如前所述，認知學者將知識分為陳述性知識（或稱事實性知識）與程序性知識（或稱過程性知識）。而兩種知識又有不同的學習階段。在陳述性知識方面，可包括：建構意義、組織知識與儲存知識。而在程序性知識方面，也可包括：建構意義、塑造行為與內化行為等三個階段。在輔導學生如何獲得與統整知識時，

應包含各有三個階段的兩大類知識：

㈠幫助學生獲得與統整陳述性知識

1.幫助學生如何建構陳述性知識的意義

　　所謂建構陳述性知識的意義，是指用學生的先前知識去解釋將要學習的知識，使得新舊知識能夠做最適當的聯結。換言之，在學習新知識之前，老師要幫助學生喚起相關的舊知識（或所謂的基模）。然後，老師還要幫助學生如何運用已被喚起的舊知識來瞭解新知識，最後新舊知識能整合在一起。

　　歐格爾（Ogle, 1986）建議使用 K－W－L 的策略來幫助學生對陳述性知識建構知識。所謂 K 是 know 的第一個字母，即建構意義的第一個階段，要幫助學生確定有關某一個特定的主題他認爲他知道（know）了些什麼。例如，老師今天要敎「折射現象」，那麼老師可以讓學生指出有關「折射現象」這個主題，他已經知道的有那些概念或知識。建構意義的第二個階段，可用 W 這個字母來表徵，W 是 want 的第一個字，它表示老師可以問有關某一個特定的主題學生想要（want）知道的知識是些什麼。例如，老師可以問學生他想要瞭解那些與「折射現象」有關的問題。最後，在老師敎學後或者學生閱讀相關課文或資料之後，老師可以幫助學生確認自己到底學到了（learned，以 L 這個字母來表示）那些知識。以上只是以歐格爾所發展的 K－W－L 策略爲例，老師可以自行發展或設計有效的策略來幫助學生建構意義，進行有意義的學習。

2.幫助學生如何組織陳述性的知識

　　當學生已習得或獲得新的陳述性知識之後，還要繼續幫助學

生組織這些知識。如前所述,知識與知識間都是彼此有相關的,而知識本身是有組織、有層次的結構。老師應該幫助學生辨識各種不同學科的知識結構,並利用此結構來分類與組織剛習得的知識。馬扎諾(1992)認為老師可利用下列三種方式來幫助學生組織知識:

(1)利用抽象符號或公式來組織陳述性知識:

老師可以幫助學生將有關的符號或公式列出來,並且透過整理——分析與歸納找出這些符號或公式間彼此的關係,最後並做分類。例如,$S = \overline{V}t$;$S = \frac{1}{2}at^2$,老師可以指導學生如何利用這兩個公式,找出 $\overline{V}$ 與 a 的關係。

(2)利用「語意類型」(semantic patterns)來組織陳述性知識:

馬扎諾(1992)綜合了三位學者(Cooper, 1983;Frederiksen, 1977;Meyer, 1975)對說明性文章所進行「語意類型」分析,將說明性文章的內容分解為下列六大「語意類型」:

①描述式類型(descriptive patterns):例如這幢建築物的特徵是什麼?這個人的人格特質有那些。

②序列式類型(sequence patterns):例如清代與列強簽訂的不平等條約按年代排列。

③因果式類型(cause patterns):例如第二次世界大戰發生的原因與後果。

④問題/解決式類型(problem / solution patterns):例如瓦斯漏氣了,應該怎麼辦。

⑤類化式類型(generalization patterns):例如請列出五

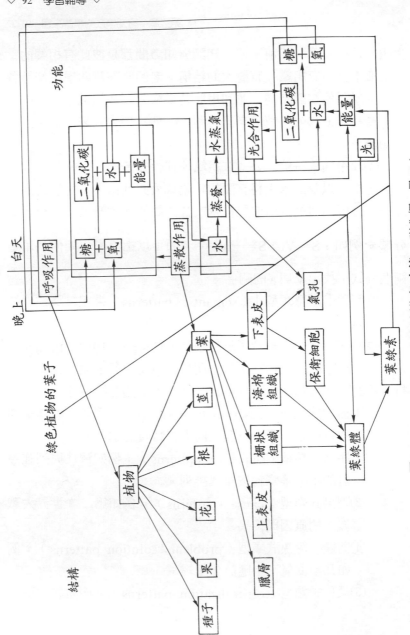

圖2-3 綠色植物葉子的結構與功能（謝兆樞，民78）

種臺灣夏季盛產的水果名稱。

⑥概念式類型（concept patterns）：即定義式類型，例如什麼是光合作用、等腰三角形的定義是什麼。

(3)利用構圖或列表的方式來組織陳述性知識：

構圖（如圖2-3）與列表（如表2-1）都是組織知識很好的方法，它們可使概念與概念間的脈絡分明、關係明確、層次清楚。

表2-1　卵生、胎生、卵胎生的比較表

種　類	受精方式	受精卵發育場所	養分供給	卵的大小	實　　例
卵　生	體內或體外受精	母體外	卵　黃	大	魚類、兩生類、爬蟲類、鳥類
胎　生	體內受精	母體內（子宮）	母體血液	小	哺乳類
卵胎生	體內受精	母體內	卵　黃	大	毒　蛇

3.幫助學生如何儲存陳述性知識

有些知識需要長期儲存、有些則否。因此，老師在輔導學生如何儲存知識時，除了要指導或示範有效的記憶策略之外，還要幫助學生辨識那些知識是重要而且需要長期儲存，而那些則否。至於記憶策略，老師亦可分為三種方式來指導學習進行有效的知識儲存（邱上眞，民80）：

(1)反覆處理策略（rehearsal strategies）：

即反覆再三，在運作記憶中處理所要長期儲存的訊息，例如反覆背誦、反覆抄寫、反覆閱讀等。

(2)精進策略（elaborational strategies）：

精進策略是指學習者利用各種不同的方法將已習得的訊息加入新學習的訊息，使得新知與舊識能做最適當、精確與有意義的聯結，以促進記憶（E. Gagné, 1985）。精進策略又可分為利用空間關係的視覺精進（visual elaboration）策略與利用語文聯結的語意精進（semantic elaboration）策略。當然也可以兩種並用。綜合而言，精進策略可包括心像法、位置記憶法、聯想法、首字法、字鈎法、關鍵字法、諧音轉換法、引申法、舉例法、鉅細靡遺法、推論法、類比法、前導組體法、自述法、摘要、作筆記以及問答法等等。老師可依學生年齡、程序以及教材性質選擇或自行設計有效的記憶策略來幫助學生儲存知識。

(3)組織策略（orgnizational strategies）：

前述構圖法或列表法可用來幫助學生組織知識，而組織架構較好的知識亦較容易儲存。因此，老師亦可指導學生將需要長期儲存的知識先加以組織之後，再配合反覆處理以及精進策略將陳述性知識妥善儲存。

㈡幫助學生獲得與統整程序性知識

1.幫助學生建構程序性知識的意義

程序性知識又可分為三種：公式（algorithms）、特殊策略（tactics）、一般策略（strategies）（Marzano, 1992）。所謂公式是指一般特定學科的計算公式、程序或實驗步驟；特定策略則指某一特定問題的特殊解題方法，例如因素分解的特殊解法；至於一般策略則是指跨學科或一般問題解決的方法或程序。老師如果要幫助學生建構程序性知識的意義，首先就必須讓學生瞭解

這三種不同的程序性知識。而老師可用下列三種方法，幫助學生建構此三種程序性知識的意義：

(1)類比法（analogizing）：

利用學生已具有的程序性知識代入新的程序性知識，而已知的程序性知識與新的程序性知識之間有相似之處。例如，將打乒乓球的規則帶入打網球的規則。

(2)放聲思考示範法（think－aloud modeling）：

老師將自己解題、做實驗、創作的過程很仔細地用口語的方式表達出來，以做為學生的示範。即老師將自己內在的思維外在化，以幫助學生充分瞭解程序性的知識並模仿之。

(3)流程表法（flow charting）：

將各種程序性知識用流程表列出，讓學生一目了然整個解題、做實驗、或創作的過程。

2.幫助學生塑造程序性知識

程序性知識大多是需要實際操作的技巧或過程。學生在學習這些技巧或過程中，往往不是一蹴即成的，而其中往往會發生一些系統性的錯誤（例如，零減任何整數都等於該整數）。因此，老師必須先幫助學生澄清錯誤的觀念、指出錯誤的程序，並有耐心地逐步指導，讓學生有充分的練習，以達每一步驟都正確無誤的目標。

3.幫助學生內化程序性知識

學習技能或過程（即程序性知識）的最後一個階段，就是要透過練習而達到精熟、內化，甚至自動化的目標。因此，在此階段的學習，老師需要精心設計習作，讓學生透過充分的練習，而達到精熟的水準。

向度三、幫助學生延伸與精進知識

通常認知學者或教育學者都不會滿足於學習者學習的目的僅止於知識的獲得與統整。他們都希望學習者都能更上層樓，將所獲的知識再加以延伸與精進。因此，老師在幫助學生獲得並統整基本的知識之後，還可以再進一步地直接指導學生，使其原有儲存的知識更加延伸與精進。下列活動可以幫助學生進行知識的延伸與精進：

㈠比較（comparison）

利用「比較」的活動，讓學生探索事物與事物間的相同、相似與相異之處。活動進行的步驟為：先確定要比較的項目是那些→要比較的屬性或特質是什麼→決定相似或不同之處→詳細陳述相似或不同之處。

㈡分類（classification）

利用「分類」的活動，幫助學生將相關的事物歸屬於同一類、說出歸類的原則以及為每一類別命名。活動進行的步驟為：確定要分類的項目→蒐集資料或資訊做為分類的基礎→發展分類的規則→依據規則分類或再分類。

㈢歸納（induction）

歸納活動是依據所蒐集到的資料或所觀察到的現象，做一結

論。歸納是一種相當高層次的認知歷程，所做的結論必須要有憑有據。活動的步驟可包含：依據某一現象產生假設→蒐集資料或數據以支持或反駁該假設→修正假設→再蒐集資料或數據以支持或反駁修正後之假設→反覆驗證後獲致暫時性結論。

四演繹（ deduction ）

在學校的學科學習裏所用到的推理活動或公式的證明，即含有演繹的性質。而演繹通常包含數理邏輯以及集合的概念在內。老師可以訓練學生在各種不同的前提之下，如何下結論。

五錯誤分析（ error analysis ）

在學習過程中犯錯是很正常的事，重要的是要知道自己有沒有犯錯、如何找出犯錯的地方以及如何改正錯誤。因此，老師在輔導學生學習的過程中，應幫助學生學習如何進行錯誤分析、如何避免不必要的錯誤、瞭解容易犯錯的原因、以及如何偵測與更正錯誤的技巧等等。

六抽象（ abstracting ）

所謂抽象是指從許多事物中，抽離出每件事物中所共同具有的特質。在許多學科學習中，都需要有抽象的能力。例如，在歷史學科中，我們可讓學生練習，找出清朝與列強所簽訂的許多不平等條約之共同特徵為何？又如在生物科學中，要求學生指出哺乳類的共同特徵是什麼？等等都是一種抽象能力的訓練。

㈦**分析立場**（ analyzing perspectives ）

所謂分析立場，是指在一個有爭議的問題上，確認自己所持的立場，並尋找證據以支持自己所持的立場。這種分析立場的訓練主要在於培養學生有較寬闊的視野，能幫助自己看清自己的立場與價值觀，同時又有機會能瞭解別人不同的看法與不同的價值系統。

雖然在社會人文科學中具有較多爭議性的問題，但是在大多數學科學習裡，仍然需要具有「分析立場」的技巧，以使學習者的程序性知識能更進一步地延伸與精進。因此，老師在進行學習輔導時，亦不忘訓練學生能說出他對某一問題的觀點或立場，並說明他所持立場的理由，而且能傾聽別人陳述不同的立場與觀點。

向度四、幫助學生有意義地運用知識

知識就是力量，習得的知識要好好地運用，知識可以用在做決策、調查、實驗探究、問題解決以及發明等等。有效的學習輔導應幫助學生好好地運用他所習得的知識：

㈠**幫助學生做決策**（ decision making ）

所謂決策就是做最好的選擇。在我們人類的一生中無時無刻不在做大大小小的決策。而在日常生活中的決策，往往需要綜合各種不同學科的知識來加以運用。老師可分別在各個學科領域中

訓練學生做決策,例如在數學科中,幫助學生選擇那一種解題方法最有效;在自然科實驗中,那一種實驗方法最安全;在生涯規劃中,選擇何種類型的學校最合適等等。

(二)幫助學生進行調查研究(investigation)

調查研究可以分為三大類(Marzano, 1992):(1)定義性的調查研究(definitional investigation):例如常態分班的特色是什麼;(2)歷史性的調查研究(historical investigation):例如第一次世界大戰是如何發生的、為什麼會發生第一次世界大戰;(3)投射性的調查研究(projective investigation):例如假如地球的臭氧層都被破壞了,那麼人類會遭遇到什麼後果。這三類的調查研究都可以透過各種不同學科的學習來加以訓練。

在指導學生進行這三大類調查研究時,有三個共同的因素老師要特別注意(Marzano, 1992):(1)要幫助學生確認已知的概念或事件是什麼;(2)要幫助學生辨別矛盾或衝突的地方在那裏;(3)要幫助學生找出解決矛盾或衝突的對策有什麼方法。更重要的是要幫助學生如何運用已習得的知識來進行這三種調查研究。

(三)幫助學生進行實驗探究(experimental inquiry)

實驗探究的目的在於利用已習得的知識來解釋與預測一些現象。實驗探究不只用在自然科學,事實上在各個學科領域都可運用實驗探究。而實驗探究的程序通常包括:觀察(observing)、分析(analyzing)、預測(predicting)、檢驗(testing)與再評估(reevaluating)等過程(Marzano, 1992)。老師可以配合

學生的能力與興趣，指導學生進行小小的簡單的實驗探究或較大較複雜的實驗探究。

㈣幫助學生進行問題解決（problem solving）

問題解決適用於任何學科，它是最重要的教育目標之一。在問題解決的學習輔導中，老師首先要幫助學生確定目標，例如明天要早起；其次是要幫助學生辨認要達到目標所遭遇到的障礙或限制，例如鬧鐘壞了；再來則要幫助學生找出其他可行的各種解決問題的策略或途徑，例如請媽媽叫醒或請同學到時打電話來或早一點睡等等；最後則幫助學生選擇最適當的一種方法並且嘗試看看。

㈤幫助學生進行創造發明（invention）

創造發明的活動亦同樣適用於各種不同學科。它可提供學生進行自由並且開放式的思考學習，例如要學生想想還有什麼較好的方法？有沒有新的方法？我可以創造出什麼新奇的東西？等等。在創造發明的訓練中，過程與成果同等重要。活動的目的主要是要訓練學生的思考能具有獨創性、流暢性、變通性與精密性。

以上五種活動，主要目的在於幫助學生能有意義地運用其所習得的知識。為要有效進行此五項活動，老師需要逐步引導學生：(1)進行該活動的詳細步驟；(2)適用於該活動的方法與策略；(3)讓每一位學生都有實際操作的機會；(4)讓學生有彼此討論的機會；(5)讓學生有修正與選擇步驟或策略的機會。

向度五、幫助學生培養豐饒的思考習慣

　　學習輔導的最終目標是要幫助學生成為一位積極主動而有效的學習者，因此老師除了可以從前述四個向度來幫助學生之外，還需要培養學生自學的能力以及清楚地知道自己的需要，以達成主動而有效的學習目標。而自學能力的培養，在於良好思考習慣的建立，舉凡反省思考、批判思考、創造思考以及欣賞能力都是值得培養成為習慣的思考方式：

㈠反省思考

　　有不少成功的學習者都具有反省思考的習慣。Flavell（1976, 1977）和 Brown（1978, 1980）所揭櫫的後設認知能力即包含反省思考在內，他們認為好的思考習慣有助於學習，這些習慣包括：(1)覺察自己的思考歷程；(2)計劃自己的思考歷程與行為反應；(3)覺察所需要掌握的資源；(4)覺察行為結果所獲致的回饋；(5)評鑑行為的有效性。

㈡批判思考

　　批判思考可幫助學習所獲致的知識更為精緻、精確與精進。Ennis（1989）與保羅及其同事們（Pauel et al., 1989）要培養學生的批判思考能力，必須訓練學生：(1)做事要精確；(2)思考要清晰；(3)心胸要開放；(4)做事不衝動；(5)當有正當理由時，要有自己的立場；(6)要能敏銳地覺察他人的感覺與知識涵養。批判思考

是個相當高層次與複雜的認知歷程，目前在國外已有不少全套的訓練課程，而國內也有人開始重視，它是值得訓練的一種思考方式。

(三)創造思考

前節述及老師應幫助學生應用其所學於創造發明之上，即提及創造思考的重要性。要培養學生養成具有創造思考的習慣，需要在平日的學習活動中進行：(1)不要受到每一個問題都只有一個答案或只有一種解決方法所限制；(2)當做某一件事情持續失敗時，想想是否還有其他方法，不輕言放棄、而再努力；(3)當處理某一件事情，已落入一成不變的常規時，企圖將自己推向知識與能力的極限，看看是否能打破常規；(4)當做一件事，主要在於取悅自己時，要信任自己的判斷，興趣是創造思考的重要原動力（Amabile, 1983；Perkins, 1984）。

(四)欣賞能力

學習的最高境界在於能夠欣賞知識的美以及享受浸淫於浩瀚知識中的喜悅。若能達此境界，則求知與學習已不再是件苦差事，而且也無需被催促，它已自然地成為學習者生活中不可或缺的一部份。因此，老師在輔導學生進行有效的學習時，也不妨暫時停下來、留點時間、留點空間，指導學生如何欣賞知識之美、享受學習之樂。

綜上所述，建議老師進行學習輔導時，可分別從五個向度來思考，但這五個向度並非彼此孤立。馬扎諾（1992）以圖2-4來

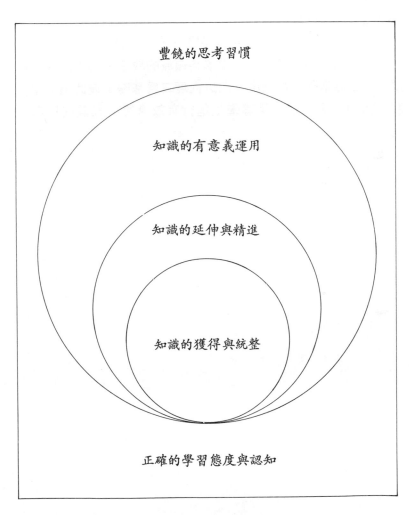

豐饒的思考習慣

知識的有意義運用

知識的延伸與精進

知識的獲得與統整

正確的學習態度與認知

圖2-4 學習五向度互動圖（Marzano, 1992）

表示這五個向度間的關係。向度一：態度與認識以及向度五：思考習慣是屬於跨學科領域與學習單元的，是整個學習輔導的基礎。而其他三個向度則較依賴學科領域的教學，其中向度四以向度二、三為基礎，而向度三則以向度二為基礎，彼此環環相扣、關係密切。要成功地輔導學生進行有效學習，五個向度都需關注。

問題研討

1. 試論認知學派與行為學派對「學習」所持的觀點是彼此互補、相容、抑或是矛盾的。

2. 試論認知學派所揭櫫的認知特性對教師的實際教學有何啟示。

3. 請舉實例並設計一教學歷程以處理學生的「迷思概念」（misconceptions）。

4. 試論僅由認知取向輔導學生學習，是否已具充分性能幫助學生成為一位主動、有效而獨立的學習者，並能達成五育均衡的教育目標。

◆參考書目◆

王瓊珠（民81）：國小六年級閱讀障礙兒童與普通兒童閱讀認知能力之比較研究。國立臺灣師範大學特殊教育研究所碩士論文（未出版）。

林清山（民76）：認知心理學對教學研究的影響。現代教育，*4*（6），71－85。

邱上眞（民80）：學習策略教學的理論與實際。特殊教育與復健學報，*1*，1－49。

邱上眞（民81）：學習障礙兒童的教育評量——認知取向。特殊教育季刊，*43*，1－6。

曾淑容（民78）：國小六年級數學高、中、低成就學生性別、數學態度和數學歸因關係的研究。特殊教育學報，*4*，245－270。

張春興（民80）：知之歷程與教之歷程——認知心理學的發展及其在教育上的應用。教育心理學報，*21*，17－38。

張新仁（民80）：緒論。載於張壽山主編：學習理論與教學應用。（第1－19頁）。臺中市：臺灣省教育廳。

楊其安（民78）：利用臨床晤談探究國中學生對力學概念的另有架構。國立彰化師範大學科學教育研究所碩士論文（未出版）。

萬雲英（民80）：兒童學習漢字的心理特點與教學。載於楊中芳、高尚仁合編：中國人·中國心——發展與教學篇（第

404－444頁）。臺北市：遠流出版公司。

鄭昭明（民77）：認知與教學。載於臺灣區省立師範學院七十六學年度兒童發展與輔導學術研討會論文彙編（第126－174頁）。臺南市：省立臺南師範學院。

鍾聖校（民79）：認知心理學。臺北市：心理出版社。

謝兆樞（民78）：綠色植物──葉子的結構與功能。私人提供。

Amabile, T. M.（1983）. *The social psychology of creativity*. NY：Springer－Verlag.

Anderson, J. R.（1980）. *Cognitive psychology and its implications*. San Francisco：Freeman.

Anderson, J. R.（1983）. *The architecture of cognition*. Cambridge, MA：Harvard University Press.

Armbruster, B. B.（1986）. Schema theory and design of instructional text. *Educational Psychologist, 51*, 11.

Armbruster, B. B.（1988）. *Why some children have trouble reading content area textbooks*（Tech Rep. No.432）. Champaign University of Illinois, Center for the Study of Reading.

Ausubel, D. P.（1968）. *Educational psychology：A cognitive view*. NY：Grune & Stratton.

Bartlett, F. C.（1932）. *Remembering：A study in experimental and social psychology*. NY：MacMillian.

Broadbent, D. E.（1958）. *Perception and communication*. London：Progamon Press.

Brown, A. L. (1978). Knowing when, where, and how to remember : A problem of metacognition. In R. Glaser (ed.). *Advances in instructional psychology* (pp. 77—165). NJ : Lawrence Erlbaum Associates.

Brown, A. L. (1980). Metacognitive development and reading. In R. J. Spiro, B. C. Bruce, & W. F. Brewer (eds.). *Theoretical issues in reading comprehension : Perspectives from cognitive psychology, artificial intelligence, linguistics and education* (pp. 453—481). Hillsdale, NJ : Erlbaum.

Brown, A. L., Campione, J. C., & Day, J. D. (1981).Learning to learning : On training students to learn from texts. *Educational Researcher, 10* (2), 14—21.

Campione, J. C. (1989). Assisted assessment : A taxonomy of approaches and an outline of strengths and weaknesses. *Journal of Learning Disabilities, 22* (3), 151—165.

Chi, M. T. H. (1978). Knowledge structures and memory development. In R.S. Siegler (ed.). *Children's thinking : What develops ?* (pp. 73—96). NJ : Lawrence Erlbaum Assoctates.

Chomsky, N. (1957). *Syntactic structures.* The Hague : Mouton.

Cooper, C. R. (1983). Procedures for describing written texts. In P. Mosehthal, L. Tamor, & S. A. Walmsley (eds.). *Research on writing.* NY : Longman.

Elshout, J. J. (1985). *Problem solving and education.* Paper presented at the meeting of the European Association for Research on Learning and Instruction. Leuven, Belgium.

Embretson, S. E. (1987) . Toward development of a psychometric approach. In C. S. Lidz (eds.) . *Dynamic assessment : An interactional approach to evaluating learning potential* (pp. 141－172) . NY : Springer－Verlay.

Ennis, R. H. (1989) . Critical thinking and needed research. *Educational Researcher, 18* (3) , 4－10.

Fennema, E. (1989) . The study of affect and mathematics : A proposed genetic model of research. In D. B. Mcheod, & V. M. Adams. (eds.) . *Affect and mathematical problem solving : A new perspective* (pp. 205－219) . NY : Springer－Verlag.

Feuerstein, R. (1979) . *The dynamic assessment retarded performers : The learning potential assessment device theory, instruments, and techniques.* Baltimore : University Park Press.

Flavell, J. H. (1979) . Metacognition and cognitive monitoring : A new area of cognitive－developmental inquiry. *American Psychologist, 34,* 906－911.

Flower, L., & Hages, J. R. (1981) . A cognitive process of writing. *College Composition and Communication, 32,* 365－387.

Frederiksen, C. H. (1977) . Semantic processing units in understanding texts. In R. O. Freedle (ed.) . *Discourse*

production and comprehension, Vol. 1. Norwood, NJ：
Ablex.

Fuson, K.（1982）. An analysis of the counting－on solution procedure in addition. In T. P. Carpenter, J. M. Moser, & T. A. Romberg（eds.）. *Addition and subtraction：A cognitive perspective.* Hillsdale, NJ：Erlbaum.

Gagné, E. D.（1985）. *Cognitive psychology of school learning.* Boston, MA：Little, Brown and Company.

Gagné, R. M.（1974）. *Essentials of learning for instruction.* Hinsdale, IL：The Dryoer Press.

Ginsburg, H. P.（1987）. Assessing arithmetic. In D. D. Hammill（Ed.）, *Assessing the abilities and instructional needs of students*（pp. 412－503）. Austin, TX：Pro－ed.

Glass, A. L., & Holyoak, K. J.（1986）. *Cognition*（2nd ed.）. NY：Random House.

Good, T. L.（1982）. How teachers' expectations affect results. *American Education, 18*（10）, 25－32.

Greeno, J. G.（1989）. Situations, mental models, and generative knowledge. In D. Klabr, & K. Kotovsky（eds.）. *Complex information processing*（pp. 285－318）. NJ：Lawrence Erlbaum Associates, Publishers.

Jones, B. F., Palìncsar, A. S., Ogle, D. S., & Carr, E. G.（1987）. Learning and thinking. In B. F. Jones, A. S. Palincsar, D. S. Ogle, & E. G. Carr（eds.）. *Strategic teaching and learning：Cognitive instruction in the content areas*. Alexandria, VA：Association for Supervision and Curriculum Development.

Kimble, G. A.（1967）. *Foundations of conditioning and learning*. NY：Appleton.

Kintsch, W.（1974）. *The representation of meaning in memory*. Hillsdale, NJ：Erlbaum Associates.

Kintsch, W.（1979）. On modeling comprehension. *Educational Psychologist, 14,* 3—14.

Marshall, S. P.（1987）. *Schema knowledge structures for representing and understanding arithmetic story problems*. First year technical report, San Diego Stute University, California, Department of Psychology（ERIC ED 281 716）.

Martindale, C.（1991）. *Cognitive psychology：A neural—network approach*. Pacific Grove, Calif：Brooks / Cole Publishing Company.

Marzano, R. J.（1992）. *A different kind of classroom：Teaching with dimensions of learning*. Alexandria, VA：Association for Supervision and Curriculum Development.

Mayer, R. E.（1981）. *The promise of cognitive psychology*. San Francisco：Freeman.

Mayer, R. E.（1985）. *Educatimal psychology：Cognitive approach*. NY：Freeman.

Meyer, B. J. F.（1975）. Identifications of the structure of prose and its implications for the study of reading and memory. *Journal of Reading Behavior, 7*（1）, 7−47.

Miller, G. A.（1956）. The magical number seven, plus or minus two：Some limits on our capacity for processing information. *Psychological Review, 63,* 81−97.

Newell, A., & Simon, H. A.（1972）. *Human problem solving.* Englewood Cliffs, NJ：Prentice−Hall.

Ogle, D.（1986）. The K−W−L：A teaching model that develops active reading of expository text. *The Reading Teacher, 39,* 564−576.

Paul, R. A., Binker, J. A., Martin, D., Vetrano, C., & Kreklau, H.（1989）. *Critical thinking handbook：Grades 6−9.* Rohnert Park, Calif：Center for Critical Thinking and Moral Critique.

Perkins, D. N.（1984）. Creativity by design. *Educational Leadership, 42,* 18−25.

Resnick, L. B.（1984）. Cognitive science as educational research：Why we need it now. In National Academy of Education（ed.）. *Improving education：Perspectives on educational research.* Pittsburgh：University of Pitts-burgh, Learning Research and Development Center.

Resnick, L. B.（1989）. Introduction. In L. B. Resnick（ed.）. *Knowing, learning, and instruction.* Hillsdale, NJ：Lawrence Erlbaum Associates.

Schunk, D. H.（1990）. Goal setting and self−efficacy during self−regulated learning. *Educational Psychologist, 25*（1）,

71－86.

Skinner, B. F.（1957）. *Verbal behavior.* NY：Appleton－Century－Crofts.

Sperry, R. W.（1986）. Hemisphere deconnection and unity in conscious awareness. *American Psychologist, 23,* 723－733.

Sternberg, R. J.（1977）. *Intelligence, information processing, and analogical reasoning：The componential analysis of human ability.* Hillsdale, NJ：Erlbaum.

Shertzer, B. [?] (1977). ... New York, NY: Appleton ...

... C. W. (1982). ... New York, NY: Appleton and Lange, D ... ...

Wrenn, R. L. (1973). ... New York, ...

第 *3* 章

後設認知的學習策略

重要概念介紹

1. 自從一九六〇年代認知心理學（cognitive psychology）再度受到重視，成爲近代心理學新興的主要研究課題；認知心理學者便不斷地探討人類的內在認知歷程，對於人類如何汲取、貯存、運用知識有了更清楚的瞭解。認知心理學者在「知其然」對人類認知歷程有所認識後，更進一步在一九七〇年欲「知其所以然」開始探討人類對本身認知系統的知識與運作方式，亦即所謂的「後設認知」（meta-cognition）。

2. 「知道關於自己所知道」的能力，以思考和反映一個人將如何去行動，或對問題及任務採取行動，就是「後設認知」。一般研究者皆認爲後設認知對注意力、記憶、問題解決、自我控制、自我教導及行爲改變等都扮演著重要的角色。有些學者亦使用其他的同義詞來替代後設認知，如：認知監控、認知的認知、執行歷程、知識的知識、自我溝通、思考的思考。國內亦有人將「後設認知」翻譯成「監控認知」、「統合認知」、「統觀認知」、「超越認知」、「形上認知」、「自明認知」、「自我檢視認知」等名詞。

3. 沒有一個單一的理論有可能決定後設認知與其他認知變項之間的轉換。比較重要的後設認知模式有：Lawson 的後設認知模式、Flavell 的後設認知模式、Wang 和 Richarde

的後設認知模式、Brown 的後設認知模式、Paris 的後設認知模式、Borkowski 等人的新的後設認知模式、Sternberg 的智力理論。

4.後設認知學習策略不外乎兩大類，一是認識自己的認知歷程與認知資源，一是運用與調整自己的認知歷程；綜合其他學者的看法，把後設認知策略分為：

(1)計劃策略：含設定目標（setting goals）、略讀（skimming）、提出目標（generating）。

(2)監控策略：含自我測試（self－testing）、集中注意（attention－focus）、應試策略（test－taking strategies）。

(3)調整策略：含調整閱讀速度（adjusting reading rate）、再讀（rereading）、概覽（reviewing）、應試策略（test－taking strategies）。

5.後設認知學習策略的訓練可分為兩種，一是學校提供的學習機會；一是校外其他生活經驗含有的學習機會。有關後設認知的訓練，較早是針對特別的後設記憶知識與策略的教導；最近則較能成功地教導更一般性的後設認知策略。許多教育課程中使用的六個基本的理解活動：瞭解閱讀的目的、引發適當的背景知識、專注於重要概念、重點的評量、監控的理解、及找出干擾。

6.透過「相互學習法」教導學生四種策略：摘要、質疑、澄

清、及預測。

7.「告知學習策略」的訓練單元可分為：

　(1)察覺閱讀目標、計劃及策略─含閱讀的目的和技巧、理解的策略、作業評鑑、形成計劃。

　(2)理解和定義─含閱讀目標及意義種類、摘錄重要訊息、模糊與推論、摘要重點。

　(3)閱讀的評估與調整，含評估閱讀情形、理解監控、解決失敗的理解、速度與正確、摘錄及強調文章中的訊息、複習。

8.「合作學習」可使學習者在認知學習的過程中，相互模仿、支持與協助，並以自己的語言去詮釋、推敲他人的表現，或為自己辯解，可促進學習者使用新的方法去探索、統整、評估學習內容，有助於學習高層的認知活動，增進學習者的後設認知策略。

9.運用玩遊戲的方式來訓練兒童，使其更能監控自己的表現與評量各種不同玩法的結果。

10.教導學生學習後設認知策略的原則有：

　(1)應該讓學生知道不同學習活動對學習方法的要求有所不同。

　(2)學生應該學到教材中有許多線索，告訴我們教材是如何組織的。

　(3)讓學生明瞭認識自己的認知特質，掌握自己的條件，

必可增進學習效率。

(4)選擇實用且可教會的後設認知策略。

(5)直接教導學生一些基本的後設認知策略。

(6)讓學生明瞭學習哪些策略、爲何學、如何使用、以及何時用。

(7)後設認知能力是在問題解決的脈絡中發展的。

(8)選擇適當的學科來配合後設認知策略的教學。

(9)提供充分的練習時間與機會。

(10)最後，逐漸減少指導，讓學生自己發揮後設認知能力。

　　林育民放學回家後，一改平日的作息習慣，匆匆上樓前往書房複習功課；原來今天老師宣佈明天要舉行小考，範圍是第十二章，根據過去的經驗，林育民知道如果不準備，鐵定會考得很慘，於是，他決定要好好抱佛腳，心想臨陣磨槍不亮也光。他打開課本翻到第十二章，把本章的主題與大綱瀏覽一下，並凝視天花板回想老師上課所講的內容與自己所知道有關本章的點點滴滴；其次，他想測試自己對第一節內容是否熟習，希望找出容易遺漏之處，他閤起課本，反覆回想這一節的主要概念，特別是自己容易疏忽的地方；等到他確信已弄懂了這部分的重要概念，他就試著將其摘要出來；接著他一再複習先前讀時所劃線的重點部分，除了特別加強尚未記住的地方，亦檢核正在讀的內容對自己是否有意義；他反覆檢查這些重點，並試圖以自己的話來形容，他只看著書中有必要看的部分；最後，他蓋住課本並回想這一節的所有內容，然後，再打開課本檢查所回想的是否正確；當他認為這一節沒問題後，他就如法炮製開始複習下一節。

　　從上述學習者準備考試的學習狀況，我們可得知學習者希望記住學習的內容，以順利通過考試；根據過去的經驗，學習者具有需要複習的信念，並能決定學習的時間與學習的策略，同時在學習過程不斷評估學習的情形，隨時監控、回饋、調整、修正自己的學習策略；這些學習的現象就是本章所要探討的「後設認知」的學習策略。

　　自從一九六〇年代認知心理學（cognitive psychology）再度受到重視，成為近代心理學新興的主要研究課題；認知心理學者便不斷地探討人類的內在認知歷程，對於人類如何汲取、貯存、運用知識有了更清楚的瞭解。從訊息處理論（information－processing theory）的觀點來看，認知心理學是在研究個體如何從環境中接受、轉換、貯存、運用訊息，以解決生活與學習的問題。因此，一般對於「認知」的看法乃指收受訊息與運用訊息的歷程，包括：感覺、知覺、注意、心像、記憶、思考、推理、判斷、語文運用、心智發展以及解決問題的複雜歷程。

　　認知心理學者在「知其然」對人類認知歷程有所認識後，更進一步在一九七〇年欲「知其所以然」開始探討人類對本身認知系統的知識與運作方式，亦即Flavell（1976, 1978, 1979）所謂的「後設認知」（metacognition）的觀念。

　　本章擬介紹後設認知的基本涵義及其在學習上的應用，以增進教師對「後設認知」的瞭解與重視，以採取有助益「後設認知」發展的教學策略，培養學習者認識自己的學習知能，掌握學習的過程，進而達成有效的學習。

第一節

後設認知的意義與發展

　　「學習如何學習」必須依賴發展「第七感」（seventh sense），也就是一種對自己心理歷程的察覺（awareness）。「後設

認知」即心理學家近來用來形容這種學習狀態的專有名詞（ Nis-bet & Shucksmith, 1986 ）。

「知道關於自己所知道」的能力，以思考和反映一個人將如何去行動，或對問題及任務採取行動，就是「後設認知」。Flavell 從一九七○年起便開始介紹這個名詞，他是這個主題上最多著作，最被尊重的學者。一般研究者皆認為後設認知對注意力、記憶、問題的解決、自我控制、自我教導及行為改變等都扮演著重要的角色（ Flavell, 1979 ）。

Flavell 認為人類不僅擁有貯存與運用記憶的能力，也能察覺自己記憶的內涵，這種「後設記憶」（ meta－memory ）的觀念後來延伸至各種不同的認知現象，如：「後設理解」（ meta－comprehension ）、「後設注意」（ meta－attention ）、「後設知覺」（ metaperception ）、「後設學習」（ meta－learning ）、「後設語言」（ meta－language ）等，而統稱為「後設認知」；另外有些學者亦使用其他的同義詞來替代，如：Flavell（ 1979 ）的「執行歷程」（ excutive process ）和「知識的知識」（ knowledge about knowledge ）、Meichenbaum 和 Brown（ 1979 ）的「自我溝通」（ self－communication ）、Glover 和 Bruning（ 1987 ）的「思考的思考」（ thinking about thinking ）等（ 鍾聖校，民79 ）。另外，國內亦有人將「後設認知」翻譯成「監控認知」、「統合認知」、「統觀認知」、「超越認知」、「形上認知」、「自明認知」、「自我檢視認知」等名詞，都是指個體對自己本身認知歷程及認知策略的知識。

後設認知的模式

　　雖然有許多有關記憶與問題解決的研究，足以說明後設認知與認知表現的關係，但後設認知的意義仍然難以捉摸（elusive）（Paris, Newman, & McVey, 1982）；因此，沒有一個單一的理論有可能決定後設認知與其他認知變項之間的轉換（Amigues, 1988）。本節僅提出比較重要的幾個後設認知模式，以供讀者參考：

一、Lawson 的後設認知模式

　　Lawson（1980）從訊息處理論的觀點認為「後設認知」能力是個體在處理訊息的過程中逐漸形成的（見圖 3-1）（張春興，民 76；張景媛，民 79）。

　　訊息處理論在探討「後設認知」的問題時，較重視認知活動

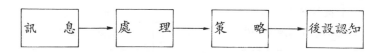

圖3-1　Lawson 的後設認知模式

的心理歷程和步驟、認知活動的性質與特色、及認知活動的實作
表現（陳李綢，民79）；亦即視「後設認知」爲整個認知過程的
一部分。

二、Flavell 的後設認知模式

Flavell（1981）提出「後設認知」發展的模式（見圖
3-2），說明「認知目標」（任務）、「認知行動」（策略）、
「後設認知經驗」（此時此地的經驗）、「後設認知知識」
（人、事、策略變項）彼此互動影響的情形。

認知目標（任務）會影響認知行動，學習者通常會因認知目
標的不同而調整其認知策略；消遣與應付考試所表現的閱讀行
爲，所採用的認知策略將有所不同。當然，年紀較大的兒童較能

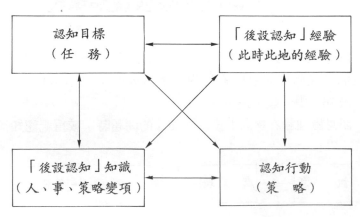

圖3-2　Flavell 的後設認知模式

根據目標採取適當認知行動。另外，認知目標的設定或任務的提示亦可引起學習者回顧其原有的後設認知知識，產生後設認知的經驗，以適當調整其認知行動。譬如：一個學生爲了準備英文考試（認知目標），會考慮到自己英文的基礎、考試範圍的多寡、英文的練習方法（後設認知知識），同時想起以前類似的考試經驗（後設認知經驗），於是決定提早去補習（認知行動）來因應。

　　認知行動（策略）是爲達成認知目標所採取的行動，亦受後設認知知識及後設認知經驗的影響與支配；認知行動即一般所謂的學習策略，像：劃重點、做筆記、寫摘要、背誦、查字典、請教他人等。

　　後設認知知識是指學習者既有的部分世界知識（world knowledge）（Flavell, 1987），係個體用來處理認知事物的既有知識，爲個體透過經驗累積而得的，儲存於長期記憶中，包括人（person）、工作（task）、策略（strategy）等變項。**人的變項**（或人的特質）知識包含：自己的認知能力、人與人之間認知能力的差異、所有人認知能力的共同特徵之知識（Flavell, 1987）；例如，知道自己擅長計算數字而拙於記人名、瞭解自己數學計算速度比別人慢、明白人類注意廣度的有限性。有研究發現較大的兒童比年幼的兒童，對他們自己的認知能力與限制有較清楚與更正確的概念（Nisbet & Shucksmith, 1986）；換言之，人的變項是指人對自己的認知能力、人與人之間認知能力的差異、所有人認知能力的共同特徵之知識（Flavell, 1987）。有的學者將此變項分爲年齡、動機、性別、專門的技術與環境的限制（Myers & Paris, 1978）。**工作變項**是指認知任務的性質與要

求，訊息的難易與要求的程度往往會影響學習的方式，例如教材
內容的難度與考試出題的方式皆是學習時參考的因素。Myers &
Paris（1978）將工作變項分爲閱讀的方式、故事的長度、速
度、喜好、目標、段落的結構與熟悉度。**策略變項**是指有效達成
認知目標或次目標的策略知識，後設認知策略有別於一般的認知
策略，它是用來監控一般認知策略的高層策略；大多數的研究指
出，兒童隨著年紀的增長，愈能對其運用認知策略的情形有更佳
的描述，亦更加瞭解能特別注意教材的重點、反覆用自己的話來
敍述，是學習許多教材的好方法（Flavell, 1979； Lawson,
1980）。重讀（reread）、推論、想像、理解監控皆被視爲策略
變項（Myers & Paris, 1978）。後設認知知識的這三個變項非各
自獨立運作，而是巧妙與平衡地交互作用，經常是兩個或三個變
項結合在一起運用（Flavell, 1979；Nisbet & Shucksmith,
1986）。後設認知知識亦可影響認知目標的設定、認知行動的選
擇，並引發後設認知經驗（Flavell, 1987）。

　　後設認知經驗是個體對認知過程的短暫狀態的察覺（可以察
覺學習的困難或成功），亦即認知過程的此時此地（here and
now）的經驗。後設認知經驗是個體從認知活動後所獲得的理性
與感性的綜合感受，又可透過後設認知經驗來引導正在進行的認
知活動。幼童雖然也會經歷後設認知經驗，但卻無法適當地加以
解釋，以引導接下來的認知活動。後設認知經驗能增刪、變更、
替代既有的後設認知知識，使得個體得以根據新的後設認知知
識，採取適當的認知策略。後設認知知識與後設認知經驗的區別
在於其內容（content）與功能（function），而不在於形
態（form）或性質（quality），兩者皆可發揮監控的作用，以調

整或修正認知目標，發展新的認知策略。(Flavell, 1979, 1981, 1987；何美慧，民 76；郭靜姿，民 79；楊宗仁，民 80)。

Flavell 所提出的後設認知模式中，其四個部分彼此交互作用，無法獨立存在，必須全盤綜合瞭解，才能透視後設認知運作的過程；亦即當個體設定認知目標時，會根據本身的後設認知知識擬訂認知策略去完成它，在過程中所產生的後設認知經驗會再影響認知目標、認知活動及後設認知知識，如此循環互相影響，使得個體的後設認知能力逐漸發展成熟（ Flavell, 1981；何美慧，民 76；郭靜姿，民 79；楊宗仁，民 80)。

三、Wang 和 Richarde 的後設認知模式

Wang 和 Richarde（ 1985 ）亦根據 Flavell 對「後設認知」的看法，提出「自我啓動回饋」（ self－initiated feedback ）的模式（ 見圖 3-3 ）。他們認爲後設認知能夠提供學習者對自己認知狀況的自我察覺（ self－awareness ），因此一個成功的學習與各種學習教導皆需要有效地運用後設認知能力，也就是善用回饋的能力。自我啓動的監控過程是一種「認知的感受」（ feeling of knowing ）現象，而兒童可先依賴成人所提供的回饋，逐漸發展出自我監控的能力；當然，後設認知的訓練方案亦可開發兒童新的後設認知技巧，進而學得或類化更有用的學習策略，以增進學習的效果。

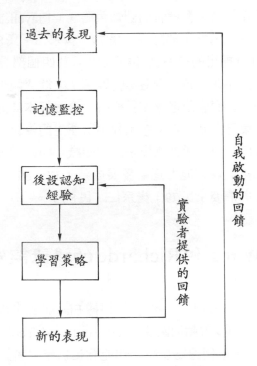

圖3-3 Wang 和 Richarde 的後設認知模式

四、Brown 的後設認知模式

Brown綜合後設認知的發展，將後設認知區分為兩個範圍（見圖3-4）：一是認知的知識（knowledge about cognition），一是認知的調整（regulation of cognition）（Baker & Brown, 1984；Brown, 1978）。

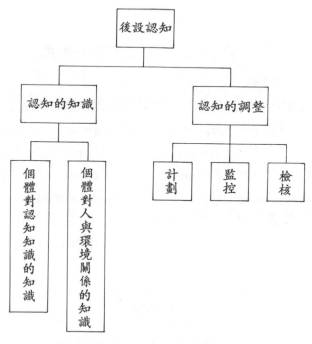

圖3-4　Brown的後設認知模式

　　認知的知識是指個體對認知知識的瞭解，知道本身認知的狀況，以及對自己與所處環境互動關係的察覺，瞭解行動的可行性、限制、優缺點等。

　　認知的調整是指認知過程的「執行控制」(executive con-trol) 部分，包括個體對認知過程的計劃、監控及檢核的能力。「計劃」是對認知結果的預測、認知策略的安排等；「監控」是對認知活動的監視、測試、訂正或重新安排等；「檢核」是對認知行動的評估，以有效達成認知任務 (Brown, 1987)。

五、Paris的後設認知模式

　　Paris 認爲後設認知包括兩大類的心理活動：一是認知的自我評估知識（self－appraised knowledge about cognition），一是思考的自我管理（self－management of one's thinking）；前者又可分爲：陳述性知識（declarative knowledge）、程序性知識（procedural knowledge）、及條件性知識（conditional knowledge），後者則包含評鑑（evaluation）、計劃（planning）、及調整（regulation）的能力（Cross & Paris, 1988）（見圖3-5）。

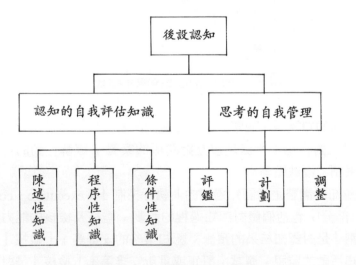

圖3-5　Paris 的後設認知模式

　　陳述性知識是指個體能敍述實際情形的知識，係一種「知其所然」（knowing what）知識，包括對自己學習能力、工作性質、工作目標等的瞭解與信念；**程序性知識**是指個體能按實際狀況的需要運用策略，以解決問題的知識，係一種「行其所宜」（knowing how）的知識，包括執行不同的訊息，如：如何瀏覽、如何掃瞄、如何摘要等；**條件性知識**是指個體能依客觀條件選取策略的知識，係一種「知所行宜」（knowing when）的知識，知道因人、事、地而制宜，並可協助選擇適宜的陳述性與程序性的知識，以順利完成認知的目標，是三者中最重要的部分（Cross & Paris, 1988；Paris et al., 1983；Paris, Cross, & Lipson, 1984；郭靜姿，民79；張景媛，民79；楊宗仁，民80）。

　　評鑑是對自己或他人的認知能力與作業性質的評估；計劃是針對認知目標選擇與安排適當的策略，以順利完成任務；調整是在認知活動時，監控認知的歷程，以引導認知的方向，調整必需依據前面的評鑑與計劃來實施（Cross & Paris, 1988；Flavell et al., 1970；Paris & Lindauer, 1982；林建平，民81；楊宗仁，民80）。

　　在Paris的後設認知成分中，「自我評估」是「自我管理」的基礎，「自我管理」是修正「自我評估」的依據，兩者息息相關，密不可分（郭靜姿，民79）。

六、其他模式

　　Borkowski等人（1987, 1988, 1989）近年來亦提出一個新的後設認知模式，其內涵有：歸因信念、動機、自尊；執行控制（executive control）；一般策略知識（general strategy knowledge）；特定策略知識（specific strategy knowledge）；策略的運用；相關策略知識（relational strategy knowledge）。Borkowski等人特別強調影響學習的心理層面與執行認知的監控，對認知、技能及情意等因素皆有周詳的考慮。

　　Sternberg認為認知策略與心智技能是一體兩面，他的智力理論把智力分成：後設成分（meta－components）、表現成分（performance components）、知識獲得成分（knowledge－acquisition components）；其中的後設成分即其他學者所稱的後設認知。Sternberg認為後設成分是計劃與評量訊息處裡過程的執行歷程；Sternberg的後設成分包括：問題性質與認知目標的確認、選擇組成策略的要素、表徵知識的運用、選擇與安排策略的操作、時間與資源的分配、解決歷程的監控、對外在回饋的感應。

　　Sternberg把後設成分視為智能發展的根本來源，說明了認知活動與智力的密切關係，強調智慧對認知過程的重要性（Sternberg, 1985；陳李綢，民80；楊宗仁，民80）。

第三節

後設認知的學習策略

　　探討後設認知的學習策略必須根據前節各家理論後設認知的界定來加以區分；大體而言，一般學習策略（ general　learning strategies ）可分三種類型： 第一類型是後設認知策略（ meta-cognitive　strategies ），可對學習者的認知加以計劃、監控及評量；第二類型是認知策略（ cognitive　strategies ），能結合新、舊資料；第三類型是資源管理策略（ resource management strategies ），針對努力（ effort ）、時間安排（ time use ）、學習環境的建立（ establishment　of　a　study　enviroment ）、及尋求協助（ helpseeking ）（ Pokay & Blumenfeld, 1990 ）。本節只介紹第一類型的學習策略，即後設認知學習策略。

　　McKeachie 等人（ 1987 ）綜合其他學者的看法，把後設認知策略分為（ 林建平，民81 ）：(1)計劃策略：含設定目標（ setting goals ）、略讀（ skimming ）、提出目標（ generating ）；(2)監控策略：含自我測試（ self－testing ）、集中注意（ attention－focus ）、應試策略（ test－taking strategies ）；(3)調整策略：含調整閱讀速度（ adjusting reading rate ）、再讀（ rereading ）、概覽（ reviewing ）、應試策略（ test－taking strategies ）。

　　Baker 和 Brown（ 1984 ）亦曾提出有關閱讀的後設認知策略：(1)界定閱讀的目的；(2)找出訊息的重點；(3)專注於主要內

容；(4)監控的理解；(5)自我質詢；(6)調整修正行動。

　　Tregaskes 和 Daines（1989）在其研究中，所訓練的後設認知策略包括：(1)視覺心像（visual imagery）：教師引導學生對學習內容形成心像（mental pictures），以利記憶與運用；(2)摘要句子（summary sentences）：教導學生確定主要概念，忽略無關的部分；(3)網狀化（webbing）：以圖示法來表示學習材料的重要程度，重要的擺在中間，依次向外形成一個網狀結構，以方便學習；(4)自詢（self－questioning）：教導學生自問自答，以增進認知的內化；(5)核對卡（click）：提供可協助學生檢核自己學習狀況的一組卡片，藉自我的監控，修正學習策略。

　　雖然學者對後設認知學習策略的看法與分類有所不同，但不外乎兩大類，一是認識自己的認知歷程與認知資源，一是運用與調整自己的認知歷程；除此，後設認知學習策略尚可與其他學科技能或策略結合，如：認知行為改變技術（cognitive behavioral modification）、社會後設技巧（social metacognitive skills）等（邱上眞，民79）。

第四節
後設認知學習策略的訓練

　　雖然後設認知知能會隨著年齡的增長、經驗的累積而精進，但有效的教學或訓練可促進其提前充分的發展。

　　影響後設認知能力進展的因素可分為兩種，一是學校提供的

學習機會；一是校外其他生活經驗含有的學習機會（鍾聖校，民79）。有關後設認知的訓練，較早是針對特別的後設記憶知識與策略的教導；最近則較能成功地教導更一般性的後設認知策略（Duell, 1986）。

認知策略的研究者假定個體的後設認知訊息，在他們選擇和使用策略時，扮演一個重要的角色，並在後設認知變項與策略使用之間獲得相關性的支持（Ghatala, Levin, Pressley, & Goodwin, 1986）。

我們教導後設認知策略的方案是要設計教兒童如何、何時、為何使用各種理解的策略，使其成為自我指導的獨立閱讀者（Paris, Cross, & Lipson, 1984）。Pressley等人（1990）指出：成功的認知策略訓練，應包含各種策略的教導，以及有關如何、何時、為何使用這些策略的後設認知知能。

訓練兒童認知的監控可以使其對解決與控制自己的思考，能發展較多的察覺（awareness）（Grindler, 1988）。兒童對閱讀技巧、目的、取向的瞭解將會影響其如何學習閱讀（Mayers, 1978）。兒童接受後設認知訓練後，顯示增進察覺與閱讀的技巧（Cross & Paris, 1988）。

Brown、Palincsar和Armbruster（1984）提出常在許多教育課程中使用的六個基本的理解活動：瞭解閱讀的目的、引發適當的背景知識、專注於重要概念、重點的評量、監控的理解，及找出干擾。

Sternberg（1979, 1981）認為後設認知的訓練方式有四種（陳李綢，民80）：(1)訓練學生獲得各種學習方法的行動；(2)訓練學生了解學習目標；(3)促進學生學習後的體驗和感受的訓

練；(4)幫助學生了解知識儲存的方法與使用。

Palincsar 和 Brown 兩人（1984）透過**相互學習**（reciprocal teaching）教導學生四種策略：摘要（summarized）、質疑（questioning）、澄清（clarifying）、及預測（predicting）；摘要就是要學習者掌學習握材料的重要部分，能說出主要概念或要義，忽略無關的訊息；質疑就是要學習者針對學習重點提出問題，以檢核自己理解的狀況；澄清就是要學習者在遭遇困難時，知道採取必要的方法來解決；預測就是要學習者根據已獲得的訊息，預測學習材料的內容及結構。這種「相互教學法」是先由教師擔任示範及教導以對話的方式進行上述四個策略的學習，等到學生能成功模仿教師及熟悉活動步驟後，教師再逐次把對話中教師的角色移轉至學生身上，希望由學生獨立完成整個閱讀理解與記憶的學習活動；師生的角色互換，學生擔任小老師，則是此教學法的特色。

Pairs 等人（1984）發展所謂的**告知學習策略**（Informed Strategies for Learning, ISL），藉以教導學生善用不同的理解策略及自我評估、計劃及調整的能力。教師在訓練過程亦逐漸把學習的責任轉移至學生身上，先由教師示範策略的使用，再引導學生練習，以使學生學會獨立使用策略的能力。「告知學習策略」的訓練單元可分為：(1)察覺閱讀目標、計劃及策略：含閱讀的目的和技巧、理解的策略、作業評鑑、形成計劃；(2)理解和定義：含閱讀目標及意義種類、摘錄重要訊息、模糊與推論、摘要重點；(3)閱讀的評估與調整：含評估閱讀情形、理解監控、解決失敗的理解、速度與正確、摘錄及強調文章中的訊息、複習。

合作學習（cooperative learning）可使學習者在認知學習的

過程中，相互模仿、支持與協助，並以自己的語言去詮釋、推敲他人的表現，或為自己辯解，可促進學習者使用新的方法去探索、統整、評估學習內容，有助於學習高層的認知活動，增進學習者的後設認知策略。另外，合作學習除可有益學習者在認知學習外，尚可在情意目標上，增進和諧的人際關係與班級氣氛（O'Donnell et al, 1987；Stevens, 1991；林建平，民81）。

　　Wang　和　Richarde（1985）認為後設認知的訓練是一種彈性（feasible）及生產性（productive）的技術，可改善年幼兒童學習的表現；因此，運用遊戲（playing game）的方式來訓練兒童，使其更能監控自己的表現與評量各種不同玩法的結果，而提出遊戲方法在訓練兒童後設認知的學習策略上優於其他方法。

　　綜合學者的意見，提出下列教導學生學習後設認知策略的原則（邱上眞，民79；鍾聖校，民79）：

1. 應該讓學生知道不同學習活動對學習方法的要求有所不同。
2. 學生應該學到教材中有許多線索，告訴我們教材是如何組織的。
3. 讓學生明瞭認識自己的認知特質，掌握自己的條件，必可增進學習效率。
4. 選擇實用且可教會的後設認知策略。
5. 直接教導學生一些基本的後設認知策略。
6. 讓學生明瞭學習哪些策略、為何學、如何用、及何時用。
7. 後設認知能力是在問題解決的脈絡中發展的。
8. 選擇適當的學科來配合後設認知策略的教學。
9. 提供充分的練習時間與機會。
10. 最後，逐漸減少指導，讓學生自己發揮後設認知能力。

問題研討

1.何謂「後設認知」？與「認知」有何不同？

2.試擇任一「後設認知」理論模式加以解說與討論之。

3.試以正文前例子，舉例說明學習者使用了哪些「後設認知」學習策略。

4.請簡單介紹一個訓練「後設認知」學習策略的教學方法，並說明其特色。

5.配合你自己的學習經驗，列舉三種你常用的「後設認知」學習策略，並討論其對學習效果的影響。

6.請應用你學到的「後設認知」學習策略，試擬學習本章的
　適當步驟。

7.在教學活動中，你如何讓學生學會「如何學習」？

◆參考書目◆

何美慧（民76）：學習障礙兒童記憶策略教學效果之研究。國立教育學院特殊教育研究所碩士論文。

邱上眞（民79）：學習策略教學的理論與實際。省立臺南師範學院特殊教育學系。

林倖如（民80）：後設認知教學活動設計舉例。資優教育季刊，*40*，33－44。

林建平（民81）：學習策略的訓練及其成效。初等教育學刊，*1*，133－158。

陳李綢（民79）：近代後設認知理論的發展與研究趨勢。資優教育季刊，*37*，9－12。

陳李綢（民80）：思考模式、學術經驗與認知策略訓練對大學生後設認知與智力的影響。教育心理學報，*24*，196－209。

陳蜜桃（民81）：從認知心理學的觀點談閱讀理解。教育文粹，*21*，10－19。

郭靜姿（民79）：學習動機、策略運用與後設認知能力之相關探討及其所建構而成之後設理解模式在資優教學上的運用（上）。資優教育季刊，*37*，1－8。

郭靜姿（民80）：學習動機、策略運用與後設認知能力之相關探討及其所建構而成之後設理解模式在資優教學上的運用（下）。資優教育季刊，*38*，9－15。

張春興（民76）：知之歷程與教之歷程——認知心理學的發展

及其在教育上的應用。認知與學習基礎研究第二次研討會，
行政院國科會。

張景媛（民79a）：不同後設認知能力的大學生在學業成績與認
知適應上之差異。測驗年刊，37，143－162。

張景媛（民79b）：後設認知能力與資優教育。資優教育季刊，
34，6－9。

張景媛（民79c）：回饋方式目標設定與後設認知對國小學生數
學作業表現及測試焦慮之影響。教育心理學報，23，189
－206。

張景媛（民80）：大學生認知風格、動機與自我調整因素、後設
認知與學業成績關係之研究。教育心理學報，24，145
－161。

楊宗仁（民80）：國中生地理科學習之研究——後設認知取向。
國立高雄師範大學教育研究所碩士論文。

楊宗仁（民80）：後設認知的源起及其理論。資優教育季刊，
38，16－25。

鄭昭明（民78）：認知與語言的基礎研究——教學心理的歷程
分析。科學發展月刊，17（1），21－38。

鄭麗玉（民80）：促進後設認知策略的閱讀教學。教師之
友，33（3），14－17。

鍾聖校（民79）：認知心理學。臺北市：心理出版社。

蘇宜芬（民80）：後設認知訓練課程對國小低閱讀能力學生的
閱讀理解能力與後設認知之影響。國立臺灣師範大學教育心
理與輔導研究所碩士論文。

Amigues, R. (1988). Peer interaction in solving physics problems : Sociocognitive confrontation and metacognitive aspects. *Journal of Experimental Child Psychology, 45,* 145 − 158.

Baker, L., & Brown, A. L. (1984). Metacognitive skills and reading. In P. D. Person (ed.). *Handbook of reading research.* NY : Longman.

Borkowski, J. G., Weyhing, R. S., & Carr, M. (1988). Effects of attributional retraining on strategy−based reading comprehension in learning−disabled students. *Journal of Educational Psychology, 80* (1), 46 − 53.

Borkowski, J. G., Estrada, M. T., & Hale, C. A. (1989). General problem−solving skills : Relations between meta-cognition and strategic processing. *Learning Disability Quarterly, 12* (Winter), 57 − 68.

Borkowski, J. G., & Reid, M. K. (1987). Causal attributions of hyperactive children : Implications for strategies and self−control. *Journal of Educational Psychology, 80* (2), 296 − 307.

Brown, A. L. (1978). Knowing when, where, and how to remember : A Problem of metacognition. In R. Glaser (ed.). *Advances in instructional psychology.* Hillsdale, NJ : Lawrence Erlbaum.

Brown, A. L. (1987). Metacognition, executive control, self−regulation and other more mysterious mechanisms. In

F. E. Weinert, & R. H. Kluwe（ed.）. *Metacognition, motivation, and understanding.* London： Lawrence Erlbaum.

Brown, A. L., Palincsar, A. S., & Armbruster, B. B.（1984）. Instructing comprehension fostering activities in interactive learning situations. In H. Mandl, N. Stein, & T. Trabasso （eds.）. *Learning from text.* Hillsdale, NJ：Erlbaum.

Cross, D. R., & Paris, S. G.（1988）. Developmental and instructional analyses of children's metacognition and reading comprehension. *Journal of Educational Psychology, 80*（2）, 131–142.

Duell, O. K.（1986）. Metacognitive skills. In G. D. Phye, & T. Andre（ed.）. *Cognitive classroom learning：Understanding, thinking, and problem solving.* Orlando：Academic Press.

Flavell, J. H.（1979）. Metacognition and cognitive monitoring：A new area of cognitive—developmental inquiry. *American Psychologist, 34*（10）, 906–911.

Flavell, J. H.（1981）. Cogntive Monitoring. In W. P. Dickson （eds.）. *Children's oral communcation skills.* NY：Academic Press.

Flavell, J. H.（1985）. *Cognitive development.* NJ：Prentice —Hall.

Flavell, J. H.（1987）. Speculations about the nature and development of metacognition. In F. E. Weinert, & R. H.

Kluwe (eds.). *Metacognition, motivation, and under-standing.* Hillsdale, NY : Lawrence Erlbaum.

Ghatala, E. S., Levin, J. R., Pressley, M., & Goodwin, D. (1986). A Componential analysis of the effects of derived and supplied strategy—utility information on children's strategy selections. *Journal of Experimental Child Psychology, 41, 76－92.*

Grindler, M. (1988). Effects of cognitive monitoring strategies on the test anxieties of elementary students. *Psychology in the School, 25* (4), 428－436.

Lawson, M. (1980). Metamemory : Making decision about strategies. In J. R. Kirby, & J. B. Biggs (eds.). *Cognition, development and instruction.* London : Academic Press.

Myers, M., & Paris, S. G. (1978). Children's metacognitive knowledge about reading. *Journal of Educational Psychology, 70,* 680－690.

Niabet, J., & Shucksmith, J. (1986). *Learning strategies.* London : Routledge & Kegan Paul.

O'Donnell, A. M., Dansereau, D. F., Hall, R. H., & Rochlin, T. R. (1987). Cognitive, social affective, and metacognitive outcomes of scripted cooperative learning. *Journal of Educational Psychology, 79* (4), 431－437.

Palincsar, A. M., & Brown, A. L. (1984). Reciprocal teaching of comprehension—fostering and comprehension—monitoring activities. *Cognition and Instruction, 1,* 117－175.

Paris, S. G., Cross, D. R., & Lipson, M. E.（1984）. Informed stratetries for learning：A program to improve children's reading awareness and comprehension. *Journal of Educational Psychology, 76*（6）, 1239－1252.

Paris, S. G., Lipson, M. Y., & Wixson, K. K.（1983）. Becoming a strategic reader. *Comtemporary Educational Psychology, 8,* 293－316.

Paris, S. G., Newman, R. S., & McVey, K. A.（1988）. Learning the functional significance of mnemonic actions：A microgenetic study of strategy acquisition. *Journal of Experimental Child Psychology, 34,* 490－509.

Pokay, P., & Blumenfeld, P. C.（1990）. Predicting achievement early and late in the semester：The role of motivation and use of learning strategies. *Journal of Educational Psychology, 82*（1）, 41－50.

Pressley, M., Woloshyn, V., Lysynchuk, L. M., Martin, V., Wood, E., & Willoughby, T.（1990）. A primer of research on cognitive strategy instruction：The important issues and how to address them. *Educational Psychology Review, 2,* 1－58.

Sternberg, R. J.（1985）. *Beyond I Q：A triarchic theory of human intelligence.* NY：Cambridge Universisy Press.

Stevens, R. J., Slavin, R. E., & Farnish, A. M.（1991）. The effects of cooperative learning and direct instruction in reading comprehsion strategies on main idea identification.

Journal of Educational Psychology, 83（ 1 ）, 8 – 16.

Tregaskes, M. R. & Daines, D.（ 1989 ）. Effects of metacognitive strategies on reading comprehsion. Reading *Research and Instruction, 29*（ 1 ）, 52 – 60.

Wang, A. Y., & Richarde, R. S.（ 1985 ）. *Generalized metacognitive training in children.* ERIC ED 261 – 790.

認知行爲學派的學習理論

重要概念介紹

1.認知行爲學派

是一種介於傳統行爲學派和認知學派之間的處理取向，結合行爲學派以嚴密的方法觀察和記錄行爲並採用認知學派的觀點，重視認知結構的變化，以達到良好適應。認知行爲學派是一種較爲籠統的概稱，依其處理強調之重點、方式不同，可細分爲多支派別，雖名稱不盡相同，仍能歸之於認知行爲學派。

2.理性情緒治療（ rational－emotive therapy ）

簡稱爲 RET，是由艾里斯（ A. Ellis ）所創立的心理治療法，其基本假定是人的情緒困擾和異常行爲常由於當事人不能以理性的思考及態度去面對所致，亦即存在非理性的信念，因此治療重點在對於認知、行爲和情緒三者之間的交互作用予以教導改變，協助當事人覺察非理性認知是引起情緒困擾及行爲異常之來源，並透過教誨、駁斥處理，以理性思考代替情緒性反應，達到當事人良好適應爲目標。

3.認知治療（ cognitive therapy ）

簡稱爲 RT，是由貝克（ A. T. Beck ）所發展出來的心理治療法。 其基本假定是人有許多「自動化思考」（ automatic thoughts ），很多思考往往與客觀事實不符，甚至扭曲事實，這些固執想法影響到情緒適應及行爲表現，亦

即人的行為情緒是受到內在對話的影響所致，治療重點在於教導當事人如何透過評估的歷程辨認出扭曲與導致功能障礙的認知，並去認識、觀察和監控其負向的「自動化思考」，使當事人學會以合乎實際的、正確的解釋取代其偏差認知。

4. 自我教導訓練（self－instructional training）

簡稱為 SIT，是由梅晨保（D. Meichenbaum）所創的心理治療法。其基本假定為人的內在語言影響行為，行為的改變是透過一系列的中介歷程，包括內在語言的交互作用及影響認知結構而產生的，治療的任務在於協助當事人覺察其不當的負向自我語言，改變其認知結構，以正向合理之自我語言替代之，以達成良好適應，其過程藉由認知示範、外顯引導、外顯自我引導、低聲自我教導、內隱自我教導等五個步驟而建立。

前　言

1.認知行爲學派思想最早淵源於古希臘羅馬哲學家 Epictetues
：「人們的困擾不是來自於事情的本身，而是來自於人們對
事情的看法。」強調認知因素是引起困擾的主因。

2.近二、三十年來行爲主義受到人文主義之影響開始重視認
知、行爲和環境的交互作用以及自我控制之研究，促使認知
行爲學派蓬勃發展，惟各支派主張及強調重點仍有差異，因
此並無一股強而有力的學派去統整及領導各支派觀點，以形
成一股理念一致的強勢認知行爲學派。

3.艾里斯、貝克、梅晨保等均強調不合理的認知信念是造成案
主困擾的主要來源。艾里斯強調非理性信念、貝克重視認知
扭曲之自動化思考、梅晨保注重負向的自我語言，皆有某些
程度的相似之處，他們都重視認知因素。

4.艾里斯理性情緒治療重點在於強調如何去駁斥案主之非理性
信念，以建立其可行、可驗證之理性信念系統，因此具有高
度之指導性，常使用教導、建議、說服和家庭作業方式來尋
求改變，重視面質、挑戰、意願探索等技巧。

5.見克之認知治療是重視案主非理性的自動化思考所形成之認
知扭曲，強調「不正確的結論」。協助案主找出其獨斷、絕
對的思考，並不斷以各種方式去矯正錯誤觀念，以改變其思
想。

6.梅晨保之自我教導訓練則強調內在語言的重要性，治療者協

助案主找出不合理（負向）的自我語言，透過五個步驟並運用思考大聲說出方式，以建立其合理（正向）的自我語言，以達成良好的適應。

認知行為學派的起源與發展

一、認知行為學派的起源

早期的行為治療法，其基本觀念是從實驗室科學量化的行為心理學演變而來，如 Pavlov 的古典制約理論、Skinner 的操作制約理論，都是強調刺激與反應之間的聯結，應用單純刺激反應之間的聯結，來解釋人類複雜的學習歷程，缺乏對當事人的思考與評價能力之重視，難免落入不夠周延、忽視人性之觀點，因此逐漸受到部份學者之批評，雖然行為心理學貢獻在於重視具體、明確的系統方法與處理結果的客觀評估，但是由於過度重視症狀的處理，忽略了當事人認知與情感因素，過度強調「環境」事件的重要性，忽略了個體具有思考的能力，是導致行為心理學調整的因素。在一九六〇年以後，並受到人文主義的影響，行為學派的觀點開始調整，一方面是由極端的環境決定論，逐漸調整為接受認知、行為與環境交互決定論。並開始注意到行為的認知因素；

另一項調整是由於心理學家對「自我控制」的歷程與方法開始重視（Corey, 1982；Meichenbaum, 1975；Meichenbaum & Cameron, 1977；Mahoney & Arnkoff, 1978），一九六七年後，行為治療策略「焦慮解除條件化」（anxiety－relief conditioning）、「內隱促進感受性」（covert sensitization）、「身體鬆弛」（physical relaxation）之提出，已顯示開始重視改變案主的認知因素（Meichenbaum, 1977），此一轉變促使近一、二十年來的行為治療更趨向於認知因素的介入，經由 Klesges、Sanchez 和 Stanton 調查發現，有百分之四十的臨床會員描述他們的理論導向是認知行為；相對的只有百分之十八的會員認為其理論導向為行為導向。由此可見認知行為學派的觀點逐漸受到重視，各種不同的認知行為主張如雨後春筍般的出現。至此行為學派的發展，從早期的古典制約（classical conditioning）、操作制約（operant conditioning）等植基於學習理論的狹隘技術，已不再獲得青睞。

認知行為學派之形成，依據肯德和何倫（Kendall & Hollon, 1979）的看法，認為受到相關心理學領域中的四股力量所影響，第一股力量是強調認知因素可以把它當成如同外顯行為一樣，受到學習法則的支配，可將認知因素如思想、意念，運用古典制約及操作制約的程序去處理，以達到對內隱認知的改變，就如心理操作（mental operation）和內隱制約模式（covert conditioning models）。第二股影響力量則是為了想要對不良適應行為產生的原因和治療效果有清楚的瞭解，並能加以預測和控制，則必須對案主的態度、信念、期望等認知因素加以掌握。艾里斯的理性情緒治療與貝克的認知治療理論，對此觀點有很大的貢

獻，他們在早期的處理是強調語意的技術，諸如說服、推理等，最近則著重於考驗認知行為治療模式，期望藉由採用嚴謹的設計、執行等標準的方法來確證實徵結果的有效性，並進一步帶動其他學者的研究興趣。第三股影響力量則是由於認知學習理論已進一步的將內隱認知歷程帶入可測量的形式之中，如 Bandura 自我效能（self－efficacy）理論。第四股力量則是源於企圖使認知行為處理策略與行為因果關係管理的組合成為有意義的結果。例如，自我教導訓練（self－instructional training）可經由反應一代價的因果關係模式而造成，亦即有系統的增強某種行為而產生認知的改變。由此四股力量影響認知行為學派之形成。

二、認知行為學派的發展

由於行為心理學受到很多因素的影響而發展出認知行為理論。其影響因素有：(1)基於操作制約原則所產生的改變只是短期的和在特殊機構中才能獲得，而且無法發揮預期的力量；(2)在嚴謹的實徵研究中，很多有效的技術並不支持行為學派的合理性；(3)研究自我控制的結果，接受交互決定論的概念，個體的行為並不純然受到環境的影響與支配，而且是他自己發展的行動合作者；(4)歸因於有些臨床科學家，如凱利（Kelly）、羅特（Rotter）、貝克及艾里斯等人之研究與倡導，促使認知行為運動蓬勃發展。

認知行為學派之思想淵源，可追溯到古希臘和羅馬的哲學家，如斯多葛（stoic）學派哲學家 Epictetues 即強調認知因素是

引起情緒困擾的主要原因，他說：「人們的困擾不是來自事情的本身，而是來自於人們對事情的看法。」中世紀以後哲學家康德（Kant, I.）指出，心理疾病的產生原因是由於人們無法運用「常識」（common sense）去改變他們的「私下觀念」（private sense），近代個體心理學家阿德勒（Adler, A.）則認爲康德的私下觀念是一種「錯誤的看法」（mistaken opinions），現代心理治療學者則常用一些術語去描述認知因素在情緒困擾和不適應行爲中所扮演的角色，例如：「偏差的評估歷程」（biased appraisal processes）、「病態的結構」（disordered constructs）、「認知扭曲」（cognitive distortions）、「不良適應的因應和問題解決技巧」（maladaptive coping and problem sloving skills）等。由上述可知，認知因素在問題行爲中所扮演的角色，自古以來，已受到相當之重視，但是採取一系列的治療處理，形成一套治療理論，則是在一九六〇年以後的事。認知行爲改變技術（cognition behavior modification）嘗試去統整心理治療學者心理動力的臨床觀念和行爲治療的技術，形成一個可理解的在臨床上能敏感處理的方法。很多研究也都指出認知行爲技術具有臨床上的價值。

　　一九六〇年以後，許多學者擷取行爲學派的優點，結合認知心理學的觀點，在治療上兼顧案主認知與行爲的處理，形成了一股勢力，此爲認知行爲治療學派之興起，雖然他們都重視認知與行爲因素，但各家強調的層面仍有差異，從不同的處理程序及強調層面不同可分爲下列派別，例如：以技術來看，有貝克的認知治療（cognitive therapy）；認知重建（cognitive restructuring）程序方面，強調改變案主認知結構的有艾里斯之合理情緒

治療（ration－emotive therapy）、梅晨保之自我教導訓練（self－instructional training）、壓力免疫訓練（stress－inoculation training）；著重於遭遇困難情境時，協助案主獲得因應技巧，此類治療稱為因應技巧治療（coping skills therapy），如 Suinn 和 Richardson 之焦慮管理訓練（anxiety management training）、Cautela 和 Kazdin 之內隱示範（covert modeling）、Goldfrind 之因應技巧訓練（coping skills training）；有些學者重視面對問題情境的解決歷程，強調問題解決的階段步驟，此類治療稱為問題解決治療（problem solving therapy），如 D'Zurilla 和 Goldfrind 之問題解決訓練（problem solving training）、Mahoney 之個人科學（personal science）；有些學者重視行為改變技術策略是依賴認知歷程，如 Goldfrind 和 Merbaum 之自我控制（self control）、Kopen 和 Arkowitz 之歸因治療（attribution therapy）、Shapiro 和 Schwartz 之生理回饋（biofeedback）、Singer 之想像（imagery）；也有學者重視治療（multi－model therapy）；另有學者重視案主之自我效能，如 Bandura 的自我效能理論（self－efficacy therapy）。

三、認知行為學派的意義

由於認知行為學派相當多，且目前並無一股強而有力的理論模式主導此一趨勢，要對認知行為理論作一清楚界定，並不容易，各派之不同在於：(1)認知經驗的形勢重點不同，如信念（beliefs）、期望（expectation）、意像（images）、問題解決

認知（problem－solving cognition）、因應的自我陳述（coping self－statement）；⑵在認知—情意—行爲—結果鏈上，各派提供處理的重點不同；⑶強調不同的處理策略，從敎導式的抨擊當事人的不合理信念到設計促進因應技巧的蘇格拉底式對話（Socratic dialogues）。

表4-1　認知行爲處理的一般特質

	處 理 目 標	處 理 方 法	處 理 評 量
行爲治療	行爲的過量或不足	行爲的學習理論處理。環境操弄如代幣（token economic）、時制管理（contigency mangement）	以嚴密的評量觀察行爲的改變
	行爲的過量或不足	行爲處理、技巧訓練、訊習準備如示範、角色扮演	以嚴密的評量觀察行爲的改變
認知行爲治療	行爲和認知的過量或不足	廣泛的運用行爲和認知的處理方法	以嚴密的方法觀察行爲和認知的改變
	認知的過量或不足	運用行爲程序進行認知的處理	檢驗認知的改變和用較次要的標準檢驗行爲的改變
認知治療	認知的過量或不足	語意的處理（semantic interventions）	評價認知是否有整體的改變，有時是非實徵性的評量

（譯自：Kendall & Hollon, 1979, p. 4）

　　認知行爲改變技術之處理通常是行動的、有時間限制的和適當結構的，他們設計去支持案主（就像一些重要他人、如父母、同儕）在一種合作的過程中，使案主成爲他自己之「個人科學家」（ personal scientist ）（ Mahoney, 1974 ）。

　　認知行爲學派之處理是介於傳統的行爲學派和認知學派之間，結合了行爲治療技術的嚴密方法以處理和評量中介現象的治療取向。

　　由於認知行爲學派有甚多不同的主張，限於篇幅，本章僅就艾里斯的理性情緒治療、貝克之認知治療及梅晨保之自我教導訓練提出扼要介紹：

第二節

理性情緒治療

　　艾里斯原本學商業管理，後來興趣於寫作，開始對婚姻、戀愛及性問題投入研究，他發現他的方法可以對朋友提供幫助，於是轉向臨床心理學，原本熱衷於心理分析學派，後來發現精神分析過於膚淺且不科學。一九五五年他把人本的、哲學的及行爲的治療結合起來，創立了「理性情緒治療」（ 簡稱爲RET ）。

一、理性情緒治療的源起

　　艾里斯認爲心理分析的方法，一味的尋找當事人之潛意識，即使找出了問題的癥結與原因，也缺乏主動、強而有力的行爲解決策略去協助當事人，於是他不滿意佛洛伊德（Freud）的心理分析理論與技術，認爲即使當事人「領悟」（insight）也並不代表他將會改變，他認爲運用此法，只能對百分之六十的患者產生效果，且期待當事人產生領悟的方法，與艾里斯本人之好動，講究主動參與之個性大相逕庭，因而創立理性情緒治療（最初艾里斯稱其理論爲「理性心理治療法」（rational psychotherapy），後來才改此名稱。RET本身則是認知、行爲和行爲取向的（cognition behavior action oriented），它強調思考、判斷、決定、分析和作爲，具有高度的教導性（Corey, 1986；Ellis, 1977；張進上等，民79）。

二、理性情緒治療的基本觀點

　　艾里斯認爲人天生具有理性、非理性、正確思考及扭曲思考的潛能。人有自我保護、快樂、思考與語言之表達，同時也具有自我毀滅、逃避思考、因循拖延、不斷的重複犯錯、迷信、缺乏耐性、完美主義、自責以及逃避充分成長的潛能。雖然人有天生理性與非理性思考的潛能，然而艾里斯本身並不同意心理分析及

存在主義對人性的看法，他認爲人並非完全受生物本能趨使的動物，人是獨特的、人有能力瞭解自己的限制，同樣的也有能力去改變自己的想法與價值，能夠向自我挫敗的觀念挑戰；他不完全贊同存在主義對自我實現的看法，因爲人仍受制於本能的影響。人感受到困擾乃是由於自己制約的結果，而非受到外在環境的制約，即使瞭解了這點，可是人仍會照做不誤，因此艾里斯認爲必須透過教導的歷程從認知和行爲上來攻擊負向的自我挫敗思考，方能使思考變得更合乎邏輯、更具理性。

　　艾里斯認爲人是自我說話（self－talking）、自我評價（self－evaluation）和自我支持（self－sustaining）的，當他們對某些慾望迫切需要時，就會產生情緒和行爲的困難，當他們處處認爲「要求」（demanding）、「應該」（should）、「必須」（ought）和「一定」（must）時，即產生情緒上的困擾，例如：「我應該第一名」、「我一定要做成功才行，失敗或被拒絕表示我是一個毫無價值的人」，這些皆爲非理性信念，同其來源常常來自小時候受到有具有影響力的（例如父母）非理性信念的諄諄教誨中學到的，有些也是從自己創造出來的非理性想法和迷信而來的，然後我們藉著自動暗示、自我重複的過程，反複灌輸錯誤的信念而來的（Ellis, 1979；王麗斐等，民80；何長珠等，民72）。

三、ABC 理論

　　艾里斯基於當事人之需要，嘗試以三種途徑來予以治療，此

即認知（cognitive）、情緒（emotive）和行為（behavior）
（Corsini, 1984）：

(一)認知治療

認知治療在於重新教導當事人再認（recognize）他們的「必
須」、「應該」和「一定」，如何去除（分離）不合理的信念，
引導他們過得更好、更為快樂，教他如何使用邏輯實證的方法來
解決問題、接受現實，它假定當事人能思考自己的想法，而來獲
得較為合理之認知，治療者和當事人可以採用一對一的蘇格拉底
式的對話；使用團體治療時與成員討論、解釋不合理的思考而採
取必要的對策。

(二)情緒喚起治療（emotive－evocative therapy）

治療者欲改變當事人之價值系統時，可以採用角色扮演方法
顯示他們錯誤的想法及如何影響別人；採用示範的方法去呈現每
個人不同的價值觀念，運用較為幽默的說法以減少當事人之困
擾。治療者以無條件接納，亦可讓當事人完全接納自己，同時也
引導當事人，使他瞭解個別或團體治療中探討自己不合理的思考
並非冒險或困難的事。

(三)行為治療

從事 RET 不僅幫助當事人改變其失去功能的症狀，希望他
們表現出更有效率的行為，而且也要改變其認知，在治療者離開
後，也能運用到真實情境。

　　理性情緒治療的理論可用 ABCDEF 來表示，A是存在的事件或一個人的行為、態度（ activating event，以A表示）；B是指個人的信念體系（ belief，以B表示）；C是指情緒的結果（ consequence，以C表示）；D是指駁斥處理（ disputing intervention，以D表示）；E為效果（ effect，以E表示）；F是指新的感覺（ new feeling，以F表示）。A存在並沒有導致C，而是由於B的影響，它是一個人對A的信念，而導致情緒反應C，不同的B，會產生不同的C，例如有人對落葉感到無比憂傷，認為到了某一個時期，生命即將結束，有人則認為落葉歸根是自然生態，無需感傷，有人則認為舊的不去，新的不來，落葉之後，又是一片生機的開始，從上述三種人來看，同是一件落葉，由於信念系統不同，以致造成三種不同的心境結果。ABC理論就如同 S－O－R 理論，A＝S（刺激），B＝O（有機體），C＝R（反應），因為外界的刺激常是客觀的存在，運用主觀的信念B時，即因B之不同，而有各種不同的情緒反應。艾里斯認為困擾的情緒反應，如沮喪或焦慮，是由不斷反覆的自我挫敗信念所引起，而且會永遠存在的，這些都是源於非理性想法而來。繼 ABC 之後，DEF 則是指治療過程和結果。D駁斥（ disputing ）是指治療者協助當事人喚起其非理性信念，以科學、理性的方法加以駁斥，教導當事人運用此原則來徹底摧毀任何不實際又無效的假設。艾里斯指出駁斥的歷程包括三個成分：(1)偵測（ detecting ）：協助當事人找出不合理的信念；(2)爭辯（ debating ）：學習與這些非理性信念辯論；(3)分辨（ discriminating ）：要當事人學習去分辨那些是理性信念，那些是非理性信念。艾里斯的整個治療過程核心都強調駁斥歷程。因此指

導意味極為濃厚，最後，E就是指效果（effective），是較為實際的部分，如果治療產生效果，當事人能以理性的思考取代非理性的思考，便創造了新的情緒組型，此即為F（feeling）感覺。

　　Cormier和Hackney歸納RET的實施程序，認為RET通常是以ABCDE的分析模式進行，結合認知、情緒和行為的各種技術之使用。

㈠A的進行

　　引發事件通常與當事人生活中所經歷的不愉快情形，治療者要幫助當事人，教導他們能區分那些A是可以改變的，以及那些是不能改變的。

㈡C的進行

　　C為A造成的情緒結果，治療者協助當事人正確的找C，並且應謹慎的使用語言及非語言行為，並讓當事人決定是否維持或改變現存之C。

㈢B的進行

　　B可分為兩種，一種是理性信念（RB），另一種則為非理性信念（IB），此時治療者協助當事人區分，與事實一致的信念並有證據可供支持者為RB，反之，沒有事實證據為基礎的，會導致不良的情緒結果者為IB，艾里斯將IB歸類為十一種，但很多當事人之非理性信念不是僅由一種狀況所造成，治療者仍應協助當事人找出非理性信念中之「必須」、「一定」、「應該」等內在語言。

㈣駁斥IB（ Disputing the IB ）

　　駁斥之目標除了要消除其非理性信念外，更重要的要建立一個更有效、理性的生活哲學。駁斥的方式可分為認知、想像及行為三種方式。Cormier 和 Hackney 哈克尼歸納認為，認知的駁斥方法是依據當事人的想像（ imagery ），其假定想像刺激與真實刺激所產生的情緒結果相似，讓當事人想像自己置身於問題情境中（ A ），然後試著去體驗情緒不適應的情況（ C ），治療者要求當事人把注意力放在當事人對自己所說的內在語言上，然後予以駁斥，使其建立合理正向之內在語言，以達成良好的適應。

四、理性情緒治療的應用與評價

　　艾里斯發展 RET，最早的興趣偏重於戀愛、家庭、婚姻及性方面的應用，經過不斷的研究與開拓，已被廣泛的運用到處理焦慮、敵意、性格障礙、精神病症，性、愛、婚姻問題、兒童教養及青少年問題、肯定訓練及自我管理等方面的應用，實施方式包括個別治療、團體治療、短期治療、馬拉松會心團體、婚姻治療與家庭治療各方面。在精神病症治療上，艾里斯認為 RET 對年輕、智力水準較高的人更為有效（ Patterson, 1986 ），因為 RET 具指導性，具強調在認知上做改變。但是RET對於拒絕合作者效果不大，對於兒童自閉症、急性精神分裂症、讀字困難、癲癇症者病人，很少能有幫助。艾里斯本人則相當肯定其治療之成功率，他認為有百分之九十是成功的（ Corey, 1986；陳仲

庚，民79），可是這種說法也受到一些懷疑。

　　Corey（1991）對RET的批評，認爲此法並不重視當事人之過去歷史，不鼓勵當事人敍說過去。其次，RET重視面質、攻擊、駁斥，在尙未眞正建立信任關係前，很可能造成治療的中斷，令當事人無法接受，甚至離開、流失。因爲當事人覺得治療者並不眞正關心他們。因此Corey建議RET可與Rogers的個人中心治療相結合。另一個危機是，假使沒有受過充分訓練的人運用RET，可能將治療當成說服、訓誨、邏輯和勸告來打倒當事人，只能當作一種快速的治療方法而已，無法讓當事人充分瞭解與掌握改變的歷程（王麗斐等，民80）。

第三節
認 知 治 療

　　廣義的認知治療，有相當多的理論和倡導人物，本節針對貝克的認知治療法提出介紹：

一、認知治療之源起

　　貝克（1921－）是一位有名的認知治療學者，一九四六年畢業於耶魯大學，獲頒醫學博士學位。他的許多觀點與RET非常相似，幾乎與艾里斯在相同時間內發展出「認知治療」理論。貝

克認爲人的情緒反應常常由錯誤的觀念或不正確的認知過程，導致不適應情緒及行爲之產生，人也會對外界刺激予意義，由於經歷不同的情緒經驗，因此反應出不同的意義，例如當聽到別人對他有所評論時，就會對此評論作出反應，或許他認爲別人的評論是善意的、友善的；或許他認爲別人的評論是否定的、敵意的，此會爲他帶來不同的情緒反應與行爲表現，如果知覺本身與事實不符，則易造成人際關係之破壞，必然也會產生不適應的心理狀態，因此貝克的認知治療模式，就是要把焦點放在引起個人困擾事件的反應或思考時的認知內容上，其目的在改變當事人之思考方式。

二、認知治療中之自動化思考

　　認知治療的一重要概念是「自動化思考」，在貝克的臨床研究中發現當事人的自動化思考常常是情緒困擾的來源之一，這種思考是以一種像電報語言般的內在訊息形式呈現，它可能是一種視覺影像、也可能是語文的，在進行此一思考過程時，常常忽略了許多判斷、推理過程，因此可能是片段的、武斷的、跳躍的，很遺憾的人們常常對這些內在訊息毫不猶豫的全盤接受，以至於常有情緒困擾之現象發生。除此之外，貝克也發現個體經由內在思考歷程具有邏輯推理的概念，並以此來對過去作評價、對未來做預期，並指導現在的行爲，此種現象，貝克稱爲「規則」（rules），這些規則引領著內心之運作，找出自己可以解釋的邏輯架構，最後形成一股牢不可破的信念，可惜的是這些規則很

多往往不是事實。貝克認爲人們「認知扭曲」之現象常以自動化
思考方式,將個體之注意力集中於個體自己的行爲表現、地位,
他人對自己之評量以及未來可能發生的影響三方面上,在貝克看
來任何情緒障礙和行爲障礙常伴有認知扭曲之現象,會導致錯誤
的假定與觀念有下列數項:

㈠專斷式推論(arbitrary inference)

此爲沒有充分理由或證據,使下定論,如果這種推論往負面
方向去想,常常想到最糟糕的情境。

㈡個人化(personalization)

以自我爲中心,任何事件之解釋都是依自身關係來進行的,
把任何事務都與自己聯結起來,例如疑心重的人,看到別人竊竊
私語,就以爲別人都在講自己的壞話。

㈢選擇性偏差推論(selective abstration)

此爲只找整個事件中的某一細節推論,失去整體之含意,無
法掌握整體之精要。

㈣極端化思考(polarized thinking)

將事情分爲兩極,不是好就是壞、非拒絕即是接受,強迫自
己做不合理的區分,不是完美無缺就是一文不值,此亦常造成不
必要之心理困擾。

㈤過度類化（ overgeneralization ）

是指把某些事件造成之極端信念，不恰當的運用到其他情境，此為不良之過度類化，例如學不好數學，也懼怕數學，正因為這位數學老師也是生物老師，所以也類化到上生物課情境，個案也因此懼怕生物，此為過度類化造成之不良影響（ Beck, 1976 ）。

三、認知治療的原則與方法

認知治療的目標是要協助當事人如何透過評估的歷程找出認知的扭曲、盲點、模糊的知覺、不正確的判斷等不合邏輯的思考方式，藉由治療者與當事人之間的合作，以分辨出自己的思想和現實環境間的差距，引導當事人逐步進入問題解決的歷程，教導當事人如何學習，並避免掉入認知的陷阱，以改變原有想法。

認知治療的步驟如下：

㈠指導當事人認識不適應的觀念

由於當事人存有一些不適應的觀念，以致於造成情緒困擾，無法發揮功能，治療者必須協助他認識並找出不適應的觀點，方可進入問題的核心，協助當事人達成良好的改變。

㈡進行「 填空活動 」（ filling in the blank ）

治療者引領當事人填入個人想法於刺激與反應之間，讓當事

人去覺察自己有那些想法？這些想法影響到情緒的情形如何？如此可更清楚的找出刺激與反應之間有那些不當想法，以致造成當事人之困擾。

(三)隔離及去除個人化技術

治療者與當事人探討問題時，由於當事人常有個人化想法，以致於無法清楚的認識自己的非現實、不適應的自動化思考內容，因此治療者宜舉出與當事人沒有直接關係的事例來討論，使當事人更清楚的瞭解想法與情緒間之關係。

(四)取得正確可靠的結論

指導當事人凡事講求實際證據，很多看法實際上只是一種假設，未加以驗證而驟下結論，往往與事實有很大的出入，未加證實之假設任意加以推論往往是造成不適應想法之癥結所在。

(五)改變規則

由於當事人常對情境作有規則的反應，而不考慮客觀條件的改變，因而造成無法與環境相協調。在此階段，應協助當事人改變既循規則，使之調整適應心境，使其更合理的適應現實情境。

在治療者角色方面，貝克比 RET 更強調治療關係，他強調治療關係的品質是認知治療的基礎，因此他反對艾里斯過於重視教師角色。貝克重視眞誠一致、正確的同理心、不批判的接納，建立信任與支持的關係，此外貝克也強調在治療者與當事人之間的「合作」更爲重要，在每一治療階段，治療者與當事人一起工

作，找出結論。

在技術上，貝克也廣泛的運用各種認知或行爲理論的技巧來進行，例如採用角色扮演、認知演練、家庭作業、自我監控、認知的重新評估、因應技巧等技術，也運用了行爲學派的技術。

四、認知治療之應用與評價

貝克之認知治療對沮喪的處理相當有效，貝克反對沮喪是由內在的憤怒所引起，他認爲負向的思考才是造成沮喪的原因，當事人常考慮自己的負向觀點，沒有考慮環境因素，常以負向的方式來解釋經驗，以至於情緒低落，即使偶而一次成功，他們仍然期待下一次的失敗，這種人負向期望極強，且常自我批評、抱怨，此時治療者可要求當事人找出極端自我批評的理由來，有些沮喪者常會誇大外在的要求、問題及壓力，常宣稱他們覺得即將崩潰，輔導者可協助當事人訂出優先順序，把外在的問題細分成可控制的單位，列出責任及實際行動計畫，以消除其不當的負向認知。除此之外，貝克之認知治療，也被用來處理強迫性神經症、歇斯底里、恐怖症等，都有良好的治療效果。

貝克強調蘇格拉底式的對話，協助當事人自己發現錯誤觀念，比 RET 具指導性、面管性等更具結構，Corey（ 1991 ）也認爲貝克之「不正確結論」觀點比 RET 之「非理性信念」更爲廣泛。但是貝克忽略了隱含個體之命令及需要，此與 RET 有所不同（ Patterson, 1986；陳仲庚，民 79 ）。

第四節
自我教導訓練

一、自我教導訓練的起源

　　梅晨保在伊利諾大學期間，曾以操作制約的方式訓練醫院中患有精神分裂症之病人，教導案主健康的談話，由實驗者指導病人反複且大聲的說出適當的、合乎邏輯的、健康的談話，然後追蹤、晤談，以評鑑處理效果，因而演變出自我教導的理論。梅晨保在伊利諾大學時，一位學生在心理醫院採用嫌惡制約方式去消除病人的敵對行為，在多次晤談之後，一位病人突然抓住那位學生說：「告訴我，假如你能嘗試去停止我的困惑語言，我是非常樂意接受的。」梅晨保覺察到雖然影響這事件的成因，他並不瞭解，但是可以知道的是行為的改變受到認知因素的影響。從此之後，梅晨保開始探索影響行為改變的認知因素，他把焦點放在內在語言（ inner speech ）、內在對話（ inner dialogue ）、尋找改變（ seeking to alter it ）、想像（ images ）。一九七二年，梅晨保和古德曼（ Goodman ）設計了一套改善衝動型（ impulsive ）兒童的思考行為，教導他們在行動之前先「停」、「聽」、「看」。梅晨保發現，衝動型兒童比一般兒童少用語文方式來控制他

們的非語言行爲，在自然的遊戲情境中，衝動型兒童的內在語言
與一般兒童有相當的差異，他們缺乏運用語文或想像等認知媒介
來分析經驗，也較難歸納經驗形成的規則，無法內化以引導其在
新情境中的學習活動，因此梅晨保爲兒童設計了一些教導內在語
言之課程，以協助案主更進一步瞭解面對問題之本質，以語文媒
介來引導、監督和控制自己的行爲。

　　蘇維埃心理學家 Vygotsky 研究人類語言、思想、行爲間關
係的影響時，自我語言（ self－verbalization ）能控制非語言行
爲，將口語命令內化，是兒童發展行爲控制的重要步驟；Luria
更強調語言溝通與個別化語文系統在複雜的組織行爲之中扮演一
個相當重要的角色。他提出了「內隱自我語言」（ covert intra-
personal speech ）的階段模式，描述兒童可藉由縮短與改變內在
教導，以進入一個內隱的內在語言之歷程，來引導和控制兒童的
行爲。兒童內在語言的發展可分爲三個階段：第一階段是兒童依
賴成人的語言來控制和引導自己的行爲，例如指導兒童騎自行
車，成人可先示範並說出動作，兒童在成人語言的指導下，「抓
穩把手，稍加推動，踩踏板，向右傾斜時，把手往右邊轉；向左
傾斜時，把手往左邊轉」，由成人語言控制兒童行爲。第二階段
是兒童開始可根據成人教導騎車之口訣，自己說出自己練習，依
自己之指導語大聲說出並依此練習，最後一個階段是兒童漸漸使
用內在語言，並將它當成控制行爲的方式。此時兒童已漸漸將騎
車之動作及方法之口語內化，成爲內在語言的一部份，經由不斷
練習，久而久之，騎車對兒童來說便成爲自動化行爲，甚至可以
邊聊天，邊騎車。

二、自我教導訓練的發展

　　自我教導訓練除了最初運用在衝動型兒童之外，梅晨保也進一步運用來改變精神分裂症之患者，訓練病人發展及應用自我控制之自我陳述，使其熟練這些自我陳述，並讓病人做些需要專心的工作，如果病人出現病症時，即以自我發問的方式開始自我教導，讓病人把注意力集中於工作表現上，使病人能專心致志於表現期望之反應，經過實驗結果，發現接受訓練之病人，其表現顯著優於未訓練者。

　　梅晨保結合了自我教導之示範（modeling）、和操作的增強程序，甚至如同行爲治療或 Parlov 古典制約的方法，但他並不鼓勵採用簡單的示範，他要兒童在自我教導的情況下行爲演練。

　　自我教導的運用，從簡單的視動能力訓練（如複製圖畫）到複雜的問題解決能力訓練都能運用此一策略，只不過困難的任務則採用更認知導向的活動。

三、認知行爲改變技術之認知架構

　　梅晨保認爲內在語言影響認知結構，要改變一個人的行爲必須先改變其認知結構，人之認知架構包含三個部份，即：認知事件（cognitive event）、認知歷程（cognitive processes）、認知結構（cognitive structure）。認知事件是意識思考（conscious

thoughts）和發生於個人意識或迅速的處理需求之一種「想像」
（image），貝克稱之爲「自動化思考」（automatic thoughts）
，梅晨保稱之爲「內在對話」（internal dialogue）。認知事件
是結合其他事務、歸因（attribution）、期望（expectancies）和
任務無關的思考（task－irrelevant thoughts）。自動認知事件不
僅包含認知，而且還包括「想像」（images）、「符號」（sym-
bolic）和「手勢」（gestures），以及它們伴隨而生的情感。梅
晨保（1986b）認爲人們無法以所有的時間對自己說話，事實上
大多數人的行爲是漫不經心的（mindless）或是一種習慣性的模
式，常常發生在自動的情況下，很少伴隨有目的的思考。但是在
有些情況下，我們對自己說話，內容卻會影響我們如何去感覺和
行動，以及自己對行爲結果的評估。梅晨保（1986b）列舉他對
衝動型兒童實施治療時，鼓勵他們在自我引導（self－guiding）
的情況下對自己說話，會產生治療上的效果。認知事件的發生是
個體在：(1)設計和產生新的想法和行動時，例如學習開車的情況
之下；(2)在選擇或判斷的情況之下，例如在不確定的或是異常的
狀況；(3)實際參與或經驗到嚴重的情緒經驗的時候發生的。

　　認知過程是人們處理訊息的方法。人們每天所接觸到的訊息
相當多，不可能一一加以處理，因此只能選擇性地去注意過去。
現在和未來較重要的事情加以處理。很多情況下，人們不可能注
意到自己如何說話、如何走路、如何呼吸，這些過程是在自動或
潛意識的型態下形成的。

　　認知結構是一種無聲的假定和信念，是提昇自我（self）和
世界（world）結構的途徑。個人的目標和當代盛行的觀念都會
影響訊息的過程和組織的行爲。認知結構是監督指導思考的選

擇，是「實行的過程者」（Corey, 1986；Meichenbaum, 1986b
）。要改變個案的行為，必須先改變個案的認知結構。

四、自我教導訓練的內在語言

自我教導訓練的基本假定是人們對自己所說的話決定了他們
所做的事。梅晨保認為人的行為受到各種不同行動（physical ac-
tivities）所影響。這些行動的基本結構是生理反應（activi-
ties）、情意反應（affective reaction）、認知和人際互動（
interpersonal interactions）等。內在語言（inner speech）是這
些層面中的一項，但它卻可以決定其他層面的影響作用（
Meichenbaum, 1986a）。

內在語言有時也稱為內在對話（internal dialogue），梅晨
保（1977）強調內在對話不是獨白（monologue），內在對話不
僅是一個說的過程，而且也是一個聽的過程（listening process
）。自我教導訓練的主要目的之一是要去改變當事人負向的內在
語言，並以正向的內在語言取代。梅晨保（1977）引用Sokolov
於一九七二年在《內在語言和思想》（Inner Speech and
Thought）一書中所說的內在語言的意義：

在心理學上，內在語言通常是象徵無聲的心理語言，
有時候則提昇到替代我們的思考，它能在我們內心中計畫
或解決問題、回憶書上所寫的內容或會話。默讀和寫作是
無聲的，在所有情況下我們以「字」對自己發音，來幫助

我們思考和記憶。內在語言並非具體存在的東西而是對自己所說的或是隱藏的語言。它是我們去感覺訊息之邏輯過程的工具，我們可以在現實和概念的定義系統去理解與判斷。內在語言的元素是存在於我們的意識知覺、行動和情緒經驗中，它能幫助我們對自己的教導，或是當作感官和知覺的語言解釋。在人類各方面意識和精神活動的心理歷程中，內在語言具有相當重要的地位。

內在語言透過自我教導的歷程，可以增進個體對刺激的區辨能力，指導個體注意適切的方向，幫助個體形成一系列的假設和使認知訊息存留於記憶之中。除此之外，內在語言仍有下列功能：

㈠人際教導（ interpersonal instructions ）

自我教導的假設類似於人際教導，由成人的語言教導以至兒童內化並控制自己的行為。人際教導可藉由治療者、教師或成人改變的示範進到兒童自己的私下語言和形成一個主要理論的及實務的問題（ Meichenbaum, 1986a, 1986b ）。

㈡壓力中之認知因素（ cognitive factors in stress ）

自我教導訓練認為個人對抗壓力情境的自我說明會影響個人在情境中表現出來的行為。高焦慮者常把注意力集中於自我反對的思考（ self－deprecationg thoughts ），低焦慮者則把注意力集中於外在情境。內在語言在改變思考與行為的功能上，影響當事人的注意與評估的歷程（ Meichenbaum, 1986a ）。

㈢教導的情境和生理的影響（instructional sets and physiological effects）

認知因素會影響生理和情緒，根據研究顯示自我陳述（self-statement）與心情有關。梅晨保（1986a）發現依據認知行爲改變技術的處理，當事人所標示的生理反應是一股助力，而不是抑制。人類的思考影響行爲，但是必須確認其行爲有多少是自動的或習慣的結果，因爲人們無法時時刻刻都在行動之前思考，但是假如人們想要去改變行爲時，就必須在行動之前思考，這些思考事實上就是內在語言的產物（Meichenbaum, 1986a）。

內在語言的另一個重要功能是影響和改變認知結構。梅晨保所謂的認知結構是指個體用來監督和指導的策略。一般的學習或改變不需要去改變認知結構，但是在學習新的技巧時則必須改變認知結構。認知結構決定了內在語言的本質，內在語言也改變了認知結構，梅晨保稱此現象爲「良性循環」（virtural circle Meichenbaum, 1986a）。

由於內在語言對個體的思考具有決定性的作用，思考又會影響個體的行爲、情緒和生理反應，因此，梅晨保主張藉由不斷的練習，以積極、有幫助之「正向自我語言」來替代消極、無助之「負向自我語言」，藉使個體改變認知結構，達成良好適應與改變。

五、自我教導訓練的類型

　　Yates（1985）綜合自我教導的型態，計可分成四類：行動式的自我教導（action self－instruction）、因應式的自我教導（coping self－instruction）、評量式的自我教導（evaluative self－instruction）、及分析式的自我教導（analytic self－instruction），分別介紹如下：

㈠行動式的自我教導

　　行動式的自我教導是最基本的自我教導形式。它是學習者告訴自己去做或不做某些事情。它通常是在行動之前沒有任何外在刺激引起個體的行動，它不但可以指引個體簡單的動作，而且也能指引個體冗長複雜的思考與行動，能思考到複雜的內隱刺激。不適應行動式的自我教導，常是由於個體告訴自己太多自己做不到的事，例如告訴自己「這次考試無論如何，我必須全班第一」、「今晚我必須寫完全部報告才能睡覺」。有時候，當事人告訴自己去做一些事實上做不到的事情，即產生不適應，這類不適應行動的自我指導，非但對個體的行為沒有任何幫助，反而造成更多的困擾（Yates, 1985）。

㈡因應式的自我教導

　　在面對問題情境時使用自我語言以形成一個具體的行動反應，此為因應式的自我教導，亦即個體對一組外在刺激所產生的

內在語言反應。例如面對考試時的焦慮情境，我們可能會採取一些應付的措施，告訴自己「我要小心應付，不要緊張，做個深呼吸」、「考試成績高低並不重要，考前盡力就好了」。使用因應式的自我教導對學習者所面臨的問題而言，沒有指名特定的行動，通常這類自我教導，只不過在幫助當事人處理不良適應事件與行動開始前這段時間，獲得一個良好的思考而已。有時候因應式的自我教導被批評為沒有針對問題提出具體的內在或外在的行動（Yates, 1985）。

(三)評量式自我教導

　　行動式與因應式自我教導通常發生於個體行動的前夕，評量式的自我教導則隨時都在進行。例如我們會評量自己採用的方法，評量自己的表現與能力。有效的評量式自我教導集中於容易完成改變的具體反應上，但是也有很多不合理的自我教導發生於自我評價之中，對於事務也常選擇負面的部分加以解釋。例如：當你穿一件新衣服，別人告訴你「看起來不錯嘛！」，也許你會覺得別人是在恭維，或在諷刺。面對曾經失敗的情境，告訴自己「完了！這下子，我無法應付了！」面對曾經獲得成功的情境，則說「太簡單、不須理會」。不論對事情的嚴重性加以誇大或對自己能力評價過低或過高，對個體的實際表現並無幫助，有效的自我教導則應重視正向的評量（Yates, 1985）。

(四)分析性的自我教導

　　有些人會運用時間去思考事情因果關係，這類思考就是分析性的思考。例如思考為什麼會有戰爭？為什麼老師會給我丙等。

分析性的自我教導常基於邏輯的規則、心理學的原則和一些物理的、經濟的法則，並採用科學的方法去分析事件。減少情感成份，分析會顯得更客觀（Yates, 1985）。

六、自我教導訓練的步驟

自我教導訓練是一套藉由認知預演的程序，達成內化並有效改變思考與行為的理論與技術，治療者協助當事人改變之前，必須先認清自己的角色與所應負起的任務。依據梅晨保（1986b）的主張，認知行為治療者對當事人所應負的任務有下述三項：

1.幫助當事人更能瞭解自己現有問題的本質。

2.觀察當事人的認知（自動思考、想像）和伴隨而生的情感，把這些當成有價值的假設考驗而非當成事實或真理。

3.幫助個案學習新的行為、人際關係、認知與情緒和控制的技巧。

自我教導訓練是從多方面的訓練控制設計，教導個案中斷他們不適應的行為，產生任務適切（task　relevant）和情境適當（situation appropriate）的策略和行為。自我教導訓練的內容包括認知示範（cognitive　modeling）外顯和內隱預演（overt and　covert　rehearsal）、逐步練習（graded　practice）。在自我教導訓練之前，治療者必須先確定下列事項：

1.瞭解當事人之所以被視為有問題之理由。

2.與當事人共同選擇訓練的主要技術，以達成訓練目標。

3.評價這些能幫助當事人達成改變的技術，這些臨床技術是需要教導案主如何去自我監控（self－monitor）、自我審問（self－interrogate）、自我評價（self－evaluate）本身的行為（Meichenbaum, 1985b）。

從認知過程來看，兒童使用口語媒介物（verbal　mediation）以協助其解決個人問題。使用適切針對任務的中介物（task－appropriate　mediators）之歷程可分為三個階段：(1)理解（comprehension）階段：在於理解任務的本質；(2)產生（production）階段：產生中介策略；(3)中介思考（mediation）階段：則使用中介思考去引導、監督和控制個人的表現（Bernard & Joyce, 1983；Meichenbaum, 1977；Meichenbaum & Asarnow, 1979）。

梅晨保（1977, 1986b）認為行為改變的發生，係經由一系列的中介過程，包含內在語言，認知結構及行為結果三者間之互動。其改變過程的初始，個案必須再認或覺察他自己有不適應的行為。其次，覺察內在對話是一個主要的線索（cue），對話的本質藉由治療者理論導向的引導，促使當事人採納。然後是改變當事人先前的內在對話。梅晨保就上述觀點將改變和治療過程分為三個階段：

1.自我觀察（self－observation）階段

治療之前，治療者必須瞭解當事人有那些負向的自我陳述（negative　self－statement）。治療時，使當事人覺察和使其注意力集中於個人的思考、情感、生理反應和行為上。在引導當事人產生新的認知結構時，允許他觀察自己不適應行為的症狀、問

題困難所在的思考和行爲。治療者必須讓當事人有重新概念（reconceptualization）的學習過程，引導個案再認定問題、使個案瞭解控制自己的感覺和瞭解有那些希望改變的行動。

受到行爲治療技術的影響，自我觀察必須具體化，且養成自我記錄的習慣，學習者要培養敏銳地覺察自己的思考、情感、生理反應與人際行爲的能力，如此則有助於對不適應行爲的瞭解與改變。

2.開始產生新的內在對話（starting a new internal dialogue）階段

在此階段，當事人必須產生一個與不適應行爲不相容的思考。

這個思考的形成常須藉助於新的內在對話來建立。新的內在對話涉及內在語言的所有功能（情意、評估系統、生理反應），因此內在語言的引導影響到當事人認知結構的改變，促使當事人組織自己的經驗與概念，引導當事人產生更有效的因應措施。因此這個階段當事人必須練習新的內在對話。

3.學習新的技巧（learning new skills）階段

在此階段治療者教導當事人一些更有效的、可應用於日常生活中的因應技巧，以協助當事人產生良好適應與行爲改變。幫助當事人在現實情境中練習，並不斷告訴自己正向積極之新句子，使其更能適應現實環境。

綜言之，有效的改變過程必須包括新的內在對話，新的行爲技巧及新的認知結構。不同的治療者可能強調的重點不同，然而認知行爲的治療導向必須三者都包含在內。不同類型的個案所需

要的也許著重於三者之中的某一項，但在完整的認知行爲治療中，必須三者皆涉入，才能達成改變（Corey, 1986；Meichenbaum, 1986b）。

梅晨保（1986a）將其自我教導訓練的實施過程，歸納爲下列五個步驟：

(一)認知示範

成人（治療者）一邊示範任務，一邊高聲的說出自我教導語言。以教導開車爲例，此階段由教導者做口頭及動作示範。如「排入空檔、啓動鑰匙、踩離合器、排入一檔、慢慢加油並緩緩放開離合器，車子即可走動、踩離合器、換二檔……」教導者邊說明，一邊示範，學習者在旁邊觀察。

(二)外顯的外在的引導

兒童（或當事人）在示範者的教導語言引導下，做出與示範者相同的任務行爲。如前例，學習者在教導者之口頭說明下，一邊說明，一邊令學習者做出開車動作。

(三)外顯的自我引導

兒童（或當事人）一邊進行任務，一邊大聲的說出自我教導語言。此時學習者，自己大聲說出，並作出開車動作，由自己語言引導自己動作。

(四)逐漸去除外顯的自我引導

兒童（或當事人）一邊進行任務，一邊低聲的說著自我教導

語言。此階段，學習者低聲說出動作名稱，並做出開車動作。吾人常可發現，有些人讀書，無法完全默讀，口中唸唸有詞，雖不知說些什麼，但可確定的是，對他而言如果不唸出來，讀書效果將大打折扣，或許他們還停留在此一階段。

㈤內隱的自我引導

兒童（或當事人）一邊進行任務，一邊以聽不見的內隱自我語言進行自我引導。進入此一階段以後，學習者開車，即不需要藉由語言引導，可自動做出開車動作，成為一種習慣，此即如貝克所謂之自動化思考。甚至開車時可邊開邊聊天、邊聽收音機，不需刻意去思考，即可收放自如；如果突然改開自排車，在很多無意中之狀況，左腳會自動踩離合器（實際上是不需要的），必須經過一段時間才能適應。

經由不斷的示範練習，使當事人由有聲的外在引導到無聲的內在引導，形成一內在語言，進而影響當事人的思考，認知結構的改變，以有效的達成行為的改變。

在訓練學習者思考大聲說出其內在語言上，梅晨保示範了一些能有助於行動的實例：

1.問題定義（problem definition）

例如：「我必須做什麼？」「這個問題要我做什麼？這是一個加法的問題，我要算出問題的答案」。

2.集中注意和反應引導（focusing attention and response guidance）

例如：「小心，畫下這條線」。「計算時，要先從個位加

起，個位加個位，十位加十位」、「我要小心的計算、慢慢來，不要慌，不要忙，我一定可以算出正確答案的。」

3.自我增強（self－reinforcement）

例如：「好，我做得很好。」、「終於算出來了，給自己鼓勵、鼓勵。」、「真不簡單，我還是相當有能力的。」

4.自我評價因應技巧和錯誤改正選擇（self－evaluative coping skills and error correcting options）

例如：「我做得很好，假如我犯了一項錯誤，我也能改過來並慢慢的做下去。」、「還好，及早發現錯誤，原來我忘了進位，我要趕快改正過來。」（Meichenbaum, 1977；Meichenbaum & Asarnow, 1979；Finger, 1981）。

除了梅晨保的訓練設計外，Yates（1985）也認為自我教導的基本階段為：

1.首先決定個案所要改變的行為、思考或感覺。

2.探究自我教導前後之反應，確定這類問題似乎可以藉自由自我教導訓練去防止或改變。

3.決定適合採用那一類型的自我教導？行動的（action），或是因應的（coping），或是評量的（evaluative），抑或分析的（analytic）自我教導。

4.對於產生錯誤的問題予以隔離的自我教導。

5.設計一系列新的自我教導去替代不適應的行為，並考慮自我教導對未來目標行為、思想、感覺的改善。

6.以一種新的行為（或許可用一種新的行為技術，像刺激控制）去替代舊的教導。

七、應用自我教導訓練的條件與限制

　　自我教導訓練的大前提是當事人必須具備有行為改變的基本概念和技能。如不具備上述條件，則自我教導訓練無法產生處理效果。例如，假使當事人缺乏算術的基本概念與技能自我教導訓練無法使其算術能力增加。蓋聶（ R. Gagne ）在一九六四年輔導閱讀能力較差的學習者時，使用「任務分析方法」（ task ana-lysis approach ）對達到學習的目標，終點行為所需具備的能力加以分析，發現學習者先具備這些任務的基本能力才能有效提昇學習效果。蓋聶主張個人學習複雜行為之前，必須具備一些基本的簡單行為，訓練者的教導原則是累積這些基本行為的過程（ Meichenbaum & Asarnow, 1979 ；Meichenbaum, 1986b ）。

　　自我教導訓練的運用，必須考慮的因素包括：(1)當事人的特質（ 如年齡、認知能力、語言技巧、歸因型態（ attributional style ）、內外控、性別、文化、種族等 ）；(2)媒介（ media ）；(3)行為的目標；(4)呈現的內容（ 如教導、練習、示範、回饋等 ）。因此，自我教導的運用是有其基本條件的限制的（ Safran, Alden, & Daridson, 1983 ；Cormire & Cormier, 1985 ；Johnson, 1983 ）教師使用自我教導訓練應著重於學生如何去思考，重視學習過程，而非學習結果。教師應訓練學生如何運用技巧來解決問題，建立「問題解決」的心理取向。

　　使用自我教導訓練必須注意，在找出當事人負向自我語言時，可用解說、反映、提供資料、面質等技術，使其明白負向自

我語言在不適應行為中所扮演的重要角色，且應提供正確、豐富的正向自我語言範例，以供案主模仿及練習，且須有足夠的練習次數，才能達到改變效果（廖鳳池，民79）。在提供正向自我語言練習之前，應能使案主瞭解其不當之認知結構，並試圖以案主可接納之自我語言，提供練習，方有改變可能，否則易陷於空談。

八、自我教導訓練的應用範疇

自從梅晨保和古德曼（1971）首先以自我教導訓練方式處理衝動型（impulsive）兒童行為問題，獲得良好的成效之後，自我教導訓練陸續被用來處理各式各類的行為問題，本段分為學習行為與非學習行為二類，資料整理如下：

㈠自我教導訓練在學習行為的應用

1.減低考試焦慮

在對大學生考試焦慮的輔導方面，梅晨保（1972）比較系統減敏法、自我教導訓練和控制組（不處理）三組之實驗效果。根據評量實際測驗表現和自我報告焦慮程度的顯示，以認知的自我教導訓練策略最能減低考試焦慮。在與上一類似的研究中，Cooley 和 Splegler（1980）將七十八個高考試焦慮大學生隨機安排在鬆弛組（relaxation　group）、認知因應自我陳述組（cognitive coping self statement group）、鬆弛結合認知因應自我陳述組、關注假藥條件組（attention－placebo condition group）四組進

行實驗處理，結果經由自我評量中顯示，認知因應自我陳述組和鬆弛結合認知因應自我陳述組在減低考試焦慮上優於其他兩組。

在中學生考試焦慮輔導方面，袁以雯（民71）以臺北市兩所國中生為對象，採認知行為治療自我教導訓練為架構進行輔導，結果發現實驗組在考試焦慮評量後測上，比前測分數顯著降低，其處理效果顯著優於控制組，此研究證實自我教導訓練能有效的輔導國中生的考試焦慮問題。

2.減低數學焦慮方面

Deitch（1982）以具有數學焦慮的大學女生為對象，比較認知重建中包含自我教導訓練。Genshaft 和 Hirt（1980）以七年級女生為對象，比較傳統教導與自我教導訓練的效果，結果發現，自我教導訓練有助於數學學習態度的改善。Peters（1982）研究也有類似的發現，但對於數學焦慮的輔導，雖然趨向於改善，但未達統計的顯著。

3.增進學業成績方面

由於自我教導訓練的目標之一在使學習者去注意與達成任務有關的（task relevent）變項上，因此很多研究發現、接受自我教導訓練有助於學業的提昇。Genshaft 和 Hirt（1980）以七年級女生為對象，比較傳統教導方式自我教導方式的實驗效果，結果發現自我教導訓練確有助於數學分數、科學分數和計算能力的提昇。Peters（1982）的研究也有類似的發現，接受自我教導訓練在數學成就上有較好的表現。

Thackwray、Meyers 和 Schleser（1985）比較一般的自我教導（general self－instructions）、具體的自我教導（specific self－instructions）和控制組對學業不振兒童在數學近程類化學習表

現之不同。實驗者從三個郊區公立小學選六十個三、四年級學業不振兒童，以數學二、三、四位數加法爲練習材料，進行四次共三十的練習。結果發現具體自我教導組在 PIAT（Peabody Individual Achievimint Test）數學分測驗上在實驗處理後得分顯著優於其他兩組。另就遠程類化來看，一般自我教導訓練組在接受實驗處理後在拼音及一般知識分測驗上優於其他兩組。Finger（1981）研究自我教導訓練提昇兒童算術的效果，在紐約三所小學中找出二百三十四位二年級學生，安排在三種不同情況：(1)自我教導訓練組；(2)注意控制組；(3)不處理控制組。由教師在實驗者的指導、監視之下進行二十次的實驗處理，以史丹佛數學診斷測驗（Stanford Diagnostic Mathematics Test, SDMT）爲依變項評量指標，接受自我教導訓練之學生在算術表現上、算術心理能力（mental ability）評量上均優於其他兩組控制組，其中又發現接受自我教導訓練之社經家庭地位學生算術優於低社經地位學生之假設及女生算術優於男生之假設未獲證實。以數學高成就學生而言，Parke（1980）以幼稚園、一年級、二年級學生爲對象進行輔導，結果發現接受自我教導訓練學生在數學精熟程度優於控制組；Mednick（1980）研究也發現自我教導訓練有助於提昇算術問題解決的能力，Johnston（1983）發現自我教導比傳統教導能訓練學習者更精確的解決數學問題，Cunningham（1984）無論是一般學生或數學資賦優異學生自我教導訓練均有助於增加學生的反覆思考及提昇數學成就。此外，Swanson（1985）曾以多重基線設計方式對情緒困擾兒童實施自我教導訓練，結果發現這些兒童在數學、閱讀和拼音上都有顯著的進步。

　　除了上述一些支持自我教導訓練效果的研究之外，亦有一些

反面的報告，如 Cohen（ 1984 ）的研究發現自我教導訓練無法增加國小一、二年級學生的數學計算能力，Majer（ 1983 ）以國小四年級學生為對象，結果發現在數學問題解決上，不因有無接受自我教導訓練而有差異存在。

4.其他的學習行為

對於家庭作業完成的輔導，Fish 和 Mendola（ 1986 ）亦曾以低作業完成率之三位兒童，採多重基線設計方式，進行自我教導訓練，結果發現此訓練確能提昇學生家庭作業的完成率，在分心行為輔導 Burgio、Whitman 和 Johnson 以可教育性智能不足兒童為對象，以自我教導多重基線設計方式減低數學和文字學習的分心行為，發現有良好效果。在創造力提昇方面，梅晨保（ 1972 ）對大學生實施自我教導訓練，結果顯示能提昇創造力測驗分數、增加墨漬測驗（ inkblot test ）分數。由此可知自我教導訓練對學生作業完成率、分心行為輔導、創造力改善等均具有相當的成效。

(二)自我教導訓練對學習行為以外的應用

1.對衝動行為之輔導

衝動型（ impulsive ）兒童和沉思型兒童在自我語言的質和量上差異顯著（ Copeland, Reiner, & Jirkovsky, 1984；Meichenbaum & Goodman, 1969 ）。衝動型兒童較少使用自律語言（ self－regulatory ），他們常有的問題是過度好動和無法自我控制，梅晨保和古德曼（ 1971 ）即曾將十五位低智商衝動型兒童隨機分派在三個團體，分別是認知自我教導團體的實驗組和另兩組控制組，實驗組兒童接受為期二週，共計四次，每次一個半小時

的實驗處理，以自我教導程序並訓練兒童在各種不同工作控制非語言行為（畫線、圖顏色）。實驗結果發現認知自我教導團體在Kagan的「配對圖形測驗」（Matching Familar Figures test, MFF）上，顯著的增加了做決定的時間，並減少錯誤題數。其他亦有Bender（1976），Brown、Meyers和Cohen（1984），Cohen、Meyers和Rokick（1984），Graybil、Jamison和Jirkovsky（1984），Hoover（1986），Kendall和Finch（1978），McMillan和Janzen（1984），Kendall和Zupan（1981），Nelson和Birkimer（1978），Parrish和Erickson（1981），Schleser、Cohen、Meyers和Rodick（1984）等類似的研究均發現自我教導訓練對衝動型兒童在MFF表現上獲得顯著改善。

2.對說話焦慮之輔導

　　Hayes和Marrshall（1984）以自我教導訓練輔導個案說話焦慮問題，結果發現有顯著的改善；Meichenbaum、Gillmore和Fedoravicius（1976）以自我教導訓練、減敏感法（dessensitization）、自我教導結合減敏感法、寬心藥組、不處理組等四組進行研究，結果發現學習在減低說話焦慮自我告評量上，以自我教導訓練組和減敏感組有顯著的改善。

3.對精神分裂症之輔導

　　自我教導訓練的理論形成與梅晨保在學生時代在醫院實習，接觸精神分裂症病患有關（Meichenbaum, 1986b）。Meichenbaum和Cameron（1973）以隨機分派方式將十五位精神分裂症患者分派至實驗組控制組，實驗組成員注重示範（modeling）和演練（rehearsal）自我教導方式去評量和覺察自我對話（self−

talk）情況，結果發現自我教導訓練在語言、思考和注意力等表現顯著優於控制組成。Gumaer 和 Headspeth（1985）亦曾以青少年精神分裂症患者為對象進行自我教導訓練，也有有類似上一之研究結果顯現。

　　在國內有關運用自我教導訓練在學習行為以外的輔導的研究並不多，王明啓（民 77）曾以認知重建與社會技巧訓練團體（其中包含若干自我教導語言訓練）輔導害羞的大學生。鄭英耀（民 74）亦曾比較系統減敏感法與認知行為治療法對國中學生焦慮、自我概念與生活適應之效應研究。廖鳳池（民 76）也曾經以認知性自我管理團體諮商輔導師專生情緒適應研究。可見國內已逐漸注重運用自我教導訓練模式以解決學生心理的和行為的問題，然而這些研究並未單純地使用自我教導訓練模式。

九、評價

　　自我教導訓練是認知重建模式之一形式，受到艾里斯理性情緒治療法之影響。自我教導訓練強調改變當事人的自我語言，它與理性情緒治療法的假設都是「痛苦的情緒都是典型不適應思考的結果」，至於其不同在於理性情緒治療法採取更直接的、面質、揭露、攻擊當事人不合理的思想，梅晨保則強調協助當事人更深一層的覺察他的自我對話，並重視因應技巧的訓練，較易獲得當事人的合作，比理性情緒治療法偏重於打擊非理性信念的破壞性層面更具有積極建設的意義。Stone（1980）指出梅晨保與

艾里斯的理論，在程序上非常類似，其區別在於艾里斯強調邏輯
分析角色，所以稱當事人之思考爲不合理信念，梅晨保則使用因
應技巧。艾里斯比梅晨保更強調理性分析、直接的、更具權威性
的；梅晨保強調學習各種問題解決策略的重要。

　　針對自我教導訓練處理數學焦慮及考試焦慮之負向自我語言
與正向自我語言，列舉部分臚列如表4-2、4-3，以供參考使用：

表4-2　數學焦慮之負向自我語言與正向自我語言

負　向　自　我　語　言	正　向　自　我　語　言
1. 數學考試令我感到害怕。	面對這些問題不需要緊張。
2. 數學使我感到緊張兮兮。	我知道我能應付這個考試。
3. 數學太無聊了。	與數字在一起很有趣。
4. 數字遠離我。	如果能瞭解它，其實數學也是很有趣的。
5.我討厭做數學問題。	多做練習，就會領悟到數學並不難。
6.我不是學數學的料子。	數學好不是天生的，只要我努力，一定可以學好。
7.數學令我混淆不清。	現在我必須做這個問題的那一部分。
8.當我嘗試去做數學問題時，我的心裡一片空白。	記住，放鬆心情，慢慢地，小心地去想它。
9.我寧可去問同學解答這些問題的方法，也不願意自己去做它。	我覺得我自己有能力去解答這些問題。

10.我明明知道我無法做對它，為什麼我還要去嘗試。	靠自己學習是很重要，做對做錯並不重要，重要的是給自己多學習的機會。
11.我從來沒有像其他同學一樣做好數學。	我知道我能和其他同學在數學方面做得一樣好。
12.我沒有數學天賦。	我知道我有足夠能力去瞭解數學。
13.當我數學做不好時，會令我擔心。	多做一些練習，我知道我能做好數學。
14.假使我去問人家數學問題，大家一定會覺得我很愚蠢。	每一個人都會有不會的地方，問問題並不表示自己愚笨。
15.做錯數學，令我感到侷促不安。	做錯數學題目，不需要感到侷促不安。
16.假使我在數學獲得好成績，人家會笑是書呆子。	假使我在數學方面得到好成績，其他同學都會感到印象深刻。
17.做數學是很浪費時間的。	在日常生活中，數學是很常用的工具。
18.我不需學好數學。	我知道數學對我未來的生涯，非常重要。

表4-3 考試焦慮之正向自我語言

1.面對這些問題不需要緊張。

2.我知道我能應付這個考試。

3.記住！放鬆！慢慢的！小心地做。

4.我覺得我有能力去解答這些問題。

5.做錯了沒有關係，可以從頭再來。

6.不要緊，按時交卷就可以了。

7.今天的精神真好，我一定可以考好。

8.題目要看清楚，一定沒有問題。

9.我已經盡力了，成績好壞並不重要。

10.把握每一段時間，做完後再檢查一遍。

11.考試是在檢討我學會了多少，重要的是「學會它」而不是「得幾分」。

12.這題不會沒關係，先做會的。

13.想一想這個問題要我做什麼？

14.還有時間，不要慌。

15.考試是檢討我自己的學習情形，不必管其他同學的成績如何。

16.雖然題目難了一點，但是我準備很充足，難不倒我。

17.（監考老師）他看他的，我又沒有作弊，不必害怕。

18.成績並不重要，學會才是最重要的。

19.我已經準備很充實，一定可以好好表現一番。

20.只管現在考試，不必擔心其他事務。

21.太棒了，我又做完一題了！

22.我的能力還不錯嘛！

23.做錯了，沒關係，幸好及時發現。

24.還有時間，再檢討一遍。

25.上次考不好，並不代表這次也不好。

26.錯了，沒關係，只要真正學會就好了。

27.現在，我必須從那一部份下手？

28.這次考試，絕對沒有問題，我有信心。

29.想一想，還有什麼方法可以運用。

30.要把握題目上的每個線索。

31.上課時，我很用心，考試一定沒有問題。

32.學習是自己的事，不必在意別人怎麼想。

33.我終於用心的考完了。

34.這次考壞沒關係，下次再認真一點。

35.一步一步來，我一定可以做完它。

36.不要緊！先別緊張！該來的總是會來。

37.這個問題的重點在那裡？

38.緊張是正常的，沒關係，做個深呼吸，放鬆！

39.很好！到目前為止還不錯，繼續做下去。

40.我就知道，我一定可以做得很好。

41.頭腦要冷靜，面對這項挑戰。

42.我要打起精神，面對這項挑戰。

43.這是什麼類型的數學問題？

44.我要很小心的核對。

45.做錯了，並不表示我很笨。

46.考試讓我瞭解，那些部份我還沒學會。

47.心情放鬆！緊張是沒有幫助的。

48.不要神經兮兮，假如其他人能做，我也會做。

49.考試不是一件可怕的事，盡力而為就可以了。

50.我從來沒有不及格記錄。

51.假如能掌握重點，我一定能過關。

52.我要相信自己，不要受其他人所影響。

53.那只不過是一個考試而已，不要緊張兮兮。

54.為什麼我要緊張兮兮，考試之後仍然不會有什麼改變。

55.考試只不過是一項挑戰。

56.不要擔心考試的結果，只要盡自己的最大能力。

57.沒關係，無論考試結果如何，那將不會是最後一次。

58.假如我不知道如何做，其他人也不會知道，不用擔心。

59.不要有任何愚昧的想法，胡思亂想只會浪費時間。

60.不要緊張，做一個深呼吸、放鬆。

61.不要有愚蠢想法，嘗試表現你最好的一面。

62.假如這次失敗了，你仍然有下一次的機會。

63.讓過去的成為過去，最重要的是做好這一次。

64.不要想得太多，專心的讀書。

問題研討

1.艾里斯、貝克、梅晨保對不合理的認知的主張有何相似及不同之處？

2.上述三人在治療過程中所考慮的重點及採取的方式如何？

3.你認為一個人既有的認知結構，藉由教導、駁斥與替代的方式而改變的可能比例有多少？那些是容易改變的？那些又是不容易改變的？

4.認知行為學派的主要貢獻是什麼？認知因素如何影響一個人的情緒和行為？

5.對一名學業不振的學生，試以 RET、RT、SIT 的觀點架構與技術，設計一套學習輔導計畫，並評述其重點與特色。

◆參考書目◆

王明啓（民77）：認知重建與社會技巧訓練團體對於教育學院害羞學生輔導效果之研究。國立臺灣教育學院輔導研究所碩論文（未出版）。

王麗斐、洪若和、張蕊苓、謝明昆、藍瑞霓、許維素譯（民80）：諮商與心理治療的理論與實施。臺北市：心理出版社。

何長珠、何眞譯（民72）：你不快樂——合理情緒治療。臺北市：天馬出版社。

吳麗娟（民78）：認知行爲改變的理論與實際（下）。測驗與輔導，92，1815－1820。

洪榮照（民79）：自我教導訓練對減低國小學生數學焦慮之效果。國立彰化師範大學輔導研究所碩士論文（未出版）。

袁以雯（民71）：國中學生考試焦慮的處理——認知行為矯正法的實例研究。國立臺灣大學心理研究所碩士論文（未出版）。

陳仲庚（民79）：心理治療與諮商。臺北市：五南圖書公司。

張進上、陳麗娟（民79）：輔導——理論與研究。高雄市：復文書局。

廖鳳池（民76）：認知性自我管理團體諮商對師專生情緒適應效果之實驗研究。國立臺灣師範大學輔導研究所碩士論文（未出版）。

廖鳳池（民79）：認知治療與理論。臺北市：天馬出版社。

鄭英耀（民74）：系統減敏感法與認知行為治療法對國中學生的焦慮、自我概念與生活適應的效應研究。國立高雄師範學院教育研究所碩士論文（未出版）。

Beck, A. T.（1976）. *Cognitive therapy and the emotional discorder*. NY：International Universities Press.

Bender, N. N.（1976）. Self－verbalization versus tutor verbalization in modifying impulsivity. *Journal of Educational Psychology, 68*（3）, 347－354.

Burgio, L. D., Whitman, T. L., & Johnson, M. R.（1980）. A self－instructional package for increasing attending behavior in educable mentally retarded children. *Journal of Applied Behavior Analysis, 13,* 443－459.

Cohen, S. L.（1984）. *Classroom self－instruction training*（Doctoral Dissertation, Memphis State University, 1984）. University Microfilms International.

Cohen, R., Meyers, A. W., & Rodick, J. D.（1984）. The effects of cognitive level and training procedures on the generalization of self－instructions. *Cognitive Therapy and Resarch, 8*（2）, 187－200.

Cooley, E. J., & Splegler, M. D.（1980）. Cognitive versus emotional coping responses as alternatives to test anxiety. *Cognitive Therapy and Research, 4*（2）, 159－166.

Copeland, A. P., & Hammel, R.（1981）. Subject variables in

cognitive self—instructional training. *Cognitive Therapy and Research, 8*（6）, 619－629.

Cormier, W. H., & Cormier, L. S.（1985）. *Interviewing strategies for helpers：Fundamental skills and cognitive behavioral interventions.* Belmont：Brooks / Cole Publishing Company.

Corey, G.（1986）. *Theory and practice of counseling and psychotherapy*（3rd ed.）. California：Brooks / Cole publishing Company.

Corsini, M. J.（1984）. *Current psychotherapies.* Illinois： F. E. Peacock. Ins.

Cunningham, J. A.（1984）. A comparison of math achievement between mathematicallyable and regular math students following self—instruction training（Doctoral Dissertation, Oklahoma State University, 1983）. *Dissertation Abstracts International, 45,* 1688A.

Deitch, I. M.（1982）. Cognitive—behavioral treatment of mathematics anxiety in college women（Doctoral Dissertation, Yeshiva University, 1981）. *Dissertation Abstracts International, 42,* 1584A.

Ellis, A.（1977）. The basic clinical of rational—emotive therapy. In A. Ellis, & R. Grieger（eds.）. *Handbook of rational—emotive therapy.* NY：Springer.

Ellis, A.（1979）. Rational—emotive therapy：Research and conceptual support. In A. Ellis, & J. M. Whitely（eds.）.

Theoretical and empirical foundations of rational−emotive therapy. Monterey：Books Cole Publishing Company.

Ginger, W.（1981）. *Self-instructional training in teaching arithmetic to child*（Doctoral Dissertation, Hofstra University, 1981）. University Microfilms International.

Fish, M. C., & Mendola, L. R.（1986）. The effect of self−instruction training on homework completion in an elementray special education class. *School Psychology Review, 15*（2）, 268 − 276.

Genshaft, J. L., & Hirt, L.（1980）. The effectiveness of self−instructional training to enhance math achievement in women. *Cognitive Therapy and Research, 4*（1）, 91 − 97.

Gumaer, J., & Headspeth, T.（1985）. self−instructional training with an adolescent schizophrenic. *The School Counselor*, 371 − 380.

Hayes, B. J., & Marshall, W. L.（1984）. Generalization of treatment effects in training public speakers. *Behavior Research Therapy, 22*（5）, 519 − 533.

Hoover, V. L.（1986）. The effect of verbal self−instruction training on the cognitive styles of impulsive elementary school students（Doctoral Dissertation, Oklahoma State University, 1985）. *Dissertation Abstracts International, 47,* 836A.

Johnston, M. B.（1983）. *Self−instruction and children's math problem sloving：As tudy of training, maintenance and generalization* (Doctoral Dissertation, University of Notre Dame, 1981). University Microfilms International.

Kendall, P. C., & Finch, Jr. A. J. (1978). A cognitive—behavioral treatment for impulsivity : A group comparison syudy. *Journal of Consulting and Clinical Psychology, 46* (1), 110 – 118.

Kendall, P. C., & Zupan, B. A. (1981). Individual versus group application of for cognitive—behavioral self—control procedures with children. *Behavior Therapy, 12,* 344 – 359.

Mahoney, M. J., & Arnkoff, D. B. (1978). Cognitive and self –control therapies. In S. Garfield., & A. E. Bergin (eds.). *Handbook of psychotherapy and behavior change :* *An empirical analysis* (2nd ed.). NY : Wiley.

Meichenbaum, D. H. (1972). Cognitive modification of test anxious college students. *Journal of Consulting and Clinical Psychology, 39* (3), 370 – 380.

Meichenbaum, D. H. (1975). Enhancing creativity by modifying what subjects say to themselves. *American Educational Research Journal, 12* (2), 129 – 145.

Meichenbaum, D. H. (1977). *Cognitive behavior modification.* NY : Plenum Press.

Meichenbaum, D. H. (1985a). Cognitive—behavioral therapies. In S. J. Lynn, & J. P. Garske (eds.). *Contemporary psychotherapies :* *Model and methods* (pp. 261 – 286). Columbus : Bell & Hoerll Company.

Meichenbaum, D. H.（1985b）. Self—instructional training. In A. S. Bellack, & M. Hersen（eds.）. *Dictionary of behavior therapy technigue*（pp. 195 – 197）. NY：Pergamon Press.

Meichenbaum, D. H.（1986）. Cognitive—behavior modification. In F. H. Kanfer, & A. P. Goldstein（eds.）. *Helping people change：A textbook of methods*（pp. 346 – 380）. NY：Pergamon Press.

Meichenbau, D. H., & Asarnow J.（1979）. Cognitive—behavior modification and metacognitive development：Implications for the classroom. In P. C. Kendall, & S. D. Hollon（eds.）. *Cognitive—behavioral interventions, theory, research and procedures*（pp. 11 – 35）. NY：Academic Press.

Meichenbaum, D. H., & Cameron, R.（1973）. Training schizopherenices to talk to themselves：A Means of developing attentional controls. *Behavior Therapy, 4,* 515 – 534.

Meichenbaum, D. H., Gilmore, J., & Fedoravicius, A.（1976）. A group insight versus group desensitization in treating speech anxiety. *Journal of Consulting and Clinical Psychology, 36,* 339 – 346.

Meichenbaum, D. H., & Goodman, J.（1969）. The developmental control of operate motor responding by verbal operants. *Journal of Experimental Child Psychology, 7,* 553 – 565.

Meichenbaum, D. H., & Goodman, J. (1971). Training impulsive children to talk to themselves : A means of developing self—control. *Journal of Abnormal Psychology, 77*(2), 115 – 126.

Nelson, Jr., & Birkimer, J. C. (1978). Role of self—instruction and self—reinforcement in the modification of impulsivity. *Journal of Consulting and Clinical Psychology, 46*(*1*), 183.

Parke, B. N. (1980). Effect of self—instructional materials on the mathematical achievement of high achieving elementary students (Doctoral Dissertation, the Ohio State University, 1980). *Dissertation Abstracts International, 41,* 1377A.

Parrish, J. M., & Erickson, M. T. (1981). A comparison of cognitive strategies in modifying the cognitive style of impulsive third—grade children. *Cognitive Therapy and Research, 5*(1), 71 – 84.

Patterson, C. E. (1982). *A comparison of treatments for the reduction of math anxiety among eighth grade girls* (Doctoral Dissertation, the Ohio State University, 1984). University Microfilms International.

Schleser, K., Cohen, R., Meyers, A. W., & Rodick, J. D. (1984). The effects of cognitive level and training procedures on the generalization of self—instructions. *Cognitive Therapy and Research, 8*(2), 187 – 200.

Stone, G. L. (1980). *A cognitive—behavioral approach to*

counseling psychology：Implications for practice, research, and training. NY：Praeger.

Swanson, H. L.（1985）. Effects of cognitive－behavioral training on emotionally disturbed children's academic performance. *Cognitive Therapy and Research, 9*（2）, 201－216.

Thackwray, D., Meyers, A., Schleser, R., & Cohen, R.（1985）. Achieving generalization with general versus specific self－instructions：Effects on academically deficient children. *Cogitive Therapy and Research, 9*（3）, 297－308.

Whitman, J., & Johnston, M. B.（1983）. Teaching addition and subtraction with regrouping to educable mentally retarded children：A group self－instructional training program. *Behavior Therapy, 14,* 127－143.

Yates, B. T.（1985）. *Self－management：The science and art of helping yourself.* Belmont, California：Wadsworth Publishing.

應

用

篇

第 *5* 章

學習動機的輔導

重要概念介紹

1.原始動機（primary motives）
指因生理需求而產生的行為動機。原始動機是不必經過學習的，如飢餓、渴、性等均是。與之相對則為學得動機（learned motives）或衍生動機（secondary motives）。

2.潛意識的動機（unconscious motivation）
心理分析論者之重要概念。指個體無法了解（或不自知）其行為產生的原因為何，卻一直受此潛在動因的影響。

3.需求層次（need hierarchy）
人本心理學家馬斯洛（Maslow）將人類的需求由低而高分成七個層次，藉以說明人類的動機是由低層而高逐漸發展到高層次。

4.期望─價值論
認為人類行為的動機決定於自己對達到目標的期望及該目標對他的價值。

5.驅力論（drive theory）
認為人類行為的動機，主要來自於個人為了滿足需求，減輕不愉快的刺激，經由增強作用的學習，以及目的物誘因的影響，交互作用之後而形成的。

　　學生在學校的學習與表現除了受到課程、教材、師生關係與
教學環境等因素的影響之外，與學生本身有關的因素如人格或動
機等等亦非常重要。簡言之，學生的學習若要有效，就個人因素
而言，有幾個條件需要注意的：(1)學生是否有適當的學習動機與
穩定的學習情緒；(2)學生是否有智力上的障礙；(3)學生是否有正
確的學習方法與讀書習慣；(4)學生過去的經驗與現存的經驗如
何；(5)學生的認知風格如何。這些相當多的非智力因素中，動機
被認為是一個相當重要的變項，且在國內一般教師咸認為學業不
振的重要原因是動機因素的情況之下，本章將從學習動機的定義
與概念、動機的有關理論，以及激發學生學習動機的策略等方面
加以探討：

第一節

學習動機的定義與概念

　　動機是一種隱藏在個體內部的力量或對目標的迎拒力，它雖
然只是決定行為的假設過程（hypothetical processes）之一，但
因它能引起個體的緊張狀態，並促使盡力完成某種任務及承擔其
責任　所以在學習活動中常為學習者所重視。當我們觀察自己以
及週遭的人們時，會發現我們的行為呈現一些類型，這就是說，
有某些需要會趨使推動我們，也有一些目標在吸引我們；因之，
在這些需要的推動和目標的吸引之下，我們就會採取某些行動。
我們這種被需要趨使以及被目標吸引的行為模式就是動機（Ark

off, 1968)。依照 Arkoff (1968) 的說法,動機是一種推動需要,達到目標的行為模式。每一個動機都包括一連串的需要、行為及目標。需要促使我們行動,行動受需要促使而朝向目標邁進,目標也就是行動的終點 (王鍾和等,民71)。至於動機從何而來呢?它可能是本能所產生,也可能是由理智的決定所策動,或者是以上二者的混合,因此談到動機,它的元素一部分是本能的,另一部分是屬於理性的 (李咏吟,民73)。

有關動機的分類,心理學家們有時將之分類為生理性動機 (如飢、渴、性等) 與社會性動機 (如求名求利) 兩大類;有的將動機分為原始動機 (primary motives) 與學得動機 (learned motives) 兩大類;也有將動機分為內在的動機 (intrinsic motives) 與外爍的動機 (extrinsic motives) 兩類 (張春興、林清山,民74)。而 Cronbach 和 Snow (1977),則以學習的觀點將動機分為防衛動機 (defense motivation) 和建構動機 (constructive motiovation),前者指的是學習者焦慮水準,通常由學習者對威脅的敏感度上反映出來。後者則指的是學習者追求成功的願望,通常由學習者對學業的反應中可以反映出來。動機因素在學習活動中的重要性固然是學習者所共見,惟動機因素的內涵牽涉廣涉,為求實際研究、評量之具體可行起見,大都以成就動機與焦慮動機作為學習動機研究的主題。

成就動機理論的發展雖是晚近的事,但成就動機的概念在早期心理學研究中,便以不同名稱出現,如「完成任務的需要」、「成就需求」、「成功與失敗」、「抱負水準」等均是。然而直到 McClelland 等人 (1953) 才建立起系統的測量方法 (林清山,民79)。自從 H. A. Murray 確定成就的概念以來,成就動

機被視為僅次於智力的一項影響學業成就變異的主要因素。就其定義而言，成就動機指的是學生希望成功的程度，在學校的環境與體系下，成就動機可視之為一種人格特性，但也可視之為一種詮釋其能力的歷程。一個有高成就動機的人是傾向於選擇能導致成功的工作，會持續不斷地為長期成功的目標而努力，且是專注於有良好表現和認為自己是有能力的人。與「害怕導向」的高焦慮者相反，高成就動機或需求的人是「希望導向」的（林清山，民79）。就動機的形成而言，成就動機是學習而來的，常有社會的意義，並且常因文化型態的不同而有差異。艾肯遜（Atkison, 1964）則認為成就動機是決定個人抱負水準、努力程度與毅力表現的重要因素，也是追求成功的傾向；它包含有個人的成就需求，對成功的預期，誘因的吸引力等三大變項。一般而言，成就動機高者，學習驅力強，抱負水準高，反應較快，對於與成就有關的活動，特別有興趣。因此，在學業上比較努力，大多反應出較高的成就。由上可知，動機在學習效果上扮演著相當重要的角色，其主要的功能大致可歸納如下幾點（李咏吟，民73）：(1)動機使學習者產生一種動力作用；(2)動機常能使人有目標或方向；(3)動機是有選擇性的；(4)動機使得學習者行為變得有組織。既然動機如此的重要，教師在教學時除應儘量減少造成學習效果不佳的影響因素之外，更應特別注意學生的身心狀況，身心的限制，情緒狀態，家庭背景，同儕間的關係等，設計出以學生為主體的教學，並擬訂激發學生學習動機的有效輔導策略。

第二節
有關的動機理論

　　過去一般心理學或教育心理學的教科書在探討動機理論時，其或多或少都會介紹到心理分析論、人本論、驅力論、成就動機論、認知論，或者是社會學習論、自我效能論、歸因論的動機理論。因為心理學上的動機理論太多，且過複雜，本節僅介紹與教學或學習行為有關的動機理論，並統整歸納為心理分析論、人本論、認知論及行為論：

一、心理分析論的動機理論

　　在過去的教科書裡較少介紹心理分析學派的動機理論，我們之所以於此一併介紹，主要是因為在心理學界它的影響所及幾乎占了整個大半世紀，而它的一些重要概念於今也一直占有重要的地位。由於該理論是個較複雜的理論，本節僅簡單地介紹一些重要主張。

　　心理分析理論源自於佛洛依德（S. Freud），雖然心理分析理論不斷在修正，但佛氏所建立的理論則一直對心理學的發展有所貢獻，且居重要的影響地位。心理分析理論提出兩個重要概念，其一強調早年兒童時期的經驗是個人人格的重要決定因素，

且此經驗將影響一個人一生的人格發展。另一個重要概念是潛意識的動機（ unconscious motivation ）。一般而言，如果個體不知道為何會有異於常態的行為表現，甚而有時無法真正了解其行為的真實動機或潛在的動機為何，像這種情形就被解釋為壓抑（ repression ）。壓抑是一種心理活動，是動機或思想有意逃避處理意識層面的問題而轉入潛意識的一種過程。早期的兒童經驗和潛意識動機是有關係的，而二者的關係被視為是因本能性的驅力（ instinctive drives ）所造成的。性和攻擊在佛氏的早期理論中是極為重要的驅力。根據該理論早期的看法，認為大部分的行為是受前述二者驅力所引發的，所以父母親或其他人會在兒童的早年時期，儘量防止他們自由的表現那些受制於性與攻擊驅力的行為，經由這樣禁止的結果，兒童雖然壓抑了他們的驅力，但在往後的日子裡，其潛意識中仍然保留這種驅力。由於受制於壓抑和潛意識動機的行為，是以一種偽裝的姿態出現，其對個人或社會有時就難免具有破壞性。所以小孩或成人一些非理性的行為可解釋為潛意識動機所造成的，而通常這也是為人們所不易察覺的。本理論有關促進學習動機的策略原則，有如下三點可供參考：

1. 提高學習動機之前，應先解決潛意識的心理情節。
2. 將攻擊需求視為一種能量發洩，並引導到更具積極性的運動、舞蹈或學業之爭上面。
3. 攻擊可能是挫折或某種心理需求未滿足的反向表現，教師應減少學生挫折感，並儘可能滿足學生心理需求。

二、人本論的動機理論

以羅吉斯（C. Rogers）和馬斯洛（A. H. Maslow）爲主的人本論，相信人是具有自我實現的潛能。人有自由意志及選擇自我決定的權利。每個人都有具有使自己更爲成長的動力。因此人本論將動機解釋爲一種需求，視爲追求需求滿足或創造需求滿足機會的動力。有關動機的理論很多，馬斯洛同意人類行爲的產生源於對心理需求的滿足，但反對所有的人類動機均可以Skinner或Hull增強和消弱的觀點來解釋。他認爲人類所有的行爲均係由需求所引起，需求又有高低層次之分。馬斯洛的需求層次論包括三個基本概念：(1)他所指的動機是內發性動機，是人類身心發展的內在力量。這也是一般人本心理學家（包括羅吉斯……）所認爲的，人都有自由發展與自我實現的潛能，而此成長與實現的需求也是人類最重要的動機；(2)人類各種需求、動機之間是有組織，有層次的關係，而此層次的關係是一種循序漸近的序列，而非突然跳躍的。當較低層次需求獲得滿足後，較高層次需求即隨之而生（馬斯洛的需求層次依序爲生理、安全、愛與隸屬、尊重、自我實現、知識和理解、審美等七種主要需求）；(3)各需求層次之間關係的變化，受個體生長的社會環境與生物主觀遺傳因素的影響。人類的基本需求中，愈是居於低層次者，其普遍性愈大；需求層次愈高者，其個別差異愈大，愈需要較好的社會環境配合。七個需求層次中，生理、安全、愛與隸屬、自我尊重等需求，是屬於低層次需求或稱匱乏需求（deficiency needs，

簡稱 D 需求）。而自我實現、知識及審美的需求是屬於高層次需求或稱存在需求（being needs，簡稱 B 需求）。在馬斯洛的動機理論中 D 需求亦即匱乏動機，B 需求亦即成長動機（growth motivation）。由於 D 需求之滿足能使個體解除緊張，避免致病，並維持均衡狀態，而 B 需求則是個體的快樂泉源，當 B 需求滿足時，會長久刺激引導個體追求更進一步的實現。馬斯洛的動機理論給教師教學上所帶來的啟示，即是教師首先應儘一切可能幫助學生解決 D 需求的滿足，也只有這樣學生才能安於學習或考慮更高層次的追求。依據前述的理論，有關促進學習動機的策略原則，有如下四點可供參考：

1. 先提供安全、信任、接納與隸屬感的教學環境，然後引導、鼓勵學生較高層次的需求與學習。
2. 教材應注意趣味性及由簡入繁原則，教學之前應了解學生的學習背景、學習經驗與起點行為，應儘量避免產生恐懼與挫折感。
3. 過度強調同儕之間學業成績的競爭，將無法滿足其社會性的需求，並有可能產生挫敗感，教師應該儘量避免。
4. 多讚賞學生的優點，並給予成功的經驗，以提高其自尊。

三、認知論的動機理論

儘管在實際效果上，我們同意增強是塑造學生行為很好的方式，但尚有其他可供解釋動機的理論。認知理論學家比起行為論者更注意個體的中介歷程，包括目標、注意、期望、個體的計

畫，以及對客觀事物的詮釋；換言之，我們所想的、所信的，以
及所期望的會影響我們的行爲，而不是本能的驅力或刺激的聯
結。而其他重要的觀點，如 Hunt 認爲人類能理性地並有意識地
決定他想要做的或不想做的，這樣一個理性的活動即提供本能性
動機的一個基礎。換言之，個體具有活動性，而其行爲是經由對
感官知覺和信息接收過程的互動而引導的。在認知理論中另外有
些不同的看法：如 Rotter（1954）從社會學習理論發展而來的期
望論或稱「期望—價值」論，即強調期望能激勵行爲的重要性。
他認爲一個人想要去做某一件事的機率，是要靠他自己對達到目
標的期望及目標對他的價值而定。他認爲行爲的發生受個人主觀
的期望及價值的影響；像內外控取向的信念，即說明行爲的結果
是受到自己的控制（內控取向）或受到強而有力的外界事件的影
響（外控取向）（吳靜吉等，民78）。而行爲結果的歸因，也同
樣會影響個人對未來行爲成功的預期，目標水準的設定，以及嘗
試的動機；這即是 Weiner（1972）從認知論的取向，以歸因歷
程探討人類成就行爲的歸因動機論。

　　至於邁克里蘭（D. C. McClelland）的成就動機論，則認爲
人有追求成就的需求，此需求或動機的差異，正足以說明其成就
大小與抱負水準的高低。Atkinson 的成就動機論則強調環境因
素的重要性，認爲個人的成就動機傾向受到其成就需求、對成功
的預期、外在誘因的吸引力等綜合的影響，而艾氏更將動機分成
追求成功的動機（表現趨向目標的行動）與避免失敗的動機（設
法逃避工作環境，以避免預期的失敗），認爲個人的行爲受到兩
者動機之間相互制衡消長所支配，這在認知論的領域裡卻極富教
育上的價值。本理論有關促進學習動機的策略原則，有如下五點

可供參考：

1. 提供設定明顯具體的目標，並儘可能偏向具有未來導向的目標。

2. 設定具有挑戰性的目標，忌目標過於容易或模糊，如：「儘你所能」。

3. 提高學生自我管理或自我控制的能力（如培養學生負責任地控制學習情境與生活的事件）。

4. 幫助學生訂定合理而又可達到的抱負水準，以免遭受過多失敗的經驗而影響學生的動機。

5. 教導學生有關成就動機的思考與行動策略，以改變學生的認知。

四、行為論的動機理論

行為論對動機的觀點，強調外在的行為，並且注重行為的增強方式，認為大多數學習者的動機不高，是由於學習情境的安排不當或是增強方式不妥所致。這一派的學者認為，人類的動機是學習而來的，其學習歷程是依照「需求→驅力→行為」的模式，而需求大都是生理上失去平衡後才產生的；生理上的需求引發驅力，因驅力而產生的行為，如果能減低因驅力而產生的緊張，則增強此種行為與驅力（或動機）之間的聯結。像 Hull 的驅力論即認為，人類行為的動機，主要來自個人為了滿足需求（內在驅力）減輕不愉快的刺激，再經由增強作用的學習（外在增強），以及受目的物誘因價值的影響，而交互作用形成的。這一派的觀

點視增強物爲重要的法寶，因此特別強調儘量利用增強原理來促進學習。本理論有關促進學習動機的策略原則，有如下四點可供參考：

1.每當學生表現適切且較佳的行爲時，教師都應給予增強。

2.在每次的學習行爲表現之後，教師應及時予以增強或獎賞。

3.增強物的選擇須是學生所急於獲得的。例如：「如果你先做完作業，就可以看電視」，「如果這次成績考好了，允許你們一週不穿制服到校」。

4.提供學生可資模仿的對像，教師或學生家長亦可以身作則，做爲學生學習上的示範。

綜上所述可知，不論以那種動機理論爲基礎，教師都有展現不同學習動機策略的無限寬廣空間。而不同動機理論運用在學習輔導上，應該可以歸結爲三點共通的基本假設（Keller, 1996）：⑴動機只是一種手段而非最終目標；⑵動機可視爲一種有系統的過程（systematic process）；⑶學生學習動機的產生涉及到教師的領導能力，以及對課程教學所持有的責任感。

第三節
激發學習動機的策略與原則

學生學習上的困難或學業成績表現不佳，除與個人的天賦資質、心智發展、情緒狀態、教材難易度、學習環境，以及教師的教學方式有關之外，學生本身學習策略也是一個相當重要的影響

因素。爲提昇學生的學業成就，減少問題行爲的發生，國內外均有許多教育心理學家或特殊教育專家，從事有關學習策略教學的研究（Short & Weissberg－Benchell, 1989；李咏吟，民78；邱上眞，民79；張新仁，民78），而 Short 和 Weissberg－Benchell（1989）即指出有效學習策略教學的內涵應包括認知策略（cognition skill）、後設學習策略（metacognition skill）及動機策略（motivation skill）。至於應如何有效引起學生的學習動機，以下分別摘要一些國內外學者所提激發學習動機的策略與原則供參考：

一、Keller

J. M. Keller 於一九八七年即提出以 ARCS 模式爲理論基礎的動機教學設計，以激發學生的學習動機（Keller, 1996）。凱氏的ARCS模式係指以激勵學習動機有關的注意力（Attention）、關聯性（Relevance）、信心（Confidence）、滿足（Satisfaction）等四個重要變項爲其學習策略教學的基礎。而以該模式爲基礎的動機性學習策略，則應注意如下幾項重要原則：

1. 教師應培養幽默感及使用幽默策略，讓學生有不同成就的學習感受。
2. 可安排一些讓學生出其不意的教學活動，使學生有意外的驚奇，而引起注意。
3. 教學活動的內容與設計應該考慮配合學生的興趣，與其舊有的經驗相聯結，且是與個人及未來有關聯性的。

4.學習活動與環境的安排，應儘量讓學生有成功的機會，增強
　其信心，並對成功有所期望。
5.善用獎賞並適時提供增強物（或象徵性的增強物），以滿足
　學生的內在需求。

二、Kim 和 Kelleugh

　　E. C. Kim 和 R. D. Kelleugh（1991）提出多項激勵學生學習動
機的重要原則：
1.教師應避免以「壓低分數」或其它威脅方式來督促學生用
　功。
2.協助學生訂定切合實際，符合能力範圍，且具挑戰性的目
　標。
3.讓學生清楚了解課堂教學活動或作業的目標。
4.隨著學生學習或進步的狀況，給予適當的教材份量。
5.視學生的學習經驗、能力、態度，適當改變教學或活動的方
　式。
6.以熟悉的生活事例輔助所要呈現的主題，不要只教定義、原
　則、理論或規則。
7.充分使用能引起學生學習興趣且與教學上題有關的視聽媒
　體。
8.試著將整個教學活動錄影下來。
9.教學活動過程中可使用一些賦有教育意義的遊戲。
10.可試著以角色扮演的方式提昇學生對所學事物的現實感。

11.對特殊的主題或爭論的問題可讓學生自行設計模擬的遊戲。

12.在教學中儘量多採用小團體的討論方式。

13.藉由個別談話了解學生的問題與興趣。

14.有時可藉由外在策略（如考試）來激發學生的學習動機，但切忌以此做為懲罰的手段。

15.讓學生有機會將週末假日所經驗到有趣的事情於課堂上分享。

16.讓學生隨時保持對自學習己進步情形的了解。

17.給予學生適時而具體的學習結果之回饋。

18.批改學生的作業或報告時，與其僅打個分數不如寫些自己的看法。

19.對遭受學習挫折的學生給予鼓勵，助從中獲取經驗。

20.可從教材教法的改進上提高學生內在動機。

21.善用賞罰與腦力激盪術。

22.切記學生有被老師、家長、同儕了解的需求。

23.善用你的口言表達與同理心，使學生感受到關懷與進步的可能。例如：

　⑴讓我們試試看。

　⑵我相信你能處理這個問題，如有任何需要協助的，你知道什麼地方可以找到我。

　⑶我們喜歡你，但並不喜歡你所做的。

　⑷雖然我能瞭解你的感受，但我確信你能處理得很好。

三、Haywood

H. C. Haywood（1988）在從事一、二十年的教學與研究之後，提出六項培養學生內在性動機的方法：

1. 教師應以身作則，表現強烈的學習動機。
2. 協助學生將成功歸因於自己的能力，而將失敗歸因於努力的因素。
3. 教師應儘量給學生成功的機會，而讓學生能夠期望成功。
4. 儘可能提供學生具有激勵性的學習環境。
5. 儘量避免給予外在性獎賞，而多採用內在性獎賞。
6. 多提供具有挑戰性且難易適中的學習教材。

四、邱上眞

邱上眞（民79）在探討歸因理論對學習者的影響之後，歸納多位國外學者的意見，提供五項發展適當學習動機的策略：

1. 多以失敗而後成功的實例，協助學生面對挫折。
2. 讓學生明瞭導致失敗的原因之一是由於努力的不夠，而努力是意志力可以控制的。
3. 學生若是眞的很努力學習，教師應給予適當的回饋；而工作至一半時回饋效果最好。
4. 多稱贊學生的能力與努力。

5.多鼓勵學生運用策略性歸因，例如失敗是由於讀書方法的不適當，使學生在遭遇失敗時，能積極地去尋找有效的策略來解決問題。

五、Brophy

Brophy（1987）曾回顧近十年來有關學習動機方面的研究，歸納了五個方向，三十三個能引發學生學習動機的策略：

㈠先前條件

1.提供支持性的學習環境。

2.提供難易適中而有挑戰性的教材。

3.提供有意義的學習目標。

4.適度運用提高動機的策略。

㈡維持學生對成功的期望

1.給予成功的機會與經驗。

2.協助學生設定目標、肯定自己的表現與自我增強。

3.引導學生將成功視爲努力的結果。

4.提供良好的師生及同儕互動關係。

㈢提供外在性誘因

1.表現良好時給予獎賞。

2.建構適度的競爭氣氛。

　3.讓學生注意學業的價值。

㈣激發內在性動機

　1.教學時配合學生的興趣。

　2.提供具有新奇、創意性的教材。

　3.給予學生自由選擇及作決定的機會。

　4.提供學生有主動反應的機會。

　5.提供學生立即的回饋。

　6.允許學生自由創作以完成其作品。

　7.提供幻想及模擬的機會或學習情境。

　8.提供遊戲化的學習活動。

　9.提供高層次及擴散性思考的問題。

　10.提供同儕互動的機會。

㈤刺激學生有學習的動機

　1.教學時經常誘發學生的學習動機。

　2.教師以身作則，表現強烈的學習動機。

　3.教師應讓學生瞭解其對學生的期望。

　4.儘可能減少學生的焦慮。

　5.運用有效的教學策略，提高教學效率。

　6.教師教學認真。

　7.作業有趣味且有價值。

　8.學習活動應具有懸疑性並能引發學生好奇心。

　9.引發學生認知失調，因而產生學習動機。

　10.使抽象教材予以個人化、具體化及熟悉化。

11.引發學生產生自發性學習動機。

12.陳述明確的學習目標並且提供有效的前置組織因子。

13.示範與作業有關的思考與解題模式，以供學生模仿學習。

　　從提高學習動機的原則與種種策略中得知，學習的成效有賴於教學者與學習者雙方共同的努力。不論教師示範高度的學習動機，佈置具有激發性的學習環境與氣氛，教材的選擇，教法的應用，增強的方式，或者是師生的互動與關係，均會影響學生學習的意願與成效。而學生的自信心、自控能力、歸因方式，或者是成就需求，亦直接影響其學習動機的強度（郭靜芝，民79）。然而為有效使用前述這些基本原則與策略，對於其背後有關的動機理論，則有進一步認識的必要。

第四節
學習動機的輔導方案

　　有關學習動機的輔導方案，在過去相關的研究中曾指出，學習技巧訓練（study skilling training）、支持性策略（如團體諮商）、成就動機訓練課程，以及動機技巧訓練課程（motivational skills training program），均有助於激發學生的學習動機。本章因限於篇幅的關係，僅擇一二予以介紹：

一、成就動機訓練課程

㈠邁克里蘭的成就動機訓練課程

　　邁克里蘭的成就動機訓練，主要在教導參與者如何學習高成就者的思想、言談及行動方式，並對未來的生活仔細檢討、計劃。典型的成就動機研習歷時五至十天，有二十多個活動單元，其訓練模式係依循下列方式進行（引自韋雪琴，民76，17－19頁）：

1.教導參與者了解並練習高成就動機者的行為

　　用意義不明的主題統覺測驗（TAT）圖片，放在銀幕上，請受試者根據答案紙上的四個提示，憑自己的想像編寫有關圖片的故事，然後藉著計分的過程，學習成就動機得分高的人之想法，並透過許多特殊設計的活動，如投環、擲鏢等遊戲，練習高成就動機者的行動策略。

2.運用個別及團體諮商的技巧

　　使參與者反省自己是個怎樣的人，討論個人的動機與抱負，進而決定「成就動機」在個人未來生活中的角色與作用。

3.教導參與者建立未來的目標

　　藉訓練過程教導參與者建立合乎實際、具體而有時限的目標，以及評量進步的方法，俾使訓練結束後，繼續努力並且具體地檢驗實踐的內容。

4.培養團體情感

以便訓練之後個人的努力與改變仍可獲得支持。課程的領導者可以採用非指導式、溫暖、接納的態度，透過各種活動，鼓勵參與者改變態度。

㈡R. deCharms 的動機訓練（引韋雪琴，民76，36－39頁）

1.一般原則

deCharms（1969）的動機訓練課程，目的在培養學生的主動積極感，學習為自己負責，體驗個人因果信念，成為支配命運的主宰。其訓練原則有如下四點：

　　⑴教師的行為就是學生的示範；由自身做起，並鼓勵學生自動積極。

　　⑵訓練活動融入日常教學或每日課餘時間實施。

　　⑶自國小六年級到國中二年級止，長期且持續地實施各項訓練活動。

　　⑷訓練內容除增進成就動機外，尚有自我概念、建立目標，以及自動自發行為等相關活動。

2.訓練課程內容

　　⑴活動一：認識自己

目的：使學生深入了解自己，發掘問題，體會這種活動對自己的好處。

方式：每週利用一節課討論一個有關「自我」的主題。可將心得記載於個人的筆記簿內。同時，活動開始前個人自備一幅自畫像，分割為十片，每週貼起一片，待十次活動結束，完成拼圖，象徵完全了解自我。

效果：師生均感興趣且有助於彼此的了解。

　　(2)活動二：故事寫作

目的：用兒童的表達的方式，引導他們認識成就思想及自動積極
　　　的行爲。

方式：每週提供一個寫作提示，鼓勵學生自報紙、雜誌中蒐集資
　　　料寫作一篇故事。隔數週舉辦短文比賽，推選內容最具成
　　　就思想的作品，公開並予以獎勵。此項活動共進行十週。

效果：多數班級認爲缺少變化，實施六、七週便停止。

　　(3)活動三：拼字遊戲

目的：運用學科教學活動，使學生學習如何建立實際的目標，體
　　　會成功的經驗。

方式：每週一由教師舉行與本週教材有關的拼字測驗。評閱完
　　　畢，依據個人拼字能力與結果，進行分組拼字競賽。拼字
　　　題目由學生自選，如果能正確拼出一個週一考試已經會了
　　　的字（對個人而言是容易的字），可以得一分；如果能正
　　　確拼出考試時錯了的字（困難的字），可以得二分；如果
　　　能拼出尚未教過的字，可以得三分若拼錯一律不給分，各
　　　組累積分數最高者獲勝。此項活動共進行一學期。

效果：學生由爭取得分的過程中，學會得分機會高的目標（不太
　　　難，也不太容易），體驗如何建立實際的目標，獲得成
　　　功。不但遊戲有趣，而且促進學科教學的效果。

　　(4)活動四：填寫自動自發手冊

目的：統整主動積極與被動消極觀念，並協助學生努力養成自動
　　　自發的行爲。

方式：每位學生獲得手冊一本，專門記錄個人每天的行爲，內容

不必公開，但每天由教師撥出二十分鐘督導學生填寫。全
書四十頁，共二十五單元，每日填寫一個，五週完成。手
冊的主要內容有：生活目標、積極型行爲、消極型行爲、
評鑑方法等等。

效果：部分活動十分有意義，學生在活動中培養了恆心與實踐目
標的毅力，部分教師認爲效果良好。

　(5)活動五：人際察覺訓練

目的：使學生更能了解他人與自己、更成熟，以及更社會化。

方式：以 J. Loevinger 的自我發展量表（measure of ego deve-
lopment）中六個未完成的句子爲主題，採用六種團體輔
導技術，分享經驗與感受。此項活動共進行六週。

效果：因爲要考慮實驗效果的干擾因素，各班進行活動時，每週
討論一個不同的主題，但固定使用一種輔導技術，形成拉
丁方格設計，結果因缺少變化，沒有吸引力，參與感大
減。

　(6)活動六：寫作活動（國中二年級學生用）

目的：協助學生養成自動積極行爲，建立目標，並妥善計劃以達
成目標。

方式：以主動、樂觀、自信、接受挑戰等行爲特質爲主題。教師
先講授有關理論，學生再寫作文，然後舉行團體討論。此
項活動每週一次，共進行六次。

效果：本活動的內容完全依據研究的重要評量工具（Origin－
Pawn　Manual）之理論架構而設計，故對於教導自動積
極概念，極有效果。

二、動機技巧訓練課程

㈠B. L. McCombs的動機技巧訓練課程

有關激勵學習動機的策略，邁克蒙斯（McCombs, 1988）曾發展出一個激勵學習動機的整合模式。該模式係以後設認知、認知和情感系統爲其主要架構，然後配合個人控制、結果預期及歸因的判斷。其主要的輔導策略則可分爲情感系統的輔導策略與認知系統的輔導策略（王萬清，民78）。在此之前，McCombs（1983）、McCombs和Dobrovolny（1982）即設計了一套動機技巧訓練的訓練課程，其內容與架構主要是以空軍的受訓者，在四個技巧訓練課程上有動機、情感、認知等三方面技巧的欠缺，而做質與量的深入分析之後才發展出來的。經由前述三個層面分析的結果，McCombs發展出下列七個技巧訓練的模組（modules），以便在一般性的問題解決架構之下敎導動機技巧：

1.引導性模組

其目的在介紹個人的責任和正向的自我控制之概念；澄清二者概念在產生能力的正向感受上所扮演的角色；介紹控制負向態度的基本技術（如使用積極的自我陳述和想像）；解釋該技巧訓練模式的目的。

2.價值澄清模組

其目的在協助學生探索價值系統中，價值與信念對於個人的重要性；強調學生在探索其價值系統時所應負的責任，以及協助

其探討與解決其價值、信念中的衝突。

3.生涯發展模組

該模組建立在學生所獲得的自我知識上。而其目的則在協助學生獲得必要的決策技巧，藉以探索他們的職業興趣，以及生涯目標與計畫。

4.目標設定模組

學習目標設定的過程，首先是描述目標設定的目的，再描述系統思考和建立個人目標的一般模式。然後從幫助學生練習設定特殊的長期目標與短期目標中，以激勵其學習動機和行為。

5.壓力處理模組

其目的在協助學生處理負向的自我對話、錯誤信念所造成的壓力，並介紹許多處理壓力的一般策略。

6.有效的溝通模組

其目的在提供辨認個人溝通型式、有效的溝通感覺與需求，以及處理壓力的人際情境等的技巧與策略。

7.問題解決模組

其目的在提供學生一個系統化的問題解決方法，以便能運用在問題解決上。

以上的課程訓練，其實施方式係透過對教導者的加強訓練，再由教導者幫助學生學習並保有這些策略。每位教導者訓練十至十五位學生，各組以小團體討論方式進行，每天訓練五小時，共實施五天。

(二)王萬清的動機技巧訓練課程——價值澄清模組活動設計

有關成就動機訓練課程或動機技巧訓練課程，在國內亦有一些研究者，如韋雪琴（民76）、王萬清（民78）、孫中瑜（民79）等，依據或參酌前述訓練課程模式，另外設計出適合國內國中或國小學生使用之輔導方案，均值得參考。如王萬清（民78）即根據邁克蒙斯所發展的七個技巧訓練的模組，選擇適合融入國小各科教學的價值澄清模組、生涯發展模組、有效的溝通模組，以及問題解決模組等四部分，另外設計能融入各科教學的活動。於此僅就價值澄清模組的活動設計介紹如下（引自王萬清，民78，15－16頁）：

1.突破難關

我決定突破難關，你呢？

你勇敢嗎？你不怕艱難嗎？你做事能勇往直前嗎？倘若不能，那麼使你覺的自己不勇敢的原因是甚麼？

(1) _____

(2) _____

(3) _____

(4) _____

(5) _____

(6) _____

(7) _____

那一項原因比較容易克服，使你覺得「比從前更勇敢」？現在，讓我們來面對它們，請寫下你決定要突破的難關：

各種可行的途逕	我 願 意 試	我 會 考 慮	我 不 願 意 試	決 定 行 動 的 順 序

　　你願意公開宣佈你的決定嗎？或許你只是說說而已，並不是
眞的想實現。倘若你眞想實現，就簽寫一份自我契約吧！

自　我　契　約

我決定要＿＿＿＿＿＿＿＿＿＿＿＿＿＿＿

　　　　＿＿＿＿＿＿＿＿＿＿＿＿＿＿＿

立約人：

監督人：　　　　　　執行結果：

日　期：

2.有條件的友誼

小文和小林是同班同學，小文的功課好，小林的功課差，但是整個巷子裏的小孩都聽小林的指揮。因此，小林在跟小文吵架後，公開指使大家不要跟小文玩，使小文覺得無聊、難過。

第一次評量的時候，小林要小文把考試卷移到桌旁讓他抄。小文心想：假若我幫他，他一定會讓我參加他們的遊戲活動。於是，小文趁老師不注意的時候，達成了小林的願望。果然，從此以後，小林和小文又一起玩，巷子裏的小朋友也不再跟小文作對。

問題：

(1)小文和小林是甚麼關係？

(2)巷子裏的小朋友爲甚麼不跟小文玩？

(3)小文讓小林看答案的原因是甚麼？

(4)倆個人要能建立友誼的條件是甚麼？

(5)友誼和玩伴有何不同？

(6)把考試卷的答案給別人看，和抄別人的答案，這兩種行爲有甚麼區別？

(7)爲了與人和睦相處，吃一點虧也值得嗎？說一說你的看法。

(8)爲了與人和睦相處，不妨順著他，做出違規的事也值得，是嗎？說一說你的想法。

三、動機與情意學習輔導方案

洪寶蓮（民 85）根據 McCombs（1988）及 Weinstein（1988）的理論，發展出包括八個單元設計的「內在動機與情意學習方案」。其中有關動機策略的單元設計仍維持 McCombs（1988）動機技巧訓練課程七個模組中前四個模組；另外三個單元則是屬於情意學習，外加一個「回顧整理單元」。茲將該方案單元簡述如下：

第一單元　重新出發：

對於這套學習方案的介紹及探索個人的學習期待。

第二單元　價值澄清：

在於幫助學習者界定什麼是重要的價值及信念。

第三單元　興趣探索：

從興趣的確認中培養良好的學習態度及幫助學習者思考未來的發展方向。

第四單元　目標規畫：

希望經由先前的價值澄清及興趣的探索，設定個人的學習目標，以確定個人努力的方向。

第五單元　時間管理：

針對時間管理不當的原因做探討，教導學習時間管理的方法。

第六單元　壓力管理：

強調負向的自我內在語言及錯誤信念對學習所產生的壓力，藉由教導壓力管理的方法，協助學習者處理學習上的焦慮與壓力。

第七單元　如何專心：

　教導學習者如何專心，以避免內、外在干擾。

第八單元　「回顧整理」：

　統整前述七個單元的學習重點。

　　本學習方案各單元都規劃有工具材料的準備，引起動機的程序、與單元主題直接有關的團體活動，以及單元講義，供參與成員參考。至於有關本方案的詳細規劃與實施過程，有興趣者可逕行參閱該篇論文。

問題研討

1. 試從人本動機理論與行為論的動機理論對人類行為所持之觀點，比較二者在學習動機─運用上之異同。

2. 試論心理分析論和認知論的動機理論對教師實際教學時有何啓示。

3. 試擬一份適合於國中或國小使用之學習動機輔導方案。

4. 試論學習動機的輔導，是否眞有助於學生主動學習，倘若尙有其他因素應加以考慮，你會如何配合，使學習更爲有效。

◆參考書目◆

王鍾和等編譯（民71）：適應與心理衛生。台北市：大洋出版社。

王萬清（民78）：激勵動機的學習輔導策略（上）——配合國小課程的輔導活動設計。諮商與輔導，*45*，12－16。

王萬清（民78）：激勵動機的學習輔導策略（下）——配合國小課程的輔導活動設計。諮商與輔導，*47*，16－19。

李咏吟（民73）：教學理論與策略。台北市：遠流出版公司。

李咏吟（民78）：國中生學習技巧運作狀況之調查。輔導學報，*12*，239－263。

林清山譯（民79）：教育心理學——認知取向。台北市：遠流出版公司。

邱上貞（民79）：學習策略教學的理論與實際。國立臺南師範學院特殊教育學系。

吳靜吉（民78）：心理學。台北縣：國立空中大學。

韋雪琴（民76）：成就動機教育課程對國中生成就取向行為、內外控制信念及學業成績之影響。國立臺灣師範大學教育心理與輔導研究所碩士論文（未出版）。

洪寶蓮（民85）：內在動機與情意學習方案之發展及其團體輔導效能，國立彰化師範大學輔導研究所博士論文（未出版）。

孫中瑜（民79）：學習輔導方案對國小低成就兒童輔導效果之研究。國立臺灣師範大學教育心理與輔導研究所碩士論

文（未出版）。

郭靜芝（民79）：學習動機、策略運用與後設認知能力之相關
探討及其所建構而成之後設理解模式在資優教學上的運
用（上）。資優教育，37，1－8。

張新仁（民78）：國民中學有效教學問題與研究──從資訊處
理談有效的學習策略。師院特刊，28，24－39。

張春興、林清山（民74）：教育心理學。台北市：東華書局。

Arkoff, A.（1968）. *Adjustment and mental health.* NY：
McGraw－Hill.

Atkison, J. W.（1964）. *An introdution to motivation.* Prince-
ton：Van Nostrand.

Brophy, J.（1987）. Systhesis of research on stratigies for
motivating students to learn. *Educational Leadersish, 45,* 40
－48.

Cronbach, L. J., & Snow, R. E.（1977）. *Aptitude and
instructional methods.* NY：Irvington.

Haywood, H. C.（1988）. The role of intrinsic motivation in
learning, behavior effectiveness, and cognitive development.
In W. T. Wu, & T. H. Lu, （eds.）. *Proceedings of the
1988 international symposium on special education*（ pp. 155
－171）. Taipei, Taiwan, R. O. C.：Special Education
Association of the Republic of China.

Keller, J. M. (1996). *The ARCS Model: A practical, theory-based process
for the motivational design of instruction.* 初等教育學術演講，國
立台中師範學院。

Kim, E. C. & Kelleugh. R. D. (1991) . *The "A resource guide for secondary school teaching* : Planning for competence" NY : Macmillan Publshing Company.

Maslow, A. H. (1970) . *Motivation and personality.* NY : Harper and Row.

McClelland, D. C., Atkinson, J. W., Clark, R. W., Clark, R. W., & Lowell, E. L. (1953) . *The achivment motive.* NY : Appleton−Century−Crofts.

McCombs, B. L., & Dobrovolny, J. L. (1982) . *Student motivation skill training package* : *Evaluation for air force technical training* (AFHRLTP 82 − 31) . Lowry AFB, CO : Air Force Human Resources Laboratory.

McCombs, B. L. (1983) . *Motivation skill training* : *Helping students adapt by taking personal responsibility and positive self-control.* Paper presented at the annual meeting of the American Education Research Association, Montreal.

McCombs, B. L. (1988) . Motivation skill training : Combining metacognitive, cognitive, and affective learning strategies. In C. E. Weinstein, E. T. Goetz, & P. A. Alexander (eds.) . *Learning and study strategies* : *Issues in assessment instruction and evaluation.* Academic Press Inc.

Short, E. J., & Weissberg−Benchell, J. A. (1989) . The triple alliance for learning : Cognition, metacognition, and motivation. In C. B. McCormick, G. E. Miller, & M. Pressley (eds.) . *Cognition strategy research* : *From basic research to educational application.* NY : Springer−Verlay.

Weiner, B. (1986) . *An attributional theory of motivation and emotion.* NY : Springer−Verlay.

提昇自我概念與內控性
以增進學業成就

重要概念介紹

1.自我概念（self－concept）

個人看待自己的方式，包括個人如何看自己的不同角度、自我概念與學業成就、身體意像、人際關係、心理適應等有密切關係，而個人自我概念乃是經由與他人互動發展而形成，因此生活中的重要他人，如父母兄長、友伴團體、師長等對個人的接納與否，對個人的自我概念有很大的影響。

2.外控（external control）

內外控的理論背景來自Rotter等人的社會學習理論，外控指個人相信，在行為表現之後得到增強現象，或發生在他身上的事件，並非他所能操縱的，是運氣、機會造成，個人無法預測也無能為力。

3.內控（internal control）

內控指個人相信無論正向或負向增強作用或事件，都是他自己行為的結果，與個人能力、屬性相關，是自己所能預測或控制的。

4.提昇自我概念、內控性策略

指運用認知、認知行為、行為、個人中心的理論、方法提昇個人自我概念與內控性。

第一節
自我概念與學業成就關係探討

　　在過去已有許多人認爲自我概念（ self－concept ）在學習過程中占有重要的影響因素，亦有許多文獻對自我概念與學業成就間加以探討，所得到的結論是，自我概念與學業成就存有中度相關。一般而言，持有正向自我概念的學習者，在面對學習的困難時，經常更努力嘗試與持續去面對接受學習上的挑戰；但相對的，持有負面自我概念的學習者，當面臨學習上困難時，傾向相當無助，並減少努力或很快放棄去面對學習上的挑戰。雖然過去有相當多的研究，進行自我概念與學業成就間關係的探討，但對於兩者間是否存有因果關係仍不斷爭議中，但大多數教育工作者與研究者大多同意，自我概念與學業成就兩者關係密切，或至少是部分相互影響。

一、自我概念

　　在人際互動中「我」這個字是一個用得非常頻繁的一個字，在中文裡一般人常以「吾」、「拙」、「敝人」、「個人」等來形容或代表「我」這個字及其概念；在英文裡則以 "I" 或 "me" 來代表。自從嬰兒呱呱落地至一歲前，他已能用眼睛去注視四周

的移動東西，或抓取四周他所要的東西，當嬰兒遇到不順心的事甚且嚎啕大哭，以表示他不悅的情緒，由此可知在週歲前，嬰兒已經有「自我」的概念了。

美國著名早期心理學家詹姆斯（William James）認為自我係由物質我、社會我與精神我組成，這三部份分別構成軀體我、社會我與心理我，自我結構亦可從動態形勢的層面去分析：即投射我、現象我與理想我。

郭為藩、李安德（民68）說明投射我是指個人投射於他人的自我概念，通常個人對自己的看法往往以他人對自己的評價為依據；現象我又稱現在我是當前個人自身的想法與態度；理想我則是個人希望達成圓滿影像，實現個人理想，而自我概念主要的功能即是自我維護、自我肯定與自我實現。羅吉斯（C. Rogers）在其早年從事心理治療工作中體認自我概念不僅是個人看待自己的方式，自我概念可能影響到所有的人格功能，亦能限制或提昇一個人實現的潛能。

統整過去相關文獻可知，自我概念乃是個人對自身形象與人格特質所特有的知覺與態度，它與個人所扮演的角色有關，自我概念包括我們對自己所擁有的技巧、能力、外觀、社交能力的態度，情感與知識，它也是個人從小與他人及環境互動的整體經驗，因此自我概念雖然自出生開始即逐漸形成，但也可能依時空、他人回饋與個人和環境互動而調整改變。

筆者整理過去為數眾多探討自我概念相關實徵研究所得到的結論是：

1. 自我概念高者較自我概念低者，在本身情緒或人際關係上適應較佳。（單親兒童之自我概念一般低於雙親兒童，前者人

際關係及生活適應傾向有較多困難）。

2.自我概念與歸因研究結果並不一致，較能肯定的是，歸因於內在因素者，較歸因於外在因素者適應較佳，且較能從他人的觀點來看或解釋各種事件。

3.自我概念高者較自我概念低者，較能將個人成功歸於能力，失敗歸於缺乏努力或運氣差，相對的，自我概念低者，將成功歸於運氣佳，將失敗歸於欠缺能力。

4.自我概念與學業成就關係密切，自我概念為學習的主要影響因素或學習結果的重要因素（其他重要因素如：學習動機、學習策略等），且自我概念高者較自我概念低者有較佳之學習適應。

在提昇自我概念的時機與做法上，Wren（1980）曾提出三點建議以發展正向的自我概念：

1.首先是能接受獨特正面與負面的人格特質。

2.對個人生活與他人有正向信念，著重正向生活經驗。

3.學習如何達到上述兩條件，並能關心他人。

而在發展正向自我概念，一個重要的時期莫過於青少年期，心理學者 Erikson 曾提出有關青少年「認同危機」，這時期青少年期青少年常問的是「我是誰？」青少年期也是個人身心急劇發展的轉換期，在此階段青少年面臨身心急劇變化，增加與友伴團體的結合，因此青少年期階段是個人發展正向自我概念關鍵期說法是合理的。

在探討青少年關心的主題方面，Keng 和 Park（1984）以六百位韓國大學生進行調查，結果發現有相當比例的青年具有下列的特性：害怕犯錯、缺乏自信、擔心學校課業不佳、焦慮與其他

低自我概念之徵狀。Bibby 和 Posterski（1985）在加拿大實施一全面性青少年自我概念的調查，結果發現有百分之四十青少年表示關心自己身體的發展，以及有百分之三十五青少年表達有自卑之感受，上述兩項研究說明了青少年在轉換期所遭遇的困擾，與培養青少年正向自我概念的重要。

二、學業自我概念

在一九七〇年代以前所作探討自我概念與學業成就關係的研究，所使用評量自我概念的工具，都是評量受試者廣泛的知覺，即所謂一般自我概念，如田納西自我概念量表（TSCS）及 Q-Sort 技術，但早在一九六一年 Wylie 即批評使用如此的評量工具的不適切，Wylie 認為假如能針對不同自我概念部分發展適合評量，對許多自我概念的研究工具將有相當助益。

Shavelson、Hubner 和 Stanton（1976）進一步提出自我概念多向度的模式，他們認為自我概念可被區分為不同的層面，某些特殊層面的自我概念與某些特殊情境愈能密切關聯，因此，學業能力自我概念與學業成就的關聯，應較社交或身體情境密切。

以下我們以著名之 Marsh－Shavelson 模式來說明學業自我概念的評量（見圖 6-1）。

Marsh 建議研究者對不同對象運用適合這些對象的特殊自我概念量表是很重要的。

Byrne（1984）、Dupont（1988）皆探討學業自我概念，一般自我概念與學業成就相關研究，證實了學業自我概念與學業成

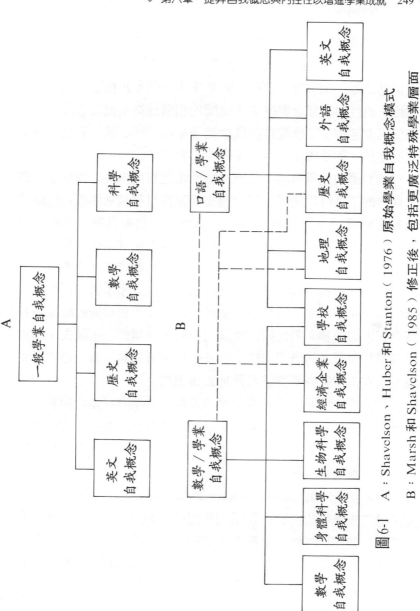

圖 6-1 A：Shavelson、Huber 和 Stanton（1976）原始學業自我概念模式

B：Marsh 和 Shavelson（1985）修正後，包括更廣泛特殊學業層面

就間的關係，較一般自我概念與學業成就關係來得密切。

　　洪志成（民76）進行自我概念與學業成就文獻回顧，得到兩個結論是：(1)學業自我概念與學業成就間呈正相關，且此相關值比一般性自我概念與學業成就間的相關為高，但二者間的因果關係仍無定論；(2)學業自我概念與學業成就間關係，受到性別、社經地位、智商與能力水準等因素影響。

　　雖然國內到目前甚少有經由標準化過程所編製之評量學業自我概念的工具可供使用，但由過去相關探討學習者的學習態度或學習策略研究可知，由國小至大學階段，仍有為數眾多的學習者，其學習意願波動、低落、對學業與學習相關活動常感焦慮，不知有效準備功課，與如何運用有效學習策略作有效學習……，而造成這些影響學習的原因似應與過去常久以來學習的挫敗感，或對學習存不正確看法有關，整體而言，此也與偏低的學業自我概念有密切關聯。因此如何改進現存教學情境的一些缺失，尋求有效提昇學習者的學習方法，與提昇學習者的自我概念是值得家長、教育工作者與學校諮商員加以重視的。

　　過去不少的研究已證實學業成就與各類型自我概念間有不同相關，許多的教育工作者與研究者亦認為自我概念與學業成就間關係密切，但至今對於自我概念與學業成就間是否存有因果關係確仍存分歧意見。

　　提昇自我理論（self-enhancement theory）人士主張，自我概念變項是造成學業成就的主要原因，因此在教學的課程上，應花費大量的時間用以提昇、增進學習者的自我概念。過去大多數傳統的養護學校，以及補充教育的諮商策略，皆可被歸類為教育的提昇自我模式。

第二節
內外控與學業成就相關探討

　　內外控觀念的理論背景源於 Rotter 等人的社會學習理論，所謂外控（external control）是指個人相信在行為表現之後得到增強現象，或發生在他身上的事件，並不是他本身所能操縱的，而認為是運氣，機會或命運所造成的，他個人對此既不能預測也無能為力。相反的，內控（internal control）是指一個人相信無論正向或負向增強作用或事件，都是他自己行為的結果，與個人的能力、屬性或特徵有關，是他自己能預測或控制的。許多心理學、社會學及教育工作者，認為內控性與外控性是人格的重要變項。

　　在過去已有許多研究探討內外控與生活適應、心理健康之研究，一般的研究，皆指出內控對適應的正面意義，但一些研（如 Phares, 1979；Snyder, 1983）亦指出外控對適應的積極面，因此極端的內控與外控皆可能危害心理健康。

　　在過去較少直接探討內外控與學業成就二者關係之研究，較常見到的是內外控和其他變項與學業成就相關之研究，這方面的研究如：

　　吳武典（民 66）探討制握信念（內外控）與學業成就，自我觀念、社會互動之關係，研究指出制握信念變項，對學業成就而言是相當有效，而且可靠的預測變項，內制的信念對男生而言，

可能構成助長學業的一項動機性要素，對女生而言，此種信念不過反映其社會期望價值罷了，吳氏亦指出，若干研究支持內制者有較高自我概念與較高自尊，較高自制的假設，有些則否，這方面的證據仍是相當分歧而且含混，因為兩者間受到許多因素的影響（如年級、性別、智力、以及情境變項），迄今仍未能十分了然。

張治遙（民78）對大學生的內外控，社會支持與學習倦怠進行探討，結果發現，外控組大學生在學習倦怠及各因素間的倦怠程度上，均顯著高於內控組大學生；內外控、社會支持人數及社會支持滿意度為有效預測大學生學習倦怠的變項，其中尤以內外控信念的預測力最高。

張進上（民79）以臺灣地區八所師院生，進行內外控與生活適應研究，發現在學習適應上，內控者明顯優於中控與外控者，在社會適應及情緒適應上亦如此。

Maqusd和Roahan（1990）研究高中生社經地位與內控、自我概念及學業成就有顯著正相關，外控與自我概念英文有顯著負相關。

邱榮芳、韓楷檉（民84）以國中生為對象探討自我概念、內控、學習策略與學業成就之關係，發現內控與年級無法有效預測學業成就，而自我概念、學習策略、性別與家長教育程度變項則能有效預測學業成就。

陳慶福、林美紀（民85）以五年制護專女生為對象，探討自我概念、內外控、讀書與學習策略與學習成就關係研究，亦發現自我概念、內外控、讀書與學習策略對學業成就具有相當的預測力（R^2 分別為.72、.14 及.66，$p < .01$），自我概念、內外控與讀書與學習策略與三者共同對學業成就的預測力為（R^2 為.14，$p <$

,01）。

　　由過去及上述所列研究可知，提昇內控性偏低學生內控性對其學業與生活、心理健康等當有其正面意義。

如何輔導學生提昇自我概念與內控性

　　自我概念是人從出生不斷與他人互動，藉由他人回饋而形成個人一套看待自己的方式，此與個人對自己知覺有密切關係，過去的許多研究已發現，低自我概念對個人學業，心理調適等有負面影響，因此若能提昇個人自我概念，對於當事人學習效果或減低適應困擾，應該有相當大的幫助，同樣地，過去也有許多探討內、外控人格特質與學習及心理調適關係之研究，一般研究結論認為較內控的人，在學習上較不易倦怠，也較相信自己的努力可影響學業成效，而較外控的人在學習或心理調適應，往往會遭到不利的影響。

　　在過去許多研究中，自我概念與內、外控在學習及心理調適上是經常被探到的重要變項，而自我概念與內、外控二者，均相當重視個人（當事人）對外在環境或對個人本身的知覺，因此若能有效修正不當知覺，對個人（當事人）之學習或心理調適能有相當的提昇之看法，應當是相當有道理的。

　　認知或認知─行為治療，是近二、三十年來頗受重視及受到廣泛運用的治療理論，而認知或認知─行為治療的基本假設是：

個人的心理困擾或不良適應，主要由個人對外在事件或周遭世界不當的知覺造成，因此調整或改變不當的知覺，往往可減少個人的心理困擾或不良適應，認知或認知—行為學派處理當事人的心理困擾或不良適應，雖然主要藉由改變當事人認知著手，但也經常配合許多行為或情緒及技術加以運用，因此可知若要提昇學生的自我概念與內控性，使學生在學習及心理上能有更佳之調適，認知或認知—行為學派之理論及其技術，似乎是可供運用的有效策略之一。

　　在此筆者嘗試介紹認知或認知—行為學派中的三種理論，即 Ellis 的合理情緒教育（rational－emotive　education, REE）、Beck 的人格理論，及 Mahoney 的自我改變策略，以供有興趣提昇學生自我概念及內控性參考應用：

一、合理情緒教育

　　合理情緒教育是一再教育的過程，簡單的說，其教育的目的在協助個人改正其錯誤的概念，學習去除舊有不合理的思考習慣，並習得新的思考習慣以替代舊有的習慣，由此可知，教育主要概念即是習慣與習慣性反應，習慣性的思考造成習慣性的情緒反應，不合理的思考習慣則造成不合理的情緒反應或不良學習效果。

　　依合理情緒教育觀點，個人之所以會造成情緒困擾或學習意願低落，主要是個人對學習環境、重要他人或對自己有不當看法或態度所致，許多中學生他們可能有如此想法，如：(1)只要我努

力，在學業上我一定會表現良好；(2)唯有表現很好，我才是一個好學生與好孩子；(3)若我在學業上表現不是很理想，那就是我不行，我不是一個好學生，也不是一個好孩子；(4)學業表現不是很好是件很糟糕的事，我一點也不能夠忍受，且預期我以後也會表現很糟；(5)若學業表現不好，表示我是個沒用或沒有價值的人……。

上面所列舉的狀況可能是許多中學生常有的不合理想法或信念，我們之所以稱這些想法不合理，主要是中學生（當事人）使用了誇大，沒有經過驗證的想法，而這些想法也常是堅持絕對、完美、且是一種自我挫敗之想法，中學生（當事人）窄化了讀書學習的目的，且以學業好壞當做他人及自己衡量自己是否有價值的唯一標準，當然如果某位中學生他愈是如此想，他可能愈不快樂，他也可能花更多的時間去唸書，以獲取滿意的成績，考取第一志願的學校或科系，但即使能如願以償，他個人是否能找尋到個人生活的目標和生活的意義，恐怕也是個麻煩的事，況且在追求更好成績的路途，他可能失去了許多交朋友或休閒的樂趣，經常得忍受焦慮、不安、緊張、煩躁的情緒及承受很大的壓力。

因此教師或輔導人員假如面對如此的當事人，欲進行輔導時，可運用真誠、接納的態度，逐步引導當事人明白合理與不合理思考帶給個人之影響，以及告訴、教導當事人個人不適切情緒或困擾，主要來自個人對事件（指學習）或周遭世界不當之看法，知覺所致，唯有改變、調整個人不合理思考、信念、個人不適切情緒或困擾方能改變。而在教師或輔導人員在協助當事人改變不合理思考，或挑戰、質疑（dispute）不合理思考時，可使用偵測（detecting）、辯論（debating）與分辯（discriminating）

技術，首先，協助當事人學會「偵測」出不合理想法，特別是「應該」、「必須」、「一定」、及一些自我挫敗的內在語言或信念，然後與這些不合理信念或語言「辯論」，並尋求合理、具建設性的替代語言或信念，最後要當事人學習「分辨」合理與不合理語言與信念，且養成合理思考。

試舉一例說明合理情緒諮商的過程：

> 有一國中二年級王姓學生，過去在校行為與學業表現良好（操行平均85分，學業各科平均80—83分），國二下學期成績明顯退步，上課既不專心，也很少和同學往來，經輔導老師約談後才發現，王生對學校課業的學習有以下的想法：(1)過去我的學業成績中上，即使我再努力也考不上第一志願高中或五專；(2)讀書就是為了考試，如果考不上第一志願學校，這正證明我不行，我是個既沒用又沒價值的人；(3)與其天天面臨聯考的壓力痛苦，我不如放棄算了，每天放學後不如到速食店打工賺取零用錢，減少家裡負擔；(4)父母、老師們一定只為了本身面子才要我努力用功，他們如此做真是太自私了；(5)父母和老師對我並不是最關心的，他們既然不是最疼我與關心我，我又何必努力用功唸書回報他們……。

針對王生這些不合理的想法，輔導老師深入瞭解才明白，王生最近對班上、學校活動不感興趣，心理悶悶不樂與王生對課業學習的一些想法有密切關係，因此輔導老師針對王生上述偏差想法，決定輔導步驟以協助王生提昇學業的正向概念，輔導老師運

用合理情緒教育方法、技術著手輔導王生，其策略如下：

　　輔導老師首先告訴王生聯考帶給王生相當大的困擾，他也希望不管是老師或父母都能夠關心王生、王生有權利擁有如此的看法（接納與尊重的技術）。

　　輔導老師接著是向王生說明聯考事件本身並非造成王生困擾的主因，王生對聯考如此困擾是因王生對聯考所採取的態度與看法所致，如果王生一直持有如此的看法，則他的困擾無法去除，但如果王生改採其他對聯考的看法，則他的困擾可能減輕（A－B－C的原則）。輔導老師明白指出王生一些以偏概全及完美絕對性想法是造成其憂慮、不安的主因，接納自己的價值並非由考試一事決定，並引導王生從老師、父母及他人眼光來看整個事件（擴大王生之視野，及重視自己的價值）。

　　輔導老師接著藉由合理情緒教育中認知的挑戰駁斥（dispute）技術，對王生所持不合邏輯、沒有事實根據或以偏蓋全、完美絕對的自我挫敗內在想法進行挑戰、駁斥，輔導老師針對王生所作的駁斥包括：為什麼努力，就一定考不好？讀書就是為了考試？考不好就等於自己無用、沒價值嗎？為何經不起考上第二志願的挫折？父母、師長期望我好好努力全是為了他們自己而已？我一定，必須獲取老師父母全部的愛，有此可能嗎？那別人就不需要父母的關心？經由認知、科學式引導王生去思考過去不合理的想法後，王生可能改變了對讀書與個人價值觀的看法，也學得較能接受自己，變得比以前有信心，嘗試以更有彈性的觀點看自己、他人與所處環境。當然在諮商的過程中，輔導員也可運用示範、幽默、角色扮演等相關技術，以達到協助王生以新的合理的想法、觀點，來替代舊有不合理且導致自我挫敗的想法。

在協助王生相類似的當事人之時，諮商員或教師首先得收集有關王生的背景資料，並且進一步與王生家長、導師、或其他科任老師配合，共同對王生進行輔導，如此更可達到輔導的功效。

二、Beck 的人格理論

認知治療（cognitive therapy）主要代表人物為 Beck，它的許多基本理論與合理情緒治療（RET）類似，Beck 強調「人們的感受與行為方式取決於他們如何建構他們的經驗」為基礎，Beck 提出基模（schemata）概念，用以說明主導人們觀察世界的方式，心理有困擾的人較易使用自我責備和自我反對的基模，他們在生活的許多層面上，他們都能採取理性和邏輯的態度，唯有在評估自己或未來時，傾向做出不合邏輯的推論。對 Beck 而言，改變困擾之情緒及行為最佳與直接的方法，就是改變那些不正確與不當功能的思想，以下六種思考方式是當事人常有扭曲或錯誤的假定與觀念：

㈠獨斷地推論（ arbitrary inference ）

即一個人在未擁有充分的證據前即驟下結論，若我們以中學生為例，假如一個學生要去參加第一次月考，結果不小心把課本掉在剛下過雨的地上，結果他把書弄濕了，他就認為這次考試「泡湯了」一定考不好。

(二)選取性萃取訊息（ selective abstration ）

這是指一個人只注意到符合他自我挫敗基模的相關訊息，而忽略其他不符合這項基模的訊息。如在上數學課時，老師叫張三起來問問題，結果張三一時想不起來，張三整節課都無心上課，認為老師一定故意叫他，讓他難堪，張三事實上忽略了，在課堂中數學老師還叫了其他幾位同學問問題，不只是叫他起來問問題而已。

(三)過度類化（ overgeneralization ）

是指把某件意外事件產生的極端信念不恰當的應用在不相似的事件或環境中。如李四參加五專聯招，他第一節考國文時因太緊張以致作文沒寫完，考得不是很理想，他就認為往後的科目會愈考愈糟，且會連一所專科都考不上。

(四)誇張（ exaggeration ）

指過度強調負向事件的重要性。如小美很怕蟑螂，每次一見到蟑螂就大聲喊叫，且告訴她班上同學，以後她結婚三個條件之一就是先生要會打蟑螂。

(五)個人化（ personalization ）

是一種使外在事件與自己發生關聯的傾向。如班上參加學校啦啦隊比賽沒有得名，班長認為這都是他一個人應該負的責任，或班上某同學自己不小心受傷，衛生股長會覺得是因為沒照顧好他的緣故才造成的。

㈥極端化的思考（polarized thinking）

　　指個人思考或解釋事情時，用全有或全無，或對—錯，好—
壞，極端地將經驗分類，如一個學生某次考試考不好，他就覺得
自己是沒用的，或是壞學生，或者某同學的好朋友最近也常和另
一位同學交往，某同學就覺他的朋友一點也不關心他，是一個壞
朋友等。

　　教師或輔導人員面對學生有上述 Beck 所提錯誤的思考與錯
誤的觀念時，應教導學生透過評估、再確定或驗證的歷程，辨認
出扭曲與導致個人心理困擾的思考模式，透過教師或輔導人員之
間的合作，學生學會分辨他們自己的思想與事實間的差距，他們
瞭解的個人思想對本身情感、行為、甚至環境中的事件的影響
力，學生被教導去瞭解、觀察、監控他們自己的思想與假定，特
別是他們負向的自動化思考。
　　假如學生能打斷原先沒有事實根據或武斷、扭曲的自動思
考、替代以邏輯驗證，符合實際、邏輯的科學式思考，則他們會
學著去改變原先使他們經驗扭曲，不良適應的思想與假定。

三、Mahoney 的自我改變策略

　　Mahoney 也是認知—行為策略中一知名心理治療學家，在
其名著《自我改變》（Self－Change）一書中，他提到解決問題
的原則：⑴界定問題；⑵收集資料；⑶確定可能的原因；⑷衡量

可能的解決方法；(5)選取方法並實驗；(6)比較進步的情形；(7)評估：回顧與前瞻。

　　Mahoney 將此七個步驟稱為個人的科學（ personal　SCIE-NCE ）而 S－C－I－E－N－C－E 每一個英文字即代表上述解決問題的七個步驟。在界定問題上，Mahoney 認為所謂「問題」，乃是來自我感覺到的事實，和我的想法不一致所引起，而在解決個人問題時我們得先確定「問題」，且在改變上是最好一次處理一個問題，一些較容易做自我改變的事如：

1.當它只是改變相當小的生活習慣時。

2.當它所強調時是去做某事而非禁絕某事（ 如講求新的讀書方法而非減少睡眠 ）。

3.當它需要好朋友和家庭成員的支持和鼓勵時。

4.當目標訂得適當，而且是漸進地目標時。

5.當是個人必須立刻付出全部心力以解決問題時。

　　一般的情況下，最好先從最容易的問題著手，如比較沒壓力，也較易成功，一旦有成功的經驗，則較有動機進行另外的問題解決。

　　在收集資料時最好深入瞭解問題，並以科學客觀方式作記錄，如自己設計一張表格來記錄 。

　　教師、輔導人員可根據學生自我記錄與學生討論造成他的問題可能原因（ 由為什麼到在什麼時候，是怎樣的情形 ）。

星 期	時 間	地 點	問題發生情境	反　　　　應		
				情　緒	想　法	行　為

註：此表爲筆者依Mahoney概念設計，教師或輔導人員可依情況需要自己增減項目。

　　接著下一步驟則是衡量可能解決方法的利弊得失，並選取自認最好的方法去解決本身問題，比較是否選用的方法較先前方法效果好，或經實驗後需修正、調整、更換新方法。

　　Mahoney個人的科學方法與杜威的問題解決術及一般問題解決方法實有相似之處，因此教師或輔導人員可多學習及比較不同問題解決方法、技術以供選取運用。

　　認知或認知─行爲治療的基本假定是：個人所知覺環境世界導致個人情緒及行爲，因此心理困擾或不良行爲乃是由於個人不當或扭曲的知覺造成，因此導正個人不當或扭曲的知覺是改變心理困擾或不良行爲的最佳策略，認知或認知─行爲治療一些共同特性，如強調諮商員（輔導人員）積極、主動教導的角色，強調

治療的時限、次數，強調改變認知，並且運用許多行為及情緒技術，在使用此理論、技術時，諮商員（輔導人員）宜先熟悉認知─行為治療的理論、技術，避免自己價值觀過度介入，造成當事人心理之傷害。

除了認知或認知─行為策略，可供參考，應用於學生自我概念與內控性的提昇外，筆者覺得行為改變技術及人本主義的自由學習方法、概念亦是適合之策略。

四、行為改變策略

學校教師或輔導人員可運用學習理論的一些方法、技術，協助學習者建立良好的學習方法，維持過去有效學習方法，或去除學習者現有的一些不當學習方法，使學習者對於學校課業學習有較佳的學習態度與學習效果，達到正向的學習自我概念或增進學生的內控性。

教師、或學校輔導人員可運用制約理論中增強的原理，如：塑造（shaping）、社會性增強（social reinforcement）與代幣制度（token economy），對學習者正向與教師期待的學習行為適時予以增強，對於不期望的行為則以消弱。試舉一例說明行為改變技術之應用：

陳生為鄰近國中三年級學生，父母在家經營雜貨鋪生意，上有一哥哥，下有弟妹各一人，陳生一、二年級在校是大錯不犯，小錯不斷，學業除了英文外，其餘科目表現

普通，但對運動特別是桌球甚感興趣，上體育課時陳生朝
氣蓬勃，不像平時在班上上課時無精打采，表現一副既無
聊又無奈的樣子……。

　　陳生的導師在瞭解陳生在家與學校生活情形後，找機會與陳
生晤談，除了垂詢陳生交友和學習狀況外，並讚許陳生有唸英文
的天份並誇獎陳生桌球打得不錯（此即社會性增強）。陳生導師
在約談陳生晤談結束時，與陳生約定，只要下次段考陳生在物
理、化學、歷史、地理科目上能平均七十五分，且每科都及格，
則轉告目前擔任區運桌球代表隊選手的體育老師，請他教導陳生
幾招凌厲的發球技術（找出適當增強方式，與訂立適切目標），
陳生心中大喜，從此二星期內上課不但較前專心，也較少表現違
規行為，導師在第二次段考前有時會詢問陳生唸書的情形，並以
電話和陳生家長聯繫，請他們多關心陳生在家唸書情形（創造並
控制有效學習情境），陳生在第二次段考時不但全部及格，平均
且達到七十八分，導師於是在班會時公開誇獎陳生最近努力用
功，班會結束後陳生導師果真請好友，即陳生體育老師教導陳生
發球要領與技術，往後導師間斷鼓勵陳生繼續努力用功，並垂詢
桌球進步情形……，陳生學業成績也一直維持在某一水準之
上（部份增強，協助陳建立良好的學習態度、行為）。
　　行為改變的技術頗多，教師或輔導人員亦可運用協助學習者
運用自我教導或示範，社會觀察學習方法、技巧。如以示範
上（modeling）為例，乃是由教師或輔導員以自己的觀點去分析
學習者之困難，以及如何去面對處理，學習者在觀察瞭解到教師
等之示範，學習到較佳面對與處理學習困擾的方法。而教師或輔

導人員也可以個人或學業適應較佳的學生組成之團體為學習困擾者的榜樣，藉由觀察、聽聞或回饋方式，改變自己行為，形成與示範者相類似或相同的思想態度，作較佳的學習。

Navin 和 Bates（1987）在所做家長協助兒童增進兒童學業態度與成就研究中，提到過去雖欠缺父母在家扮演教師角色的研究，但家長在家可作為兒童閱讀的模範與增強孩子的閱讀，因此創造親子互動情境以協助兒童有利的學習是重要也是該被重視鼓勵的。

不管過去或現在，大多數的學者與教師皆認為在學習上增強優於懲罰，因此適當運用增強法則經常帶來滿意的學習結果，而懲罰除了抑制某些問題行為外，無法使學習者獲得較佳的學習方法，甚至造成學習者對學習的畏懼、排斥或挫折感，此不但影響到學習意願，影響學習效果，甚至破壞了教師與學習者間的關係，因此教師在教學上根據事實需要宜多採增強法則，避免或謹慎使用懲罰。

五、自由學習的方法

此方法主要運用個人中心（person－centered）諮商創始人羅吉斯（C. Rogers）自由學習的概念，羅吉斯素有人性園丁之雅稱，羅氏對人持積極、正向之看法，認為人有積極向善與自由、安全與包容的氣氛，則當事人會就原先壓抑或扭曲之經驗、感受加以探索，為自己的行為負責。個人中心諮商很重視諮商員

與當事人間的互動，與在此時此刻經驗及感覺的表達，當事人在經驗諮商員有感情，有意義的關係中，才能去經驗其自我並運用此真誠關係，遷移到與他人關係的情境中，諮商員為了要建立此種良好的關係，必須具備：⑴正確同理心；⑵無條件積極尊重或溫暖的接納；⑶真誠或一致性。此外，在諮商關係中，諮商員與當事人必須有所接觸，且當事人須處於不一致的狀況下，配合諮商三個充分與必要良好關係下，諮商效果方能達到：個人中心諮商看重諮商員的態度與諮商員與當事人間的諮商關係，一些在諮商過程中常見的技巧則包括傾聽、情感反映、澄清、溫暖、無條件的尊重、支持、再保證等，羅氏個人中心理論影響深遠，一些當代諮商學家如 Egan、Carkhuff 與 Patterson 均受其理論影響。羅氏在一九六九年出版《自由學習》一書（Freedom to Learn），將其理論運用於教育上，此後有關羅氏的教育理念流傳廣闊，並引起廣泛研究，羅氏在一九八三年出版《八○年代的自由學習》（ Freedom to Learn for the 1980's ）增添不少新的經驗與資料。此書主要在闡述下列理念：

1. 建立自由、信任的學習氣氛，引起學生學習的興趣與學習好奇心。

2. 學校有關教師、學生與相關行政人員均應參與學習事項的決定。

3. 教師扮演催化的角色，提供學習的資源（包括本身經驗、書本、教材或社區經驗來源）。

4. 重視學生的學習過程，使學生了解快樂來自內心學生選擇自己的學習方向，並為自己選擇負責。

5. 協助教師成長，體驗師生互動的樂趣，並且協助教師促進學

習有效態度。

6.啓發學生使成爲終身學習者。

　　在傳統教育裡，學習常被視爲痛苦的事，而所謂讀書或學習卻常與考試產生聯結，以至於聯考、升學引導了學習，雖然目前教育當局一再呼籲要改善聯考制度，要充實學校教學設施與提昇教學品質，但假如我們對人的本質與教學的理念仍停留在過去的階段，則這些不過是口號，因此羅氏倡導的自由學習的確頗值吾人深思。

結　　語

　　限於篇幅，以上筆者嘗試從各理論、方法中選取數種協助學習者有效學習與協助處理學生心理困擾，與提供教師參考的策略，事實上在諮商理論學派中如現實治療法（reality therapy）「成功認同」的概念，與此派新近發展的控制理論（control theory）是很值得參考、運用，而運用價值澄清法以協助學習者，以提昇其自我概念與內控性亦是可行的。因此教師與輔導人員除考慮選取諮商理論、技術以協助學習者發展，提昇其自我概念、內控性外，亦可配合個別或團體方式以進行。特別在考慮教師或輔導人員的體力與時間因素下，特別值得推廣實施提昇學生自我概念與內控性的團體，以符合經濟效益，以團體來進行對學習者的輔導亦有它獨特的優點：學習者在團體中可得到他人有用之回饋，並可從團體中探討本身切身學業相關問題，除此之外，

在團體中，團體帶領者可以示範引導學習者作有效學習技巧的學習，同樣的團體諮商同時可達到預防及矯正的功效，因此透過團體自由、安全的氣氛下，學習有更勇於面對與尋求解決本身學習困擾與情緒困擾諸問題，從而提昇學生自我概念與內控性。

「在怎樣的情境、面對怎樣的當事人，怎樣的問題時，採取有效的方法、策略以協助是重要的」，選取提昇學習者的自我概念與內控性的策略不是也如此嗎？

問題研討

1.試論自我概念的發展與其影響層面。

2.試論內外控與學業成就、生活適應之關係。

3.輔導學生提昇自我概念與內控性的策略爲何？試從認知一
  行爲，行爲改變，個人中心等理論、策略各加以說明。

4.身爲一個教師，如何提供有效的學習課程與教學情境，協
  助學生發展正向的自我概念與提昇內控性。

◆參考書目◆

毛連塭等人（民78）：精熟學習方案對國小學童數學學業成就及數學自我概念之影響（Ⅰ）。台北市立師院學報，21，1-30。

邱榮芳、韓楷檉（民84）：國中學生自我概念、內控信念、學習策略與學業成就之關係暨學習策略輔導效果之研究。衛道高級中學印行。

吳武典（民66）：制握信念與學業成就、自我觀念、社會互動之關係及其改變技術。國立臺灣師範大學教育研究所集刊，19，總163-177。

郭爲藩、李安德（民68）：自我心理學的理論架構。國立臺灣師範大學教育研究所集刊，21，總58。

洪志成（民76）：學習自我概念與學業成就、重要他人的相關研究回顧。臺東師範學院學報，2，101-143。

陳慶福、林美紀（民85）：學習與讀書策略、自我概念和內外控對學業成就之影響。美和專校學報，14，107-118。

張治遙（民78）：大學生內控信念、社會支持與學習倦怠的相關研究。國立臺灣教育學院輔導研究所碩士論文。

張進上（民79）：新制師院生制握信念與生活適應研究。臺南師院學報，23，43-72。

楊妙芬（民84）：單親兒童非理性信念、父母管教態度、自我概念與人際關係之研究。屏東師院學報，8，71-110。

謝麗紅（民79）：多重模式團體諮商對父母離異兒童家庭關係信

念、自我觀念及行為困擾輔導效果之研究，國立彰化師範大
學輔導研究所碩士論文。

Bibby, R, W., & Posterski, D. C.（1985）. *The emerging generation：An inside look at Canada's teenagers.* Toronto ：Ircoin.

Byrne, B. M.（1984）. *The gereral acdemic nomological network：A review of construct validation research.* Review of Educational Research.

Calsyn, R. J., & Kenny, D. A.（1977）. Self－concept of ability and perceived evaluation of others：Cause or effect academic achievement？ *Journal of Educational Psychology. Vol. 69,* No. 2, 136－145.

Keng, C., & Park, J. H.（1984）. *The psychology of adolescents：Symposium IV.* Presented at Third Asian Workshop on Child and Adolescent Development.

Marsh, H. W., Byrne, B. M., & Shavelson, R.（1988）. A multifaceted acdemic self－concept：Its hierarchical structure and its relation to acdemic achievement. *Journal of Education Psychology, 80,* 366－380.

Maqsud, M., & Rouhan, S.（1990）. Relationships between socioeconomic status, locus of control, self－concept, and academic achievement of Batswana adolescents. *Journal of Youth and Adolescence. Vol. 20,* No. 1, 107－114.

Phares, E. J.（1979）. Defensiveness and perceived control. In

L. C. Perlmuter, & R. A. Monty (eds.) . *Choice and perceived control* (pp. 195 – 208) . Hillsdale, NJ ： Erlbaum.

Rogers, C. (1951). *Client-centered therapy.* Boston: Houghton Mifflin.

Snyder, C. R., Higgins, R. L., & Stucky, R. J. (1983) . *Excuses ： Masqueradesin search of grace.* NY.

Shavelson, R. J., Hubner, J. J., & Stanton, G. C. (1976) . Self —concept ： Validation of construct interpretations. *Review of Educational Research, 46,* 407 – 441.

Wren, C. G. (1980) . The importance of believing in yourself or building a more positive self—image. *The School Counselor, 27* (3) , 159 – 167.

Wylie, R. C. (1961) . *The self—concept.* Lincoln ： University of Nebraska Press.

第 7 章

學習策略的診斷與輔導

重要概念介紹

1.學習策略

學習者在上課聽講或習讀課業時所採用的學習技巧,以促進對所學習的教材之吸收、記憶、理解等作用。學習策略可分為一般的(基本的)、特殊的(學科取向的)、統合認知的(又稱後設認知)等三類的學習策略。

2.團體輔導式

訓練學習策略的一種小團體教導模式。通常由一個教師或輔導員帶領八至十二個受輔者進行每週一至數次的長期性輔導。

3.電腦教學式

學習輔導方案被轉換成電腦軟體教材,學習者能夠在電腦終端機前經由一對一的對話練習方式進行學習。

　　學習困擾是目前我國大學生、高中生和國中生均感受的嚴重困擾所在，尤其對國中生而言，他們對學業問題的擔心遠超過對生活的性向和其他方面的憂慮，如根據臺中縣大雅國民中學（民70）對一年級學生調查「影響學習原因」的報告中指出，「我擔心學業成績太低」是國中生在三十七項題目中感到最為困擾的第一位，選擇此項人數比率占課查人數的百分之五十九‧五；「我平時沒有溫習舊功課的習慣」是國中生感到困擾的第六順位原因，選擇比率為百分之四十九‧九；「上課前我沒有預習」則列為第九順位原因，選擇比率為百分之四十‧八。由上述的調查可瞭解學生認為學習表現的高低，主要是個人行為的和心理的因素，而非學校或教師的因素。另一有關國中學生學習困擾探討與研究（劉月琴等，民71）的報告亦指出，在十大類（學習觀念、學習態度、學習習慣、學習方法、學習能力、身心適應、課程教學、學習興趣、學習時間及學習環境）的問題中，國中二年級學生所最感困擾者在於學習方法和學習習慣兩項上，國中生認為他們到考試才讀書，沒有複習或預習功課，以及自己不夠努力均是他們的主要通病，由此可知國中生均希望能改進他們的讀書習慣與方法，增加他們研習功課的時間。

　　學習者「如何學」和他們「學習如何去學」是晚近教育心理研究的重要課題之一，其重點除了分析學習者究竟使用了那些學習技巧或策略以進行學習外，並試圖發展出某種理想的訓練方案以提高學習成就。大多數教育研究者和教師均一致體認，學業成就除了由教學促成外，並須依靠學習者自我學習策略的運用。成績表現較好的學生通常均擁有較佳的學習技巧，而成績表現失敗的學生通常並不是由於能力因素所造成，而是由於缺乏如何組

織、統整和保留所學的知識所造成（Gadzella, 1985）。本章將
以學習策略的界定、學習策略的診斷工具、以及學習策略的輔導
等為章節的主要內容，除了統整國內外有關學習策略方面較新的
文獻外，期能提供給有意訓練所教學生學習策略的教師一些具體
的參考資料。

第一節

學習策略的界定和重要性

　　自認知心理學原理被積極應用在教育領域以來，「學習策略
」（learning strategies）即取代了早期像學習方法、學習習慣、
讀書記憶術、學習技巧……等等名詞。發展至今，許多認知心理
研究者對學習策略所下的定義相當分歧，基本的學習策略（pri-
mary learning strategies）似乎代表了人類認知上的訊息處
理（information processing）思維，如學習者接觸到資料（訊
息）時，對資料的登錄、組織、精緻化（elaboration）、記憶等
運作。然而，就一般學生對學校課程的學習而言，學習策略被視
為學習者針對某一特定學習目標，主動操弄訊息以促進學習效能
的活動（Mayer, 1985），其內在心理活動可能包括學習者所運
用的思維的複誦策略、組織策略、精緻化策略，外在可察覺的行
為如：劃課文重點、上課做筆記、專心術、運用考試技巧等，而
這些外在的學習行為通常被稱為「支援的學習策略」（support
learning strategies）。早期訓練者對學生學習或讀書技巧（study

skills）的訓練，通常指的是支援的學習策略。認知心理學者在基本的和支援的學習策略之外，又提出了一種所謂統合的學習策略（metacognitive learning strategies）亦有稱為後設認知策略，主要乃指學習者能對其使用的基本的或支援的學習策略的監控、考驗現實、調整計劃等等。一個學習者的統合的學習策略，包括統合認知覺知（metacognitive awareness）、統合認知知識（metacognitive knowledge）和執行控制（executive control）（Brown, Armbruster, & Baker, 1986；Garner, 1987；Flavell, 1979）。「統合認知覺知」指學生對自己做為學習者的瞭解程度，如他是否能將學習配合他的個人的、職業的和社會的目標？他自己的動機如何？「統合認知知識」是指個體除了具有統合認知覺知外，他並且對自己所學的教材、學習策略及特殊的學習技巧有所瞭解，如：什麼是他學得好和學得不好的科目？什麼時間是他一天中讀書最有效的和最無效的時間？不同的學習任務需要如何去思考行動？對於需應用一組原則的學習任務是否要記住全部的課文內容？學習者覺知自己具備了多少精緻化運思（elaboration）、專心或減低考試焦慮的能力。「執行控制」是指個體計劃、實施、偵查、評量認知活動的能力，當個體在運作執行控制之認知思考時，他必須結合認知覺知和統合認知知識的思考運作，是故個體不僅努力去完成指定作業，並決定了如何完成作業的手段，何者應該花多少時間、運用何種學習的深層方法解決問題等等。因此，由認知心理學的觀點可知，具有較佳學習技巧的學生與他們是否運用高層次統合認知歷程有非常大的關係。

　　許多研究學習策略的教育學者均傾向於將學習策略區分為像

上述三至四種不同型式的策略，如 Weinstein 和 Underwood
（1985）即將學習策略分爲四類，一是以統整和組織資料爲主的
訊息處理策略；二是以結構訊息重點爲主的學習策略（ study
strategies ）；三是以考試技巧和時間計劃爲主的支持策略，以及
最後以檢視閱讀理解爲主的統合認知策略（matacognitive strate-
gies ）；Jonassen（ 1985 ）亦做類似的分類。

　　綜合上述，學習策略可包括三種策略：基本的學習策略、支
援的學習策略和統合認知的學習策略。然而學習策略尙有其他的
分析法，如分爲一般的學習策略和特殊的學習策略，前者如：學
習任何材料均可能應用的複誦策略、組織策略、精緻化策略等，
後者則是學習特殊教材所用的特殊策略如：針對寫作、數學、科
學等課程的學習技巧。一些國內外學者出學習方法、學習習慣與
學業成績有顯著相關（ Brooks ＆ Heston, 1945；Brown ＆
Holtzman, 1955；Cater, 1961；Micheal ＆ Reeder, 1952；許佩
玲，民77；楊國樞，民62 ），也有許多的研究者指出學習技巧
的教導，顯著的影響學生學習行爲、動機和成就（ Briggs, Tosi,
＆ Morley, 1971；Brown, 1974；Brown, Wehe, Zunkerand, ＆
Haslam, 1971；Gadzella, Goldston, ＆ Zimmerman, 1977；
Gadzella ＆ Cochram, 1979；Gadzellz, 1980；Trimble ＆ Alt-
man, 1970 ）。由此可知，學習技巧是學習而來，具有可塑性，
可提高學習效率與學習成績。國外的學習技巧訓練方案，對象由
大學生開始（ Brown, 1964；Gadzella, 1980, 1981 ），後來，逐
漸轉至中學生（ Beal, 1981；Castagna ＆ Codd, 1984；Wilson,
1986 ），最後，也發展出訓練小學生的學習技巧或考試技巧的課
程（ Burkle ＆ Marshak, 1980；Cole, 1970；Petercsak, 1986 ），

並且認為學習技巧是發展性的，孩子在早期的求學階段，就必須被教導，在往後的求學過程中再逐漸發展和修飾（Tobin, 1988）。在這資訊爆發的時代，的確需要使孩子「學習如何學」，即教其釣魚，而非只給他魚吃。當孩子成為主動的學習者，他才能對自己的學習負責，因此在國小的基礎教育階段，就應適時的教導學習技巧。

第二節
學習策略的診斷工具

由於瞭解學習者的特質有助於教與學的設計以促進學習結果，因此在過去二、三十年中，教育心理研究者對於發展有關學習策略的診斷工具不遺餘力，根據耶魯大學 Norris（1986）的文獻回顧與分析，認為至今現存的學習策略診斷工具可分為四類，包括：

一、以行為分析為主的工具

研究者注重外在的（環境的）和可觀察的行為與有效學習的關係，因此工具中的題目注重學習者的時間安排、記筆記、劃重點、讀書地點的選擇等等。最著名的診斷工具以 Brown 和 Holtzman（1956, 1967）所發展的「學習習慣和態度調查表」

（Survey of Study Habits and Attitudes），包括大學生版本和中學生版本，此調查表的最近版本內容約有一百題，分為四個因子：延宕逃避（delay advoidance）、工作方法（work methods）、教師的贊同（teacher approval）和教育的接受（educational acceptance）。國內賴保禎（民69）以上述學習習慣和態度量表為依據，修訂了一學習態度測驗，至今在國內仍廣被使用，此量表的因子包學習方法、學習計劃、學習習慣、學習環境、學習慾望、學習過程、準備考試及考試技巧等八個因子。

二、以認知分析為主的工具

研究者以訊息處理的學習歷程說為依據。診斷工具的發展在評估學習者學習教材所用的認知策略，如他們是否使用了影像思考、文字衍飾、分組和對學習情境的認知組織等。此派以Schmeck、Ribich 和 Ramanaiah（1977）的「學習歷程量表」（Inventory of Learning Process）為代表，此量表所包括的因子有四：綜合—分析（synthesis）、學習方法（study method）、事實資料的保留（fact retention）和衍飾歷程（elaborative processing）等。

三、以動機分析為主的工具

研究者著重學習者情意和人格特質對學習的影響。此派又可

分爲以診斷焦慮層面和以診斷歸因層面爲主的工具類別，前者在評估學習者對考試的負向感覺狀況，如 Suinn（1969）的「Suinn Test Anxiety Scale」以及 Gallassi、Frierson 和 Shore（1981）的「The Checklist of Positive and Negative Thoughts」。歸因論者的學習技巧診斷工具認爲學習者對其成就的歸因影響其學習行爲，他們對學習的成功或失敗可能偏向內在歸因如能力或努力，也可能偏向外在歸因如運氣、教師、工作難度等因素，較有名的工具如 Corno、Collins 和 Copper（1982）所發展的「Academic Performance Attribution Scale」。

四、以認知—動機爲主的工具

研究者假設學習是認知歷程和動機狀態的互動，所發展的工具以診斷與學習有關的多重層面爲目的，最著名的是美國德州奧斯丁大學 Weinstein（1982）所發展的「學習和讀書技巧量表」（The Learning and Study Skills Inventory），此量表包括十個因子，有態度、動機、時間管理、焦慮、專心、訊息處理、選擇要點、學習輔助術（study aids）、自我測驗、考試技巧等層面。

近幾年中，在國內已出現一些較新的診斷不同年齡層的學習策略診斷工具，茲列出如后：

㈠學習與讀書策略量表──大學生版

修訂美國德州大學奧斯汀分校（University of Taxes at Austin）C. E. Weinstien教授之「Learning and Study Strategies Inventory」，中國行為科學社出版（民80）。

主要因子：態度、動機、時間管理、焦慮、專心、訊息處理、選擇要點、學習輔助術、自我測驗、考試策略、解決學習困難策略。

㈡學習與讀書策略表量──國中生版

中國行為科學社出版（民81）。

主要因子：態度與動機、專心、時間管理、訊息處理、閱讀理解，解決學習困難策略、自我測驗、考試策略、焦慮。

㈢學習適應量表

陳英豪、林正友、李坤崇編製，國小四年級至國中三年級學生適用，心理出版社出版（民80）。

主要因子：學習方法、學習習慣、學習態度、學習環境、身心適應。

㈣學習方法效率量表

吳新華編製，國小四至六年級學生適用，心理出版社出版（民79）。

主要因子：學習的計劃、學習的方法、計劃的實行、學習意願、生活習慣、學習習慣、學習環境、上課前的準備、筆記的方

法、發問的方法、上課中的態度、應試的方法、答案的利用。

訓練學習策略之不同型式

　　透過有計畫的正式教導，是當今改進學習技巧的教育手段。根據時間的先後出現順序，訓練學習技巧的教學模式依序為教師指導式、書本或手冊式和電腦教學式等三個主要模式。較早被發展的模式並未完全被淘汰，它們仍與新的模式並存，使教學設計者能從較多的模式中做選擇或採取多重模式策略。茲將此三種模式介紹如后：

一、教師指導式或團體輔導式

　　學習技巧可被視為像英文、數學、化學、公民等科目課程，由教師像講解上述的一般課程一樣，用較直接說明的方式教導學生。教師可描述什麼是學習技巧，為什麼需要特別被教導學習技巧的理由和好處，如何使用一些有效的學習技巧和應用時需注意的事項等等。這種教導除了正式講授外，也可能由任課教師在課堂上以偶發學習（incidental learning）的方式執行，或者因為學生的特殊需要，由家教加以指導和示範。亞當斯（Adams, 1982）曾經設計一為期四天，每天三十至四十分鐘的課程以訓練

小學五年級學生的學習技巧。學生個別地被教導應用一特殊的步驟閱讀，此步驟包括瀏覽大標題、背誦次標題、提出配合每一次標題的發問的問題、閱讀重要的資料內容、重新閱讀次標題和背誦重要細節，以及複習重點等六個程序。教師首先以實際的上課教材示範如何應用上六程序，學生再練習教師示範的技巧，並在練習過程中得到教師的回饋。

　　教師有時運用行為心理學派的行為改變技術（ behavior modification ）以改進學生的學習技巧。除了教師的教導以外，並注重學習者應用自我控制（ self－control ）的方式以達到較佳的效果，訓練的課程可能包括結構式的團體諮商、自我檢查（ self－monitoring ），系統化減敏感訓練，自我教導和自我增強等（ Groveman, et al., 1975 ），如自我教導的方法之一是訓練學生對自己說一些鼓勵的語言如「假如我用功讀書，就能提高分數，我應馬上就立即開始讀書」。並訓練學生去打斷負向的思考。自我增強是訓練學生如何選擇一種自我獎勵，如在讀一段艱難的課文後，可看一個自己喜歡的電視節目。

　　教師亦可使用同儕互助的方式以完成所欲達到的目標。Dan-sereau（ 1988 ）即將他原本以個別學習為主的手冊進一步發展成合作式學習方式的可行性。他所發展的閱讀的和學習的策略稱為MURDER（ 代表的英文字為 mood, understand, recall, detect, elaborate, review ），即準備、理解、回憶、檢查、推衍和複習的行動。在合作式學習的情境下，是先要求每個學生閱讀約二百至五百字的材料內容，在每組二人的同儕學習團體中，由一個學生負責記憶和口頭報告教材重點的任務，另一個學生則扮演聽者和催化者，糾正第一個學生回憶上的錯誤，並加強所學習教材的

組織。上述的安排使兩個學生分工合作完成了 MURDER 的學習歷程。Dansereau 的研究發現這種將學習策略融入教材學習的合作式學習型式比個別的學習型式效果好，學生在材料吸收上出現更佳的表現。

　　國內有為數不少的以小團體輔導型式進行的實徵研究，例如董力華（民 81）以高中生為對象，其課程以考試焦慮和多項學習技巧為主；李咏吟（民 79）以國中生為對象，其課程以時間計畫、專心、閱讀理解方法、主科讀書方法等為主；孫中瑜（民79）和林素妃（民 81）專以國小學生為對象，其課程以習慣與態度的改進、專心、記憶方法、抓取課文重點、閱讀理解、準備考試和考試技巧等等為主。雖然上述的研究尚未找出訓練課程對提高學生學業成績的顯著效果。茲僅各舉一個從參與小團體輔導的成員在回饋問卷中，對他們最有幫助的課程單元內容，詳細加以介紹如下：

【例一】第六單元　應考技巧

（高中生適用）（引自董力華文）

一、目標

　　㈠瞭解如何針對不同題型運用不同的答題技巧。

　　㈡瞭解如何分配答題時間。

　　㈢瞭解考前複習的策略。

二、活動內容

　　㈠討論上次家庭作業實施的情形與心得。

　　㈡學習考前溫習的方法：

　　　　領導者說明考前溫習可以配合所做的筆記進行重點回顧，

並可利用筆記幫助了解那些部份的內容還不熟悉。除了筆記之外，再介紹其他的方法，如：做測驗卷、從以往平時考錯的部份開始複習……等。除此之外，再請成員提供自己考前溫習的方法。

(三)學習考時答題的策略：

領導者說明考時如何依各種題型的配分及難度，來分配答題的時間。然後提供試卷請成員練習安排各題型的做答時間。

(四)討論所運用的猜題及做答技巧：

領導者介紹是非題及選擇題的猜題方法，以及申論題如何發揮。然後請成員提供自己的猜題及做答技巧。

(五)填寫「單元回饋表」。

三、作業

記錄所運用的應考技巧與效果。

【例二】如何促進讀書時的專心

（國中生適用）（引自李咏吟文）

一、引導成員認識影響專心的因素。

二、幫助成員瞭解促進專心的方法。

三、成員描述自己分心的時、事、場所。

四、促使成員分析影響分心的因素。

五、練習簡易專心術

(一)使用自我語言。

(二)奇妙的筆：

1.用筆引導所看的文句。

2.在課文重點下畫線。

3.在課文旁的空白處寫重點或感想。

【 例三 】單元活動：如何做筆記？

（國小生適用）（引自林素妃文）

一、為什麼要做筆記？

筆記可以幫助我們在聽課或閱讀時，抓到重點，而且對於考試準備有所幫助。

二、作筆記要點

㈠筆記是要方便自己使用，所以要用自己懂的字或符號來記錄。

㈡作筆記時，不必寫出所有的日子，只要寫出重點和重要細節的字詞或成語。

㈢可以針對不同的需要，使用不同的方法作筆記。

三、閱讀四部曲

瀏覽→閱讀、劃線→筆記→自我檢查。

四、大綱方式筆記

將課文內容以大綱式的條列出來，可以用大標題（㈠、㈡、㈢、……）、中標題（1.、2.、3.……）、和小標題（(1)、(2)、(3)……）不同的表示來分清楚，就很容易閱讀，整理的方式可以參考下面方法：

㈠把同一內容分為幾類，例如：將事件的發生以：(1)時間；(2)地點；(3)經過；(4)結果等分類標示出來。

㈡把先後順序用(1)、(2)、(3)……列舉出來。

㈢將該段落重點一一列出，或將相同和不同處分別列出。

方法一

(一)主題
　　1.支持細節
　　2.支持細節
　　　①……
　　　②……
(二)主題
　　1.支持細節
　　2.支持細節
　　3.支持細節

(一)軍閥形勢
　　1.奉系
　　2.直系
　　　(1)吳佩孚，據有河南和兩湖。
　　　(2)孫傳芳，據有東南沿海。
(二)濟南慘案
　　1.原因——日本不願意中國統一。
　　2.時間——民國17年5月3日。
　　3.地點——山東濟南。

方法二

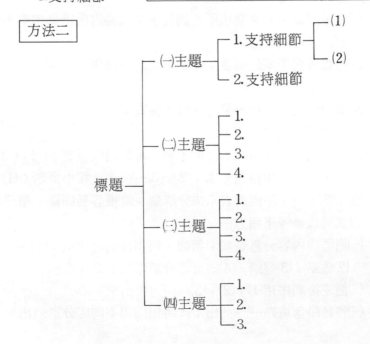

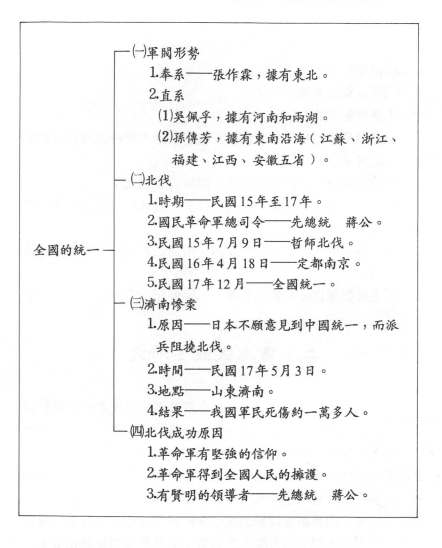

全國的統一

(一)軍閥形勢
1.奉系——張作霖，據有東北。
2.直系
(1)吳佩孚，據有河南和兩湖。
(2)孫傳芳，據有東南沿海（江蘇、浙江、福建、江西、安徽五省）。

(二)北伐
1.時期——民國15年至17年。
2.國民革命軍總司令——先總統 蔣公。
3.民國15年7月9日——誓師北伐。
4.民國16年4月18日——定都南京。
5.民國17年12月——全國統一。

(三)濟南慘案
1.原因——日本不願意見到中國統一，而派兵阻撓北伐。
2.時間——民國17年5月3日。
3.地點——山東濟南。
4.結果——我國軍民死傷約一萬多人。

(四)北伐成功原因
1.革命軍有堅強的信仰。
2.革命軍得到全國人民的擁護。
3.有賢明的領導者——先總統 蔣公。

五、上課作筆記有什麼好處？

　　㈠增進注意力、幫助我發現老師講課的要點。

　　㈡把重點寫下，能增加印象，容易記憶。

　　㈢可以幫助考試的準備。

六、上課作筆記的方法

　　㈠老師另外的補充題或教材，可記在課本空白處或自己的筆記簿上。

　　㈡選擇適合自己的筆記方式（圖解或大綱式）。

　　㈢主動的聽，想像老師在說些什麼，並且和自己以前學習的相聯結。

　　㈣全心全意的聽，並找出要點，用自己的話記下關鍵字詞或成語。

　　㈤老師提醒你必須知道的事，一定要記下來。

二、書本式或手冊式

　　自 Frank　Robinson（1946）介紹著名的以促進教科書和閱讀效果的 SQ3R 以來，學術研究和一般書坊出現了很多針對增進學習技巧的手冊或書本，每一個閱讀式的教材內容均企圖以某種簡單的公式代表學習的法則。早期手冊式的資料均以大學生為對象，乃由於許多大學生無法應付大學的新學習形態而希望找到這類的工具書，因此坊間紛紛出現了介紹學習技巧的參考書。現在這種工具書已不限於以大學生為對象，並且數量和種類相當多，不勝枚舉，如：

- Howes guide for successful study skills（1981）
- How to study in college（1974, 1984）
- 兵介仕譯（民74）：如何有效學習。臺北：桂冠。
- 呂淑芬譯（民79）：活用讀書技巧：如何有效讀書並得高分。臺北：授學。
- 李泉譯（民81）：有效的學習方法。臺北：亞太。

【例一】戰勝課業的讀書方法

（引自呂淑芬譯文，69－70頁）

主題：「為閱讀作業而準備的備忘錄」

步驟一：初步瀏覽

　　㈠我在課堂所學使我對這次的指定閱讀作業了解多少？

　　㈡讀課文後面的摘要，將主題列表，找出這段課文涵蓋的主題。

　　㈢如果課文後沒有摘要，但有課後問題，讀這些問題，找出這次作業涵蓋的主題，並將其列表。

步驟二：閱讀課文

　　㈠要靈活的閱讀，尋找你在步驟一㈡或㈢中所列的重點，將主要的思想轉換成問題。

　　㈡將你所找到的主題或問題答案之頁碼標上。

　　㈢以大綱的形式記下筆記（以前面所提的三分之一比三分之二格式）。

　　㈣如果你將課文畫成圖形，務必要留下空間，以便修正及標示重點。

步驟三：略讀複習

(一)以口頭回答課後問題。

(二)口述課文中所包含的主題（如果沒有課後問題的話）。

(三)寫下你在初步瀏覽中所遺漏的主題。

(四)寫下你認爲老師會出的考題。

步驟四：摘要課文

(一)寫下一個涵蓋課文中所有重點的摘要。

(二)如果你沒有時間寫下摘要，在心中作一個。

　　以這個範例爲準，爲你的指定閱讀作業寫下這樣的工作表。如果你在表上兩行間留下足夠的空間，你可以將你所列的主題表和摘要就放在表上。在記下課文的筆記後，將這張記有筆記的表格放在筆記本的首頁。這樣一來，你便有一個關於筆記的簡介，一張規格化、並能簡要地告訴你筆記內容的表格。當你在爲大考準備時，你會發現這些工作表十分管用，因爲它們能幫助你更迅速更有效率地讀書。

【 例二 】單元：記憶力的增強

（引自李泉譯文，50頁）

　　於是科瑞克他們認爲，記憶是將被記憶的材料做某種處理後再儲存在大腦中的過程。並舉出了記憶處理的三種類型（每種處理都一一對應於上面實驗中所提出的三個問題）：

(一)機械的處理：即詞形形態上的處理。包括字母的大、小寫，拼讀的難易等。

(二)音響的處理：即語詞音韻上的處理。也就是怎樣讀。

(三)意思上的處理：即語詞是什麼意思。

　　三種處理，依次從機械上的處理到音響上的處理，再到意思

上的處理，處理的程度逐漸加深。因此記憶的情況是根據這種處
理的深淺程度，換言之，就是根據採取那種處理方法而定的。也
就是說，處理的越深，記憶的就越好。

在記憶中，對記憶材料的處理的深淺程度被稱作「處理水準
」。因記不住而困惑的人，正是因爲沒有把握記憶的這種特性，
因而即使反反覆覆地重複也還是得不到理想的結果。相反，如果
很好地理解了記憶材料的內容（意思），那麼記一次也會長久不
忘的。

三、電腦教學式

目前在歐美很多大學裡，均積極發展在電腦上提供診斷學習
技能和問題，改進閱讀技巧和學習技巧等的服務。在學習輔導
上，最初電腦輔助教學被應用於個別學習者基本資料的建立，其
中以學業的、態度的和社會的有關測驗分數爲主，如各學科考試
成績，智力測驗分數、自我概念測驗分數等，均是問題診斷的重
要資料依據，然而診斷後的複雜處方則少見於CAI上，仍然由
教師或諮商員處理。近年來，由於人工智慧（ artificial inteli-
gence ）的發展，電腦輔助教學的軟體出現了很多診斷一處方的
適性教學設計，其中包括了電腦化的改進學習技巧之處方軟
體（ Brown, 1974；Farhand & Rice, 1987 ），使學習者透過對
話式的，練習式的和個別式的學習運作系統，獲得增進其學習技
巧的機會。茲以國內外的兩個電腦化方案的一些畫面說明之：

【例一】單元：瞭解課文

（引自Farhand & Rice, 1987）

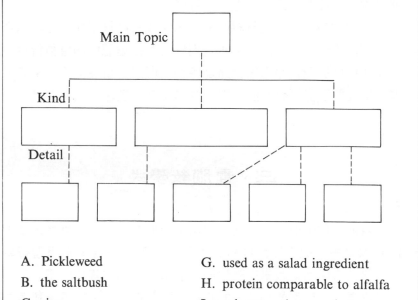

A. Pickleweed
B. the saltbush
C. rice
D. used as livestock food
E. Promising halophytes
F. used in making flour
G. used as a salad ingredient
H. protein comparable to alfalfa
I. underground reservoirs
J. Palmer's Grass
K. a way of getting excess salts out of it must be found

Choose the best statement of the main topic of paragraph four（the paragraph beginning "The staff at the Environmental Research Lab ……"）.

說明：學習者在看過其手上的書面資料後，電腦出現結構的空格，並要求學生由上至下，由左至右一一填入螢光幕上所提示的Ａ至Ｋ所指的意義。

【例二】改進國中生學習技巧之電腦化方案

（引自李咏吟，民76）

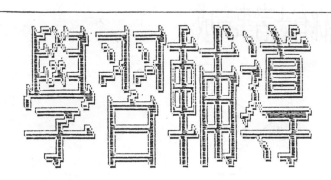

教材設計者：李咏吟　老師

程式設計者：林振盛　老師

　　　　　　鄭經獻　　張富強　郭東茂

支援單位　：國立彰化師範大學　國家科學委員會　教育部。

製作日期　：七十八年　十二月

---

8. 你希望下次考試總分能夠進步

　(1). 1－5分

　(2). 5－10分

　(3). 10－15分

　(4). 15分以上。

　請選擇正確的答案

祝你有志者事竟成。

請按任何字鍵繼續下一個畫面

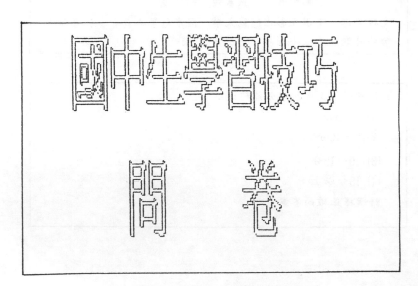

國中生學習技巧

問　卷

	幾乎一定 如此	常常 如此	偶而 如此	從未 如此
1. 我很在意自己在班上的成績。	〔1〕	〔2〕	〔※〕	〔4〕
2. 我害怕功課退步。	〔1〕	〔※〕	〔3〕	〔4〕
3. 我認為學校所教的科目內容不值得學習。	〔1〕	〔2〕	〔3〕	〔※〕
→4. 我發現自己在學期開始不久就已經對讀書 　　不感興趣。	〔1〕	〔2〕	〔3〕	〔4〕
5. 我試著在各科目上均獲得好成績，不論科 　　目的難度或喜歡的程度。	〔1〕	〔2〕	〔3〕	〔4〕

現在請做第4題，請選擇你認為和你情況較符合的答案【 ＿ 】

這裡有改進你的學習習慣的方法和練習教材
，共有以下幾個項目讓你選擇：
(1)擬定時間計畫
(2)如何專心。
(3)讀書方法要訣。
(4)讀主科（國、英、數）的技巧。
(5)你有相同的問題嗎？
(6)結束

你將選擇看上述四項的那一項內容？
請打出標號：

【英文】

　　讀英文時，多出聲朗讀。

你有這個原則嗎？
(1)從未用過，
(2)偶而使用，
(3)常常使用。
請選擇你的答案！　＊＊＊

第四節
學科取向的學習策略之輔導

　　相對於第三節所述的一般性學習策略的輔導，另有一派的研究者主張學科取向的學習策略的輔導，他們質疑一般性學習策略的訓練效果，並認為訓練時應將學習策略課程融入學科內容之中。由於學科教材的特質影響學習者在學習者所應把握的運思策略，因此在學科取向的學習策略輔導上，數學科以解題能力的訓練為主；語文科以閱讀理解和記憶術的訓練為主；科學課程以概念原則的學習法為主，茲舉三例如下：

【例一】在數學課程中教導解題之過程

（引自國小六年級數學科第九單元）

有 200 個氣球，像下圖一樣，從最左邊開始，按著紅、黃、藍、綠的順序排列著。那麼第 168 號的氣球是什麼顏色的？

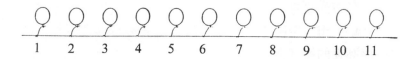

一、先簡化問題（用列表的方法）

把前 25 個氣球照下圖排列：

紅：① ⑤ ⑨ ⑬ ⑰ ㉑ ㉕

黃：② ⑥ ⑩ ⑭ ⑱ ㉒

藍：③ ⑦ ⑪ ⑮ ⑲ ㉓

綠：④ ⑧ ⑫ ⑫ ⑯ ⑳ ㉔

二、再分析表中的規律

㈠相同的顏色，每隔幾號就重複出現一次？為什麼？

㈡查查看，第二直排中的各號分別比 4 號多多少？第三直排中的各號分別比 8 號多多少？

㈢依照號碼順序，每四個分成一組，查查看，各直排的號碼中，有什麼共同的規律？

紅：$5 \div 4 = 1$ 餘……1　　　$9 \div 4 = 2$ 餘……1

黃：$6 \div 4 = 1$ 餘……2　　　$10 \div 4 = 2$ 餘……2

藍：$7 \div 4 = 1$ 餘……3　　　$11 \div 4 = 2$ 餘……3

綠：$8 \div 4 = 2$ 餘……0　　　$12 \div 4 = 3$ 餘……0

三、最後，回到原問題來看看，該怎麼算？

【例二】在科學課程中教導學習者用大綱式做筆記法以促進學習

（引自林清山，民79，教育心理學認知取向，219頁）

做筆記的二種方法

一、逐字抄寫

有一種新的星星

正在紐約市上空照耀著

一座高聳的鐵塔上

可由五哩遠處被看到

經由改變它的顏色告訴人們將是什麼天氣

…………

二、大綱

顏色：

㈠綠色＝晴朗

㈡橘色＝多雲

㈢閃爍的橘色＝下雨

㈣閃爍的白色＝下雪

…………

【例三】在科學課程中教導學習者用結構式填圖法以促進教材的意像與組織高低等植物的傳播方式

種　　　類	繁　　　殖	傳　播　媒　介	實　　　例
低 等 植 物			
高 等 植 物			

第五節

結　論

　　對任一個體而言，其終身所需學習的材料不僅量多且很繁重。如果每一個體皆能成爲有效能的學習者，則大大減輕教師和家長的責任。高效能的學習者通常能夠採用較好的學習策略和方法以應付學習事物，因此，訓練學習策略應成爲學校課程的一環。本章已指出目前在國外輔導學生學習策略的不同模式與成效，國內在發展學習策略的診斷工具上已見成果，然而在輔導方案的驗證上則尚不足。筆者相信一般性的學習策略輔導和學科取向的學習策略輔導可相輔相成，關鍵在於教師如何根據所教對象的問題與需要而設計。教育的措施如果能提高學生的後設認知能力，則學習者較能積極的、主動的、有效率的學習，他們知道如何釣魚，而不是等著大人餵魚，如是則教導者和受教者皆蒙其利。

問題研討

1.學習策略與早期那些概念相似？

2.學生在上課或唸書運用那些學習策略可促進學習效能？

3.在訓練策略的不同模式中，以那一種模式較能配合國內的學校教育情境？

4.試以某一學科的大單元或小單元爲單位，指出如何將學科教學與學習策略輔導結合之。

◆參考書目◆

大雅國中（民70）：學習困擾學生輔導效果評量報告。輔導月刊，*17*（5、6），34－41。

李咏吟（民79）：改進國中低成就學生學習技巧之團體輔導模式。彰化師大輔導學報，*13*，53－73。

李咏吟（民76）：國中生學習行為的診斷與電腦化計畫。行政院國家科學委員會科學與技術人員進修報告。

李咏吟等（民80）：學習與讀後策略量表——大學生版。臺北：中國行為科學社。

林素妃（民81）：增進學習技巧的團體輔導對學習適應欠佳兒童的影響效果研究。國立彰化師範大學碩士論文。

林清山譯（民79）：教育心理學認知取向。臺北：遠流。

孫中瑜（民79）：學習輔導方案對國小低成就兒童輔導效果之研究。國立臺灣師範大學教育心理與輔導研究所碩士論文。

劉月琴、陳秀麗、王秋蘭、黃秀娟、林明玉（民71）：國中學生學習困擾探討與研究。國立臺灣教育學院（未發表）。

賴保禎（民69）：學習態度測驗指導手冊（四版）。臺北：中國行為科學社。

Beale, A. V.（1981）. Developmental guidance：The counselor in the classroom. *NASSP Bulletin, 65,* 51 – 59.

Burkle, C. R., & Marshak, D. A（1980a）. *The study skills program, level I, student text*. ERIC ED 252 832.

Briggs, R. S., & Tosi, D. J., & Morley, H. M.（1971）. Study

habits modification and its effects on academic perform-
ance : A behavioral approach. *The Journal of Educational
Research, 74,* 347 – 50.

Brooks, F. D., & Heston, J. C. (1945). The validity of items
in a study habits inventory. *Journal of Educational
Psychology, 36,* 257 – 270.

Brown, W. F. (1964). *Effective study test.* San Marcos, TX :
Effective study materials.

Brown, W. F., & Holtzman, W. H. (1955). A study attitude
questionaire for predicting academic success. *Journal of
Educational Psychology, 46,* 75 – 84.

Brown, A. L., Armbruster, B. B., & Baker, L. (1986). The
role of metacognition in reading and studying, In J.
Drasanu (ed.). *Reading comprehension from research to
practice* (pp. 49 – 75). Hillsdale, NJ : Erlbaum.

Brown, W. F. , Wehe, N. O. , & Zunker, V. G. , & Haslam, W.
L. (1971). Effectiveness of student－to－student counsel-
ing on the academic adjustment of potential college
dropouts. *Journal of Educational Psychology, 62* (4), 285
－289.

Gallassi, J. P., Frierson, H. T., & Sharer, R. (1981). Behavior
of high, moderate and low test anxious students during an
actual test situàtion. *Journal of Consulting Clinical Psycho-
logy, 49* 51 – 62.

Castagna, S. A., & Codd, J. M. (1984). High school study
skills : Reasons and techniques for counselor involvement.
The School Counselor, 32, 37 – 42.

Cole, C. G. (1979). A group guidance approach to improving students' study skills. *The School Counselor, 27* (1), 29 – 33.

Corno, L., Collins, K. M., & Cooper, T. (1982). *Where there is a way, there is will：Self－regulating the low achieving students.* ERIC Reserach Document No. 222 449.

Dansereau, D. F. (1988). Cooperative learning strategies. In C. E. Weinstein, E. T. Goetz, & P. A. Alexander (eds.). *Learning and study strategies：Issues in assessment, instruction, and evaluation.* NY：Academic Press.

Flavell, J. H. (1979). Metacognition and cognitive monitoring：A new area of cognitive－developmental inquiry. *American Psychologist, 34,* 906 – 911.

Gadzella, B. M. (1980). *A comparison of CAI and class instruction on study skills.* Paper presented at the annual meeting of Southwest Educational Reserch Association. ED 188 599.

Gadzella, B. M. (1981). *A CAI study skill program.* Paper presented at the annual meeting of the Rocky Mountain Educational Research Association. ED 211059.

Gadzella, B. M., Goldston, J. T., & Zimmerman, M. L. (1977). Effectiveness of exposure to study technigues on college students' perceptions. *The Journal of Educational Research, 71,* 26 – 30.

Garner, R. (1987). *Metacognition and reading comprehension.* Newwood, NJ：Albex Publishing Company.

Jonassen, D. H. (1985). *Learning strategies： A new educa-*

tional technology. Programmed Learning.

Mayer, R. E. (1985). Learning in complex domains : A cognitive analysis of computer programming. *Psychology of Learning and Motivation, 19,* 8a – 130.

Norris, M. H. (1986). *Review of the perspectives underlying study skills research with special emphasis on three motivational dimensions : Self－esteem, performance attribution and anxiety : A rational for the self－assessment.*

Petercsak, S. J. (1986). *Study skills : A resource book.* ERIC ED 293 090.

Suinn, R. M. (1969). STABS, a measure of test anxiety for behavior : Normative data. *Behavior Research Journal, 7,* 335 – 339.

Tobin, C. D. (1988). *Study skills : The independent learner.* ERIC ED 300 110.

Weinstein, C. E. (1982). Training students to use elaboration strategies. *Contemporary Educational Psychology, 7,* 301 – 311.

Weinstein, C. E., & Underwood, V. L. (1985). Learning strategies. The how of learning. In S. Segal, S. Chipman, & R. Glaser (Eds.). *Relating instruction to basic research.* Hillsdale, NJ : Lawrence Erlbaum.

Wilson, N. S. (1986). Counselor interventions with low－achieving and underachieving elementary, middle and high school students : A review of the literature. *Journal of Counselor and Development, 64,* 628 – 634.

第 *8* 章

語文科的閱讀教學

重要概念介紹

1.閱讀模式

心理學者所提出人們理解文字的歷程。本章介紹四個主要
的閱讀模式：

(1)由下至上的模式：由文字的視覺影像到內在表徵的認知
歷程。

(2)由上至下的模式：由現存的知識去整理文字刺激的認知
歷程。

(3)互動模式：上至下模式和下至上模式同時啓動的認知歷
程。

(4)循環模式：讀者對字不斷的做解釋並形成命題。當命題
間不能統整時，讀者會回頭再尋找另一個解釋，再形成
命題，直到理解爲止。

2.基模

請見第二章，認知學派的學習理論。

3.後設認知能力

讀者對自己認知歷程的知覺及主動偵測的能力。

4.語音轉錄

認字時將字轉換成語音以解字或做字義辨識的歷程。

第一節

閱讀過程的主要成份

　　不同的研究者對閱讀過程的解釋不同，所提出的閱讀模式也不盡相同。模式雖不只一個，但每一個模式基本上都包括兩部份，一是認字（ word　recognition ），一是理解（ comprehension ）。

一、認字

　　認字又稱解字（ word　decoding ）或字的指認（ word identification ）。它本身包括了字形辨認（ letter recognition ），字音辨讀（ phonetic　activation word　naming ）及字義搜尋（ sematic encoding ）（ Perfetti, 1983 ）。由字形辨認到字義編碼，拼音系統的讀者需要具備下列解字的知識：

1.字形的知識：如 b 與 d，M 與 N 不同。

2.拼字規則。

3.讀音的規則：如 ch，何時唸［ k ］（ chemistry ），何時唸［ t ʃ ］（ church ）。

4.形—音聯結的知識。

　　此外，每位讀者有一語意網（ semantic　network ），表示他對字彙認識的深度與廣度。字彙愈多，語意網愈深，愈廣的人認讀的字愈多。不過，有時一字多義，因此讀者必需藉由上、下文的線索中找出這個字在句中最適當的解釋。

二、理解

　　理解是指明瞭字與字之間的意思。它需要讀者有詞彙、文法的知識才能將字間的意思讀出來。

　　當讀者將句子中一個一個字讀出來後，不表示他就能理解這一句的意思。他必須將每個字組成命題（ proposition ），而後統整各個命題。在轉化爲命題時，讀者會按文法結構的關係來運作。若由讀懂一篇文章的角度來看理解，上述歷程只是以句子爲單位的理解。要理解全文，讀者還需要有下列運作（ 圖8-1 ）：

1.分辨文中重要與不重要的部份。
2.分辨已知與末知。
3.作推論。

　　上述運作需讀者有下列知識：

1.文體知識如故事體、書信體，或政治論文等等。
2.世界知識，其中包括理解這篇文章應有的背景知識。
3.作推論的知識。

　　不論什麼知識都是以一個個的單位儲存在我們的記憶中。認

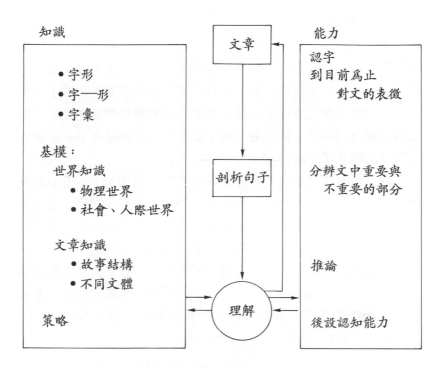

圖8-1　閱讀過程的知識能力

知科學家稱每一個知識的儲存單位為一基模（ schema ）。簡單
的說，基模是訊息處理所依據的最基本單位。一個基模表徵一個
概念及其所有相關的知識。舉例說明：「買」這個概念會引人聯
想到買主、金錢、貨品、交換、討價還價、不二價、賣主等。這
些詞彙間彼此都有關係，形成一個買的基模。隨著個人不同，「
買」基模中的知識成分（ component　parts ）也不盡相同。但一
個社會上多數人基本上對「買」的看法是相近的。因此提到買東

西時，大家都知道說的是什麼。

　　有了基模，當別人說到某個人以錢得到某樣物品，我們就知他在描述一件「買賣」的行為。或是當一個人說：「這條褲子是我花三百元……」他話沒說完，我們也知道他要說「買的」。但若有人提到兩個人及一件物品，我們不能判斷他們是在交易、在欣賞或做任何事情，因為漏了錢，使概念間的聯結就不一定構成「買」的概念了（圖8-2）。

　　所以說基模是讓我們解釋外界刺激的一個根據。基模中許多概念的關係形成我們對人事物一個未言明的理論。這理論是我們應對的根據，也是當我們面對不熟悉情境時，作預測或推論的依據。當外界有訊息時，基模就啟動，看這訊息適合那一個基模（goodness of fit），以合適的基模來運作這筆訊息。例如我們雖不明白太空梭的構造，但因我們對汽車、飛機的認識，透過汽車、飛機的基模，我們推想太空梭大概有引擎、推動器等裝置，使其能發動升天。

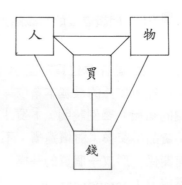

圖8-2　買的基模

整體而言（ Rumelhart, 1980 ）：

1.基模是知識的單位。

2.一個基模中有許多的知識成分或概念。

3.基模表徵知識的抽象層面。

4.基模們會重疊。

5.基模是一個活動的組織，它指認外界刺激，開始資訊處理。

　　因此，當一個人說他明白一篇文章時（或是一句話時），以基模理論來說，就是他為這段訊息找到一個家（基模），因著此基模中的概念與理論，使他對這段訊息有所體會（ Anderson & Pearson, 1984 ）。舉例說明：許多研究都證明基模對理解及記憶有影響。例如，有棒球知識的受試比沒有棒球知識的受試在追憶一篇有關棒球文章內容時，不論質與量的表現都要好（ Spilich, Vesonder, Chiesi, & Voss, 1979；Pearson, Hansen, & Gorden, 1979 ）。因為他們有棒球基模提供一個基礎給這段文章，讀者經過統整，明白文章所說的是什麼也就容易做追憶的工作。

　　基模協助我們指認、理解外界刺激，但它很可能讓我們對外界刺激有刻板反應（ stereotypical responses ）（ Schoenfeld, 1985 ）。例如：

● 媽媽不小心打破了家傳的古董花瓶，媽媽很＿＿＿＿。

● 小明不小心打破了家傳的古董花瓶，媽媽很＿＿＿＿。

　　讀者讀了這兩句可能有不同的反應。對第一句讀者的反應可能是媽媽很懊惱或傷心。對第二句的反應可能是媽媽很生氣，小明惹禍了。這是因著我們既有的角色基模讓我們對不同的角色有不同的解釋及要求而造成不同的推論。我們傾向於認為媽媽會生

小明的氣。這裡面的推論是小明是這位媽媽的小孩子，小孩子打破寶貴的傳家花瓶，媽媽自然有生氣的反應。基於這兩句並未說明小明與媽媽的關係，因此，這可能不是正確的推論，而是刻板的推論。

　　如果所讀的訊息不能與我們的基模相配合，這個訊息可能就被忽略，也可能被曲解。Rumelhart（1980）提出三個造成理解失敗的理由。它們分別是：

1. 學習者沒有合適的基模來迎接新訊息。他可能還沒有學過這方面的知識，未曾建立此類的基模來接受此知識。
2. 學習者有可迎接訊息的基模，但文中所提供的線索不足讓他啓動這個基模。
3. 學習者用別類的基模來解釋文意。對他自己來說，他解釋的很通順且與他所用的基模相互呼應，但卻不是文章的原意，這就是誤解的開始。

　　因此，只有新訊息與合適的基模相配合，才是理解的開始。

三、閱讀理解模式

　　閱讀的模式因不同研究者研究重點不同大至可分成四類：

㈠由下至上的理解模式

　　此模式看重解碼過程（decoding　process）。當一個人閱讀時，他的眼睛看到文字符號，腦子將符號轉換成意義存起來，當

需要訊息時，他取出使用。這是由下往上直線方式的閱讀模式。許多研究人員都同意解碼能力愈好，理解力也愈好（Lesgold & Resnick, 1981；Lesgold, Resnick & Hammand, 1985）。不過，文中的字義不一定是固定的，尤其是當一個字有複義時，讀者常需靠上下文來找出最合適的字義。換句話說，解字後，讀者常需由文中推論字義使上下文能串連。因此，單由解碼來說明閱讀過程，無法完全說明讀者如何找出字與字之間的互動關係。

(二)由上至下的理解模式

此模式強調理解，也是直線式的模式。當個體有了基模，閱讀時，他一接觸文就靠已有的知識形成對文意的假設，因此閱讀的目的在測試他的假設是否正確。認字的能力在此模式中不是很被看重。若有不認識的字可以透過基模的運作來填補理解上可能有的漏洞。這個模式的問題在若讀者對此篇文章沒有一些知識，他無法形成假設來理解這篇文章。此外最近有研究指出一個有技巧的讀者看到字時，馬上有意義上的表徵，不需要啟動基模才能理解（Perfetti & McCutchen, 1986）。因此以理解為主的模式也有其需要修正的地方。

(三)互動模式（interactive model）

為了補充由下至上或由上至下閱讀理解模式的不足，互動模式就被提出。互動模式強調任何層次解上的缺陷可互相填補（Stanovich, 1980）。若一位讀者在認字能力上較慢，但他對文章已有一些概念，由上到下的模式可幫助他理解（Walker, 1987）。若讀者沒有一些既有知識，他的認字能力可讓他由下到

上來理解這篇文章。

㈣循環模式（recycling model）

　　若互動的模式仍以直線的方式來描述閱讀理解過程，還是有其不足的地方。Just 和 Carpenter（1980）用眼球注目（盯視）的科技發現讀者每看文中一個字，對此字的解釋就立即產生。一有解釋就讓讀者對下一個字有期望，當期望與下一個字配合時形成一個命題，而後再將一段落中所有的命題統整找出意思來。若相繼進來的訊息與期望不能配合或不與前面的命題配合，讀者會回頭再找另一個解釋。因此閱讀理解是一個循環的模式：解字→形成命題→統整，三者不斷地循環直到讀者覺得他理解了（圖8-3）。

四、後設認知能力（metacognition）

　　由上面的閱讀理解模式，我們可以總括地說：一位讀者對文章的背景知識或認字能力不夠都不會有好的閱讀理解。但是理解所需求的不只是知識與技能。Markman（1977, 1979）提出兒童是否注意到文章組織是理解與否的一個關鍵。Markman 以口頭方式告訴兒童玩牌的規則，但其中漏掉最重的訊息：玩那一張牌。每個受試都被提醒如果主試者漏掉任何訊息，他們要提出來。整個實驗過程中，主試者亦不斷地提醒受試者，他怎麼知道玩那一張牌，一直問到受試者表現出他注意到了有遺漏的訊息。Markman 統計發現一、二、三年級受試平均分別要提醒

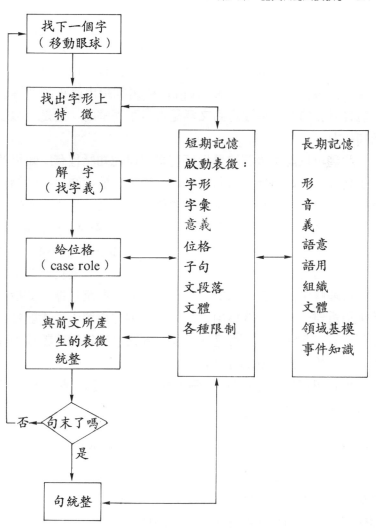

圖8-3　閱讀歷程模式之一（取自 Just and Carpenter, 1980）

九、六、三次才會注意到有訊息遺漏了。Markman也以不連貫的文章來實驗三、五、六年級受試對不連貫內容的警覺性。同樣的，主試也一直告訴受試文中有些地方不清楚，但只有六年級小朋友能發現漏洞。因此，Markman的研究指出真正的理解包括能監督自己的理解，注意到文章是否是可理解的。這是一種後設認知能力。

我們可以說後設認知是指個體對自己認知歷程有所知覺並且會主動去偵測此歷程。以閱讀來說，讀者若能偵測自己的閱讀歷程就算有閱讀的後設認知能力，會使閱讀活動進行的更順暢。目前定義閱讀後設認知且較廣泛為人所接受的有A. Brown和S. Paris兩人提出的後設認知內涵。Baker和Brown（1984）認為後設認知包括自己很規則的計畫、監督、修正及評鑑自己的學習。在閱讀理解中的後設認知能力可分：(1)釐清閱讀目標；(2)指出段落中最重要的訊息；(3)集中注意力在重要的內容上；(4)監督自己是否理解；(5)問自己是否達成目標；(6)當發現理解有誤或不理解時有修正的行動（Brown, 1980）。

Paris則認為後設認知是個人知覺到有關認知狀態或歷程的知識。其中包括：

㈠認知的自我評估（self－appraisal of cognition）

又包括對：(1)陳述性知識（個體有的命題的知識）；(2)程序性知識（個體對思考歷程的察覺）；(3)條件式知識（個體對於影響學習情境之因素的察覺）的靜態評估。

㈡思考的自我管理（ self－management of thinking ）

這是上述知識付諸行動。其中包括：⑴計畫：根據目標選擇合適的認知策略；⑵評估：分析會影響目標達成的作業性質或個人能力；⑶調整：監控或指引自己的認知行動（ Jacobs ＆ Paris, 1987 ）。

研究指出，閱讀能力好的讀者有豐富的字彙和知識。他們也有運作已有知識的能力（ Perfetti, 1985 ）。而年紀小及能力差的讀者似乎都沒有這種後設認知能力（ Garner ＆ Kraus, 1981, 1982 ）。換句話說，閱讀能力好的人能由閱讀中學到更多知識，進而更促進他們的閱讀。閱讀能力不好的人，相對地，字彙少，知識也差，不能由閱讀中獲益，他的字彙及知識不能透過閱讀增加，也就是不能由閱讀中獲益。這形成閱讀上富者愈富而相對的貧者愈貧的現象。

下面兩個例子是兩位二年級小朋友對同一篇文章的讀的過程記錄。【　】內的字表示由研究者代唸，＿＿＿表示漏唸的字，（　）表示小朋友唸錯的音，楷體字表示多唸的字。很明顯可以看到例一小朋友字彙不夠（【　】的字很多），他逐字逐字唸，依形猜字。如「地」、「也」都唸成「他」。我們也看到兩位小朋友都有基模在引導閱讀，如例一的「網子一破（拉）」、例二的「撈魚的網子是（用）紙作的」。

【例一】

　　星期六的晚上，爸爸帶著妹妹和我一起去逛【夜市】。那（哪）裡有好多賣衣服、玩具和【烤魷魚】的【攤販】。【逛】著逛著我們看到一個【撈】金魚的地（他）方，有許多人已（自）經【蹲】在旁邊開始【撈】了。妹妹和我也（他）很想玩一玩，爸爸答（達）應我們一個人可以（可人可）玩兩次。

　　撈魚的網子是【紙作】的，所以（所以）必須非（排）【常】小心，【否則】網子一破（拉），就不能再用了。我們辛苦（辦可）了好一陣子，最後（的）我和妹妹【總】共撈到五隻。為了【給】魚（雨）一個舒服的家，爸爸又買了一個魚缸。我們把魚兒們放進（紅魚紅）魚缸裡。

　　（在）回到家裡，魚兒在魚缸裡游得很開心。我和妹妹用魚飼料餵他們，每次魚兒【總】是搶（槍）著吃。

　　過了幾天，魚缸裡的水【變髒】了，我想魚兒們一定不喜歡這樣，於是我【決】定要替他們換水。我先用自來水把魚缸洗（先）過兩遍（半）以後，再把水加滿，魚缸果然（就）又變得很乾淨了，我想等爸爸回來一定會稱讚我的。

　　吃過晚飯，妹妹發現有三隻魚浮在水面【死】掉了。【另外】兩隻好像也（他）生病（丙）了。我跟爸爸說：「我下午才過【換】過水，怎麼魚反【而】這麼（就）快就死了呢？」爸爸說：「魚可能是因為受（愛）不了自來水才生病（丙）的。因為水（剛）【經】過消毒對魚兒不好。」妹妹在旁邊哭著說：「哥哥都是你把魚兒給害死了，我不管（魚兒），我要我的魚兒啦！」

【例二】

　　星期六的晚上，爸爸帶著妹妹和我一起去逛夜市。那裡有好多賣衣服、玩具和烤魷魚的攤販。逛著逛著我們看到一個撈金魚的地方，有許多人已經蹲在旁邊開始撈了。妹妹和我也很想玩一玩，爸爸答應我們二個人可以玩兩次。

　　撈魚的網子是（用）紙作的，所以必須非常小心，否則網子一破，就不能再用了。我們辛苦了好一陣子，（我）最後我和妹妹總共撈到五隻。為了（要）給魚一個（舒服）舒服的家，爸爸又買了一個魚缸。我們把魚兒們放進魚缸裡。

　　回到家裡，魚兒在魚缸裡游得很開心。我和妹妹用魚飼料餵他們，每次魚兒總是搶著吃。

　　過了幾天，魚缸裡的水變髒了，我想魚兒們一定不喜歡這樣，於是我決定要替他們換水。我先用自來水把魚缸洗過兩遍以後（以後），再把水加滿，魚缸果然又變得（又變得）很乾淨了，（我和）我想等爸爸回來一定會稱讚我的。

　　吃過晚飯，（我和）妹妹（和）發現有三隻魚浮在水面死掉了。另外（另外）兩隻好像也生病了。我跟爸爸說：「（下午）我下午才換過水，怎麼（反）魚反而這麼快就死了呢？」爸爸說：「魚（可以）可能是因為受不了自來水才生病的。因為水（因為）經過消毒對魚兒不好。」妹妹在旁邊哭著說：「哥哥都是你把魚兒給害死了（的），我不管，我要我的魚兒啦！」

第二節

讀 國 字

一、認中國字的知識

隨著學習中文字的時間增長，讀者對中文字會形成一些認讀的原則。例如我們對字形會產生辨識的知識。我們知道哪些字部是不可分的（吳璧純、方聖平，民77），也因此我們可以分辨哪些是合法中國字，哪些不是。又例如當我們碰到不認得的字則有邊讀邊。這些讀字的原則與中文字的構造是有關係的。因為中文字表意也標音，因此認中國字的一般知識有（鄭昭明、陳學志，民80）：

1.漢字組字規則

如「宀」只置於字首，「氵」只置於字的左邊。

2.字部的讀音知識

如表念ㄅㄧㄠˇ；則錶、婊、裱，皆唸ㄅㄧㄠˇ。

3.字部的語義知識

如「金」表與金屬相關的字。因此，鈦、釙、鉋我們都可以猜大致與「金屬」有關。

根據估計，中文字有百分之八十五的形聲字，但是中文字的「形－音」對應不是很強（鄭昭明、陳學志，民80）。而且中文字中很容易找到「形似音同」如禪、蟬；「形似音異」如釋、譯；「形異音同」如遲、馳的字。換句話說，有「有邊讀邊」的規則知識不一定讓我們唸對生字。此外，中文字有所謂的沒有聲符的孤獨字，如凸。這個字就無法靠聲旁來讀了（連韻文，民74）。

二、語音轉錄

向來有人以為中文字是圖象文字是表意的，因此閱讀時不必像拼音文字一般經過語音轉錄的過程，但研究證實讀中文字需經語音轉錄（林宜平，民72；曾志朗、洪蘭，民67；連韻文，民74；鄭昭明，民67）。方聖平、洪瑞雲和曾志朗（Fang, Horng, & Tzeng, 1980）整理形聲字，依其聲旁與其他字部在一起發聲的一致性將形聲字分為規律一致組，規律不一致組和不規律組。規律是指字的發音可由其所擁有的聲旁來決定。如巨、距、拒、矩、炬、苣。規律不一致如由、袖、抽、軸、宙。不規律組如治、路、割。方氏等還依聲旁一致性高或低編製出假字看一致性效果是否仍然存在。研究結果發現規律一致組的字反應時間最短。其他兩類字則沒有差別。高一致性聲旁的假字被唸出來的音與聲旁有百分之九十五的接近程度。中一致性聲旁假字被唸出來的音與聲旁有百分之八十九的接近程度，低一致性則只有百分之四十三的接近程度。顯然中文字的聲旁的一致性有促進讀字音的

效果。就犯錯的現象來說，大多數（14／24和16／25）為語音混淆所造成的錯誤，如「被」唸成［pi］，「把」唸成［fei］。

在字義辨識上也有語音轉錄現象（謝娜敏，民71；林宜平，民72）。這是說在判斷字義的時候也是透過語音才找出字義。不只是口語，使用手語的國中聽障學生在字義判斷中也有手語轉錄現象（曾世杰，民78）。

這些讀中文字的原則及現象都是在成人身上找到的，也就是說他們在多年學習後已有了讀中文字的知識，因此產生認讀中文字的原則。對於初學中文字的兒童來說，他們中文字字彙不多，認字知識不夠，他們怎麼辨識中文字呢？

三、兒童認中國字

柯華葳（民80）依據對兒童會錯意字的分析找出兒童辨識字的途徑。所謂會錯意字是指兒童誤認一個字，但用出來的意義是可接受的。例如兒童將「昨」看為「時」，以它為「昨ㄕˊ間」來使用。根據柯氏的分析，一年級學童犯錯中有一半的是形似的錯誤，如：

- 難—歡：喜難ㄏㄨㄢ
- 雄—難：雄ㄋㄢˊ過

另一值得提的現象是當一年級學生將一個字形的音唸出來後，通常會脫離形—音—義的聯結而變成其他的字義，如：

- 覺—決：覺定

- 美一每：美天
- 新一辛：新苦

　　這個現象年級愈高就愈少（由一年級佔全部錯誤14％的機率至高年級只佔.04－.06％的機率）。這表示年級愈高漸形成中文字形一音一義對應的概念。不過，由兒童認字表現來看，字形仍是辨識中文字識最重要的功課。因形而犯的錯誤在各個年級間一直很普遍，例如到六年級仍有百分之三十九的錯誤是屬於此一類。這一方面顯示學童對形的知識尚待充實，另一方面顯示形的相近是辨識中國字一個主要的困難。除形似外，因形音的相近而造成的錯誤除一年級只有百分之十五外，其餘各年級都在百分之三十至四十之間。因形音相近（或說音似形似的字）而造成的錯誤，如：期一棋：下期；痙一經：神痙；瓏一攏：並瓏等。這個錯誤不只發生在小學生身上，也是大學生犯錯比例最高的一類字（謝娜敏，民71）。由這類錯誤我們可以看到隨著年級增加，學生開始使用「聲旁」來讀中文字（有邊讀邊），只是在語義上的知識還不足，因而犯錯。

四、生字詞教學

　　由上述研究我們得知在生字教學中，對於字形特徵及其與音、義聯結的強調是很重要的。有這些知識才能對形似、音似字做正確的分辨。不過，由閱讀模式的介紹，我們也看到認字有時需上下文的幫助，因此，由上下文脈絡中教「字」也是一重要的

方法。

劉英茂（民67）曾研究由脈絡中學生詞的效果。他的對象是四年級小學生。研究的主要發現是在脈絡中學生詞有其效果，特別是當生詞的呈現有字形與字音的搭配，對小學生來說效果更好。但脈絡的效果比不上只學生詞（也就是只出現生詞與其注音及解釋）的效果。劉氏的解釋是脈絡學習時學生尚須處理文句的意義，因此就純粹的學習效果來說，只學生詞組的學習時間較快且效果較佳。

由脈絡中教生字或抽離出脈絡先學生字再理解文章的議題，除了心理學者關心外，在學校中也一直是有爭議的。針對此問題柯華葳（民73）設計由一位老師在兩班程度、背景相近的二年級學生中實施兩單元六課的國語教學。第一班學生第一單元（三課）接受先認字（生字）後讀（理解）的教學，第二單元則接受先讀文再學生字的教學。第二班與第一班的先後程序相反。兩班上課、評量時間皆經刻意安排，使一切會影響學習效果的條件盡可能相近。每課認字教學完成後，學生都接受一個小測驗。每課全部教完後又有一個包括全文理解的大型測驗。結果發現除了在一個小測驗上兩班顯出差異外，在其餘的測驗上，不論那種教學先，兩班的表現沒有統計上的顯著差異。

這個研究與上述研究的不同在劉氏的研究是實驗室的研究，因此脈絡學習與單獨生詞學習都控制的很單純，學生只見脈絡或只見生詞。而柯氏的研究配合小學生國語課的進行，除只教生詞或只由脈絡中教生詞外，還將全課的內容、文章型式、朗讀的方法等等向學生說明。或許因此，學生雖只學生詞，或只由脈絡中學生詞，因著都有反覆在課文中使用這些生詞的機會，造成效果

上沒有差異。

第三節

閱 讀 理 解

一、文章的敘寫

　　上一節我們曾提到讀者要有一定的知識才能理解文章，但一味的要求讀者有知識是不夠的，文章本身的書寫品質也會影響讀者的理解。作者曾以現行的小學社會科五年級教科書中的三課來檢討教科書的書寫是否合於理解的原則（柯華葳，民79）。研究者以基模理論為根據來探討學童對這三課的理解。如前所述，閱讀時，讀者的基模會被觸動，引他來注意、解釋甚至預測下文的內容。因此，研究者請五年級學童一句一句地閱讀課文，每閱讀一句先說出本句的意思再猜測下一句作者會說什麼。

　　除了說出每句的意思並預測下一句外，研究者還請學童在每讀完一段後說出這一段的大意。說大意或摘要也是測量理解的一個方法。

　　結果發現除了少數概念較難（或說是學生在日常生活中較不容易接觸到的概念）（表8-1）的句子影響理解外，學生對多數句子的理解合乎原書作者的意思。其中有一個句子是因其使用的

句型，造成理解的困難。但在預測句上，可看到學生所預測的下文與作者的下一句是不太相同的（見表8-1）。

　　由學生的資料中我們看到學童是有基模在引導他們對下一句做預測，但他們的預測顯然與原文作者的想法不一樣。也因此造成當研究者要求學生將讀過的一段做摘要時，許多摘要都與原文有出入（表8-2），這表示學生不是很理解原文。這裡顯出的問題是，在課文以句爲單位的理解或許對學生來說不難，但整課課文要介紹的主題卻因句與句之間的連繫與學生已有的知識不配合而造成學生對全文的理解有困難。除了句與句之間連繫與學生的背景知識不配合造成學生的理解困難外，標題的適當與否也是影響理解的重要因素。

　　林美惠（民65）曾探討文章標題對理解的影響。他利用Bransford和Johnson的材料：汽球傳音、洗衣服和放風箏三篇文章分別安上：(1)適當的標題；(2)無關的標題及(3)沒有標題。受試者做的時候先看到標題（或沒有標題）而後聽文章，聽完後評估自己對這篇文章的理解作一到七等量表的評量，而後寫下所回憶到的文章內容。結果發現皆以有適當標題爲最易理解，次爲沒有標題，最後爲無關標題。有適當標題能增進文章理解，因它提供了一個理解的基礎。

表8-1 課文原句與學童預測句

句次	原文	甲生（女）	乙生（男）
1	家和婚姻 「家」字的意思，是一男一女相結合，同居在一室。	一男一女相結合，也就是婚姻。	夫妻應該快快樂樂的相處。
2	由夫婦而子女，一個家庭就組織成了。	有些家庭不一定是由夫婦及子女所組成。例如，有夫婦雙方的父親、母親，也可成為一個家庭。	使孩子有好家庭。
3	人類都有家庭，但中國人對家庭特別重視。	因為家庭對每一個人來講是一個避風港。如果有什麼問題，向家人請教，都可以獲得解決。	應該好好重視家庭，使每個地方乾淨衛生。
4	家庭是一種組織；婚姻是一男一女結合，共同創立家庭的一種關係。	要組織一個家，一定要一男一女結合，共同努力，才能形成一個家。	子女應該好好與父母建立好關係。
5	中國和西方人，對婚姻的觀念，對家庭的組成，都不一樣。	因為中國人和西方人的生活習慣不一樣，所以對家庭的組成也不一樣。	結了婚就應該好好珍惜。

6*	家庭的重要 幾千年來，以農立國的中國，形成了以家庭為中心的生活；個人的生、老、病、死，都由家人照料；個人的管、教、養、衛，都由家庭安排。	因為家庭是一個避風港，所以不管你有什麼病，或有不好的習慣，都由家庭來安排。	對子女有好的管教方法。
27	中國人的三世 每一個人，生活在現在，他一定會想到過去，也會想到將來。	每一個人一定會懷念他小時候好玩的事情，但是他也會想到未來要當什麼，這個也就是他的夢想。	過去所做的每一件也要好好想一想。
28**	過去、現在和將來，就是三世。	過去小孩子時是為一世，現在是二世，將來則是第三世。	（未答）
29	中國人重視家庭，把自己的信仰，寄託於祖先的保佑；把現在的安慰，寄託於全家安和；把將來的希望，寄託於兒孫後代。	中國人每個人都很尊重祖先，所以寄託於祖先的保佑。	（未答）

*引起學童誤解的句子（第6句）

甲女：因為家是避風港，所以不管你有什麼，或有不好的習慣，都由家庭來安排。

乙男：中國人自古以來都以耕田為工作，我們的一生應該好好珍惜，父母對子女要有好的管教方法。

**引起學童誤解的句子（第28句）

甲女：過去的小孩是為一世，現在是二世，將來則是第三世。

乙男：過去所做錯的事，現在、將來都不應該再做錯。

表8-2　學童的分段摘要

段次	句　　次	甲　　　　女	乙　　　　男
1	1－3	講家和婚姻	和爸媽住一起要和藹相處*
2	4－5	怎樣組織一個家庭	對婚姻要好好珍惜*
3	6－10	家的重要	父母應做子女的榜樣*
8	27－28	過去、現在和未來稱為三世*	多為自己將來著想*

*明顯的與課文意思有出入。

二、閱讀理解教學

㈠國外的例子

　　國外有一些很成功的閱讀理解教學例子，現在分別介紹如下：

　　Beck、Perfetti 和 Mckeown（ 1982 ）設計一套教學強調字彙對理解的影響，這套教學重在學生對字彙有深層及流暢的理解。它的教學要點大致如下：

1. 以語意網呈現生字群，如人的類別中包括隱士、生手、音樂家、法律顧問等八個字一起出現。
2. 每一字群出現五天（五天爲一周期），每天二‧五小時的教學，此外，每二至三周期後再複習。
3. 生字群呈現時學生要說出他們對字與字之間關係的想法與聯想。
4. 學生要在教學外使用這些新學的字。
5. 教師向學生示範 3.的模式。

　　研究結果是參與實驗的學生比控制組的學生在字義分辨、短句辨別及故事追憶三個測驗上的表現都要好很多。這三個測驗都是針對理解而設計的。

　　Brown 及他的同事把上述六個後設認知能力（ Brown， 1980 ）綜合成四個活動：⑴摘要（ 測自己理解的程度 ）；⑵自己問自

己問題；(3)澄清不清楚處；(4)預測後果（Palincsar ＆ Brown, 1984）。至於摘要，又分析成五個步驟：(1)除去重覆處；(2)除去不重要的部份；(3)以高層次名詞統整一般名詞，如家畜代替狗、貓、兔子等；(4)選出主題句子；(5)若作者沒有寫出主題句子，自己寫（Brown & Day, 1983）。這些能力分析出來後都可透過教學學到，使能力差的讀者理解力提高。

Palincsar 和 Brown（1984）採用上述四個閱讀理解的後設認知活動及Vygotsky的社會互動理論設計了一套互動教學課程（reciprocal teaching program）。首先老師示範閱讀時如何自己問自己問題，做摘要，預測下文內容，澄清不明白的地方，而後師生一起做這些活動，進而老師只提供回饋，漸漸退隱，由學生自行運用上述活動來閱讀。Palincsar 和 Brown的實驗成果非常好，他們甚至將實驗引介到一般教室。受過短期訓練的班級老師依上述步驟自己實驗，同樣的使原本閱讀理解能力差的學生，達到一般的程度。

另外值得一提的閱讀課程是 Kamehameha幼兒教育課程（Tharp, 1982）。它的閱讀材料以反應學生所熟悉的夏威夷文化為理解的根據。一位老師只教二至五位學生，教師使用許多題問引導學生回答，由學生反應中，教師給回饋及決定特別需要的教學。

由這些成功的閱讀理解教學方案中，我們可以整理出下列閱讀理解教學的原則：

1.教學目標以閱讀理解為主。

2.學生發現所學在生活上有用就樂意學。如 Beck 等人鼓勵學生在教室外使用單字；Kamehameha 的學生讀到與自己生

活、文化息息相關的材料。

3.教師示範，使學生看到這些能力（後設認知能力）可促成理
　解以及如何去運用這些能力。

4.教學的彈性。師生的對話是三個方案都很看重的活動，透過
　對話教師要針對不同學生的需求有所反應，因此教學的彈性
　在這些教學中佔很重要的地位。

5.反覆的練習使所要學的能力達到熟習的地步，學生才會應用
　的出來。

㈡國內的例子

　　筆者曾在五年級與二年級的國語課中觀察一段時間，下面是
教學過程觀察結果（柯華葳，民75）：

1.五年級上學期

　　五年級總共觀察了十四節課（560分鐘）。上課用了五百十
一分鐘，耽誤三十七分鐘，其他有十二分鐘。耽誤是指上課鐘響
後未正式開始上課，也就是班長未喊起立，敬禮之前的時間。其
他是指上課中有外人來訪或是秩序整理及提早下課等與上課無關
的事。平均之下，每節課有三‧二九分鐘不是用在直接教國語
上。觀察的十四節課中包括了兩節作文及一節毛筆字課。作文課
實足用了七十八分鐘，寫字課用了三十二分鐘。

　　五年級每節課的教學過程如表8-3所列。由表8-3可看出幾
乎每三節就可上完一課國語，而每課上的過程大致是學生先默讀
課文，而後老師請學生說本文大意，老師再加些補充。而後，教
師提出本課生字，提生字時碰到字形或筆劃較難的，教師會加以
說明字形結構或是以書空方式帶學生練習生字。生字教學時，學

生都以字典爲解釋的主要來源，因此教師提出一個字，學生舉手
將其所找到的音及義或唸出或是到黑板上寫出來供大家參考。生
字教完後爲課文深究，教師幾乎是依教學指引上的問題依次提出
讓學生作答。最後學生拿出習作，按習作上所列，教師請人先回
答或板書，全班檢討答案而後各自在習作簿上作答。到此一程結
束。

2.二年級上學期

　　二年級觀察了十五節課（ 600 分鐘 ），與國語科教學直接有
關的是五百二五分鐘，耽誤了三十七分鐘，其他有四十六分鐘。
合計觀察了六百零八分鐘，多出的八分鐘是教師爲完成一個段落
的教學而延後下課時間。

　　二年級每節課的教學過程如表 8-4 所列。由表 8-4 可看出平
均四節課教師就可上完一課。每課上課的過程大致是學生先朗讀
新的課文，教師會示範領著學生讀。而後就課文內容問答，是所
謂的課文深究。接著，由教師提出生字新詞，通常教師將字寫在
長短牌上或是黑板上，告訴學生部首筆劃，領學生書空，學生寫
在作業本上，而後請學生造詞。最後拿出習作簿，在全班討論
下，學生在各人的習作簿上填上答案，一課教學結束。

3.二、五年級教學過程比較

　　由二年級與五年級的國語教學過程發現有四個步驟是兩個班
級共有的（ 表 8-5 ）：讀、生字新詞教學，課文深究及習作。但
是進行的順序及所花費的時間不同。二年級以生字新詞的教學花
去最多時間，其次爲習作再次爲讀而且是朗讀，最後才是課文深
究。五年級時間使用依多至寡順序爲習作、生字新詞教學、課文
深究，最後才是讀，而且多數時候是默讀。

表8-3　五年級教學過程

作文

　　第一節　（2）→指導（8）

　　第二節　打稿（30）→謄稿（40）

第七課

　　第一節　整潔工作（5）→默讀（5）→段落、全文大意（5）→
　　　　　　歸納（2）→生字新詞、書空（20）→提早下課（3）

　　第二節　（2）→生字新詞複習（2）→朗、輪讀（6）→課文深
　　　　　　究（14）造句（1）→綱要、心得、感想、習作、綱要
　　　　　　（15）

　　第三節　（3）→朗讀（4）→新詞解釋（3）→板書（1）→習
　　　　　　作：改寫句子（12）→習作：造句（9）→習作：接寫
　　　　　　句子（8）

第八課

　　第一節　（5）→默讀（4）→講解（3）→全文大意（5）→歸
　　　　　　納（1）→生字新詞（9）→書空練習（6）→生字新詞
　　　　　　（7）

　　第二節　生字新詞複習（2）朗讀（5）→課文深究（9）→破音
　　　　　　字（1）→造句（5）→綱要。心得、感想＋習作：綱
　　　　　　要、感想（15）→提早下課（3）

　　第三節　（2）→默讀（2）→習作：改寫句子（13）→習作：
　　　　　　接寫句子（13）→習作：寫短語（9）→提早下課
　　　　　　（1）

第九課

　第一節　（2）→默讀（3）→講解（2）→全文大意（3）→歸
　　　　　納（1）→生字新詞（10）→書空（2）→解釋（4）→
　　　　　生字新詞（7）→字形研究（5）→提早下課（1）

　第二節　（4）→朗讀、範讀（11）→課文深究（15）→心得、
　　　　　感想、全文大意（10）

　第三節　練習三
　　　　　老師發表（2）→造句（20）→標點符號（6）→問卷
　　　　　（12）

　第四節　寫字
　　　　　工具準備（5）→範寫（5）→學生寫，教師巡，個別
　　　　　指正（27）→整理（3）

　第五節　說話
　　　　　整潔活動（6）→教師發表（8）→學生發表（17）→
　　　　　老師講評（2）→學生發表（3）→老師歸納（3）→提
　　　　　早下課（1）

　第六節　吟唱詩歌
　　　　　整潔活動（6）→學生發表（10）→老師歸納（2）→
　　　　　用具準備（1）→詩歌吟唱（19）→老師歸納（2）

（　）內的數字表分鐘數。

表8-4 二年級教學過程

第七課

　　第一節　（2）→輪讀、範讀、朗讀（10）→課文深究（10）→生字新詞、長短牌（11）→書空（7）

　　第二節　（5）→書空並抄寫（8）→造詞（25）→學生寫作業（2）

　　第三節　整潔活動（7）→秩序管理（6）→朗讀、範讀、分組讀、朗讀（12）→課文深究（問答）→（12）→劃生字新詞（5）→晚下課（2）

　　第四節　習作
　　　　　　（4）→朗讀（範讀）→（4）→習作：找句子（26）→習作：全文大意（3）→習作：照樣造句（5）→晚下課（2）

　　第五節　（3）→習作：找句子（3）→照樣造句（8）→習作：替換語詞（13）→秩序管理（1）→範文（8）→提早下課（1）

　　第六節　秩序管理（3）→習作：短文練習（36）→提早下課（1）

第八課

　　一、（4）→朗讀（範讀）（5）→課文深究（8）→秩序管理（2）→範讀（9）→書空練習（11）→提早下課（1）

　　二、（3）→書空（4）→造詞（22）→讀造詞（範讀、朗讀）（6）→提早下課（5）

　　三、（2）→朗讀（3）→分組讀（4）→秩序管理（1）

→課文深究（4）→習作：本課要點（7）→習作：照樣
造句（4）→習作：造句（3）→習作：填詞（11）→提
早下課（1）

四、秩序管理（4）→學生寫習作（3）→外找（1）→學生寫
習作（3）→說段落大意（5）→外找（1）→相似字、破
音字（8）→秩序管理（1）→破音字（1）→秩序管
理（1）→破音字（2）→朗讀（9）→提早下課（1）

第九課

一、課文深究（13）→外找（2）→生字新詞、書空練
習（10）→造詞（17）→下課（2）

二、秩序管理（7）→朗讀（範讀）（3）→秩序管理（1）→
書空練習（8）→造句（20）→提早下課（1）

三、板書（2）→以實物講解（7）→習作：要點（習作與朗
讀）（6）→秩序管理（1）→要點（3）→習作：換句話
說（1）→習作：照樣造句（2）→習作：疊字練
習（11）→習作：換句話說（1）→習作：寫（5）→下
課（2）

四、作文

（7）→朗讀課本（10）→發範本（3）→讀範本（7）
→拿作文本（3）→作文指導（2）→寫作（43）→讀
學生作文（5）

（　）內數字表分鐘數。

　　二年級老師在生字新詞教學前先前進行課文深究，使學生對課文有些了解。比較起其他步驟，二年級老師用在課文深究上的時間並不多（見表8-5）。五年級教師則在生字新詞教學後進行課文深究，所花費的時間亦少於生字新詞教學及習作所用的時間。

表8-5　二、五年級在國語科四個主要教學步驟中所使用的分鐘數

步驟 ＼ 年級	二 年 級	五 年 級
讀	82	39
生 字 新 詞	159	83
課 文 深 究	47	62
習 作	156	94

　　由閱讀理解的模式來說，認字與理解同等重要。由上述教學過程看來，我們或許花太多在與字相關的知識上，而忽略與「文」有關的練習。而字的練習也都只看重個別字的熟悉，而不像Beck等人（1982）以語意網為練習單位，這是會造成理解能力上的缺失的。

影響閱讀的相關因素

在閱讀領域中有很多研究做的是閱讀相關因素對閱讀成就影響的探討。這些研究的對象有普通學生也有非普通學生如聽障生與閱障生。每個研究用的測驗中至少有一份是根據研究者的研究目的自編的，餘者則由標準化（或出版）的測驗中找能配合其研究目的來使用如國語文能力測驗（吳武典、張正芬，民73），國民中學國文科成就測驗（黃國彥，民69）。也有的是使用另一篇論文的測驗如閱讀成就測驗（Stevenson' et al., 1982）或是使用學校國語科成績。無論自編測驗或借用測驗，各篇報告中都提出信、效度證據來說明其測驗的可接受程度。歸納整理這些研究，我們看到閱讀成績至少與下列因素有關：

- 家庭社經地位（馬信行，民64；陳政見，民77；繆敏志，民69），這其中的例外是智能不足兒的語文能力與父母社經地位沒有關係（張正芬，民76）。
- 學校地區—在詞彙、語法、閱讀上（自編）南區優於北區優於中區（陳政見，民77）。
- 父母教育程度（Stevenson, Lee, Stigiler, & Lucker, 1984；陳怡佐，民77；陳政見，民77；陳彥玲，民77；錡寶香，民78）。
- 親子互動程度（繆敏志，民79）。

- 智能成績（陳政見，民77；陳照明，民67；錡寶香，民78）。
- 各學科成績（黃貴祥，民77；趙梅如，民78）。
- 學校以外上課時間愈多，閱讀成就愈高（陳彥玲，民75）。
- 測驗焦慮程度愈高，國語文學習成就低（師大教心編）（梁茂森，民71）。
- 師生信任程度高，國文成就（國民中學國文科成就測驗）好（趙梅如，民78）。
- 人格適應好，國文成就（國民中學國文科成就測驗）好（趙梅如，民78）。
- 自我概念與國語文成績呈正相關（黃貴祥，民77）。
- 學習方法、學習策略與國語文成績呈正相關（黃貴祥，民77）。

　　由這些相關的研究看來，兒童本身的因素如性別、智力、性向，至其週遭環境因素如家庭、父母、老師，甚至我們可推論到更大的文化、社會因素如社會上每個人是否看重閱讀，是否提供良好閱讀環境都會與兒童的閱讀成就有關。這些資料對於我們思考如何促進兒童閱讀能力的具體做法上是有幫助的。

問題研討

1.字如何辨識？

2.文如何理解，需哪些知識與技能？

3.以眼球盯視的技術研究閱讀如何描述閱讀歷程？

4.閱讀的後設認知能力指的是什麼？

5.識字不多的兒童讀中文字與成人讀最大的不同點是什麼？

6.不易叫讀者有誤解的文章的特徵是什麼？

7.成功閱讀理解教學的特色是什麼？

◆參考書目◆

吳璧純、方聖平（民77）：以中文字形的概念區辨性探討字詞辨識的基本單位。中華心理學刊，*30*（1），9－19。

林宜平（民72）：漢字「形」、「音」、「義」的比對──一個「語音轉錄」的字彙觸接模式。國立臺灣大學心理研究所碩士論文。

林美惠（民65）：文章標題對語文理解之影響。國立臺灣大學心理研究所碩士論文。

胡志偉（民78）：中文詞的辨識歷程。中華心理學刊，*31*（1），33－39。

柯華葳（民73）：國語教學過程研究之一──先讀或先寫。載於國民小學國語科教材教法研究第一輯。臺灣省：國民學校教師研習會。

柯華葳（民75）：國語教學過程觀察。未發表。

柯華葳、范信賢（民79）：增進國小社會科課文理解度之研究。國教學報，*3*。

柯華葳（民80）：兒童對生字的處理，發表於第三屆世界華語語文教學研討會，臺北。

馬信行（民74）：家庭文化背景與學業成績的關係。國立政治大學學報，*51*，139－165。

連韻文（民74）：中文唸字歷程的探討──聲旁的語音觸發作用。國立臺灣大學心理研究所碩士論文。

梁茂森（民17）：閱讀速率、測試焦慮與國語文學習成就之關係。國立高雄師範大學教育研究所碩士論文。

曹秀美（民79）：國小聽障學生與普通學生句型理解能力之比較研究。國立臺灣師範大學特殊教育研究所碩士論文。

陳政見（民77）：國中新生國語文能力及其相關因素之研究。國立彰化師範大學特殊教育研究所碩士論文。

陳彥玲（民75）：臺北市一年級國民小學童閱讀成就與家庭變因之關係，國立臺灣大學心理研究所碩士論文。

陳照明（民67）：臺灣國中生性向、智力與學業成就之研究。國科會獎勵論文，H－176。

黃貴祥（民77）：學習目標、學習技巧、自我概念與學業成就之相關研究。國立政治大學心理研究所碩士論文。

曾世杰（民78）：聽覺障礙學生中文字或詞辨識之轉錄研究。師大特殊教育研究學刊，5，205－220。

曾志朗、洪蘭（民67）：閱讀中文字──一些基本的實驗研究。中華心理學刊，20，45－49。

趙梅如（民78）：國中學生教師信任感與生活適應、學習成就關係之研究。國立高雄師範大學教育研究所碩士論文。

劉英茂（民67）：文句脈絡對於詞義學習的影響。中華心理學刊，20，29－37。

鄭昭明（民67）：漢字記憶的語言轉錄與字的回譯。中華心理學刊，20，39－43。

鄭昭明、陳學志（民80）：漢字的簡化對文字讀寫的影響。華文世界，62，86－104。

錡寶香（民78）：聽覺障礙學生國語文能力測驗之編製及其相

關因素之研究。國立彰化師範大學特殊教育研究所碩士論
文。

繆敏志（民79）：單親學童學業成就、人格適應及其相關因素
之研究。國立政治大學教育研究所博士論文。

謝娜敏（民71）：中文「字」與「詞」的閱讀與語音轉換。國立
臺灣大學心理研究所碩士論文。

Andre, M. E. A. D., & Anderson, T. H.（1978）. The development and evaluation of a self – questioning study technique. *Reading Research Quarterly, 14,* 605 – 623.

Anderson, R. C., & Pearson, P. D.（1984）. A schema－theoretic view of basic processes in reading comprehension. In P. D. Pearson（ed.）. *Handbook of reading resarch.* NY：Longman.

Baker, L., & Brown, A. L.（1984）. Metacognitive skills and reading. In P. D. Pearson（ed.）. *Handbook of reading resarch,* NY：Longman.

Beck, I. L., Perfetti, C. A., & Mckeown, M. G.（1982）. Effects of long－term vocabulary instruction on lexical access and reading comprehension. *Journal of Education Psychology, 74*（4）506 – 521.

Brown, A. L.（1980）. Metacognitive development and reading. In R. J. Spiro, B. C. Bruce, & W. F. Brewer（eds.）. *Theoretical issues in reading comprehension.* Hillsdale, NJ：Erlbaum.

Baker, A. L., & Day, D. J.（1983）. Macrorules for summarizing texts：The development of expertise. *Journal of Verbal Learning and Verbal Behavior, 22,* 1－14.

Fang, S. P., Horng, R. Y., & Txeng, O. （1986）. Consistency effects in the Chinese character and pseudo－character nanuing tasks. In H. S. R. Kao, & R. Hoosain（eds.）. *Linguisties, psychology, and the Chinese language.* U. of H. K.

Garner, R., & Kraus, C.（1981－1982）. Good and poor comprehender differs in knowing and regulating reading behaviors. *Educational Research Quarterly, 6,* 5－12.

Jacobs, J. & Paris, S.（1987）Children's metacognition about reading, issues in definition, measurement, and instructon. *Educational Psychologists, 22*（3 & 4）, 255－278.

Just, M. A., & Carpenter, P. A. （1980）. A theory of reading：From eye fixation to comprehension. *Psycholoical Review, 87,* 329－354.

Lesgold, A., & Renick, L. B.（1981）. *How reading difficulties develop：Perspectives from a logitudinal study.* LRDC.

Lesgold, A., Resnick, L., & Hammond, K.（1985）. Learning to read：A longitudinal study of word skill development in two curricular, In G. E. Mackinnon, & T. G. Waller （eds.）. *Reading research:Advances in theory and practice.* NY：Academic Press.

Markman, E. M.（1977）. Realizing that you don't understand：A preliminary investigation. *Child Development, 48,* 980－992.

Markman, E. M.（1979）. Realizing that you don't under-stand：Elementary school children's awareness of inconsis-tencies. *Child Development, 50,* 643－655.

Palincsar, A. S., & Brown, A. L.（1984）. Reciprocal teaching of comprehension－fostering and compehension－monitor-ing activties. *Cognition and Instruction, 1*（2）, 117－175.

Pearson, P. D., Hansen, J., & Gorden, C.（1979）. The effect of background knowledge on young children's comprehen-sion of explicit and implicit information. *The Reading Behavior, 11,* 201－209.

Perfetti, C. A.（1983）. Individual differences in verbal process. In R. F. Dillon, & R. R. Schmeck（eds.）. *Individual differences in cognition, Vol. 1.* NY：Academic Press.

Perfetti, C. A.,（1985）. *Reading ability.* NY：Oxford Univer-sity Press.

Perfetti, C. A., & McCutchen, D.（1986）School language competence：Linguistic abilities in reading and writing. In S. Rosenberg（ed.）. *Advances in applied psycholinguistics.* Boston：Cambridge University Press.

Rumelhart, D. E.（1980）. Schemata：The building blocks of cognition. In R. J. Spiro, Bruce, & W. F. Brewer（eds.）. *Theoretical issues in reading comprehension.* Hillsdale, NJ：Erlbaum.

Stanovich, K. E.（1980）. Toward an interactive－compensatory model of individual differeneces in the development of reading fluency. *Reading Research Quarterly, 16,* 32－71.

Tharp, R. G.（1982）. The effective instruction of comprehension：Results and description of the Kamehameha early education program. *Reading Research Quarterly, 17*（4）, 503－527.

Walker, C. H.（1987）. Relative importance of domain knowledge and overall aptitude on acquisiton of domain－related information. *Cognition and Instruction, 4*（1）, 25－42.

第 *9* 章

數學科的教與學

重要概念介紹

1.基模
請見第二章，認知學派的學習理論。

2.數學解題的四項成份
(1)問題轉譯：對問題每一個陳述句所形成的內在表徵。

(2)問題整合：將幾個陳述句的內在表徵整合成連貫一致的問題。

(3)解題計劃及監控：想出解題計劃，如將問題分解成數個小問題並監控之。

(4)解題執行。

　　近年來，在認知發展心理學和人類社會文化學研究的影響下，數學的教學研究有很多引人入勝的發現。本章的重點將放在學習者（特別指兒童）的數學能力，學校數學教育與非學校數學教育間的差距，並由此討論教師的預備及教材的發展。

第一節
數概念的發展

一、學習者主動地組織自己的數學知識

　　很年幼的時候，兒童就會數東西，而且不一定要由第一件物品開始數「1」也可以數出數來（Gelman & Brown, 1985）。他們也能比較兩個數，那個較大，那個較小（張建好，民74），甚至有加減的概念（Gelman & Gallistel, 1986）。例如 Gelman 和 Gallistel（1986）給兒童看三隻老鼠的圖片，然後再呈現一次圖片其中或是少掉一隻（減概念）或是三隻老鼠排列的方式不同於原來的圖片。三歲兒童看到少了一隻老鼠的圖片會說：「本來有三隻的，怎麼只有二隻，少了一隻。」但對於排列方式不同，但數量相同的圖片只說：「還是三隻，一、二、三（口數）。」Saxe、Guberman 和 Gearhart（1987）研究兩歲和四歲兒童的數數、比較大小、數的順序可否變更，基數概念，及計算簡單的加

減題目的能力。他們發現雖然不同社經地位兒童的表現有些不同，多數四歲兒童對上述題目都能做得很好（表9-1）。

表9-1　不同社經地位兒童數能力平均分數

能　力 ＼ 社經地位	中　等	勞　動
數　　數	18.6	13.8
比　較（10）**	6.4	4.9
讀　　（10）	6.4	4.6
順　序（4）	1.4	1.0
數　算（6）	5.0	4.3
基　數（4）	2.8	1.9
計　算（8）	5.2	3.2

*　取自 Saxe, Guberman & Gearhart（1987）p. 26.
**（　）內表滿分的分數

　　Resnick（1989）認為在學前階段，兒童已有非數字的量知識。其中有三個基模：(1)大／小、多／少的基模；(2)增多／減少的基模；(3)部分／全體的基模。這三個基模統稱量原形基模（pro-toquantitative schemata）。這三個基模足夠讓兒童做量的運作，只是他們缺少測量的知識。例如他們不清楚當比較兩條繩子的長短時要將一端對齊，因此他們選擇視覺上看起來較長的為長的。大約四歲左右，兒童能將數名與上述三個基模配合，就能做數的運作了。只是計算時，他們通常有自己的計算方式。例如一

位六歲的女孩計算「一隻惡魔有 4 個頭，每個頭上有 64 根頭髮，他共有幾根頭髮？」她的計算方法是：60、60 就是 120；120 乘以 2 等於 240，再加上 4 個 4 是 16，女孩回答，他有 256 根頭髮（Ginsburg, 1977）。這個解法中有分解，有加法及乘法。小女孩依她自己的方式來組織數及運算的知識。到了學校以後，研究者發現兒童也不一定全盤接納學校所傳遞的方法。他們仍採用自己覺得最合適的方式。舉例說明（引自 Ginsburg, 1977）：

- 問：5＋3＝？

  三歲答：「5、6、7、8（學生唸出 5；然後唸 6，折一隻手指頭；7，折另一隻手指頭；8，折另一隻手指頭），答案是 8。」

- 問：7＋7＝？

  六歲答：「我先算 6 加 6 等於 12，再加 2，等於 14。」

- 問：9 要加多少才是 12？

  六歲答：「10 加 2 等於 12。從 10 拿掉 1，把 1 加到 2，（答案是）3。」

- 問：7×8＝？

  國一答：「7 乘 7 等於 49，50、51、52……56。」（他由 50 至 56 每唸一數字折一根手指頭，直到折了七根手指頭）

　　很明顯地，這些兒童在學校中雖然學了加法或乘法，他們用自己所理解的方式重新安排題目的要求，而後給答案。因此學習者不是被動地、原封不動地接納外界傳遞給他的知識。他依自己理解的方式重新組合外界的知識。

二、錯誤是有規則的

　　有的兒童用自己的方法來解題並不一定能得到正確的答案。粗心、不小心導致錯誤的例子不在此討論範圍內。當兒童用自己覺得合宜的知識來解題，研究者仔細去分析兒童演算的錯誤時，發現許多錯誤的產生有一定的模式，一定的規則。這個現象是個重要的發現。因它更進一步支持了學習者自動組織知識的說法，而且所組成的知識是有規則的，形成一個理論體系的。

㈠減法的錯誤理論

　　Resnick 和他的同事整理出來一些兒童在處理減法時有的錯誤規則（ Resnick, 1987 ）：

　　1. 大減小

$$
\begin{array}{r}
542 \\
-389 \\
\hline
247
\end{array}
$$

　　2. 0－N 時忘了向左方的數字借 1

$$
\begin{array}{r}
60 \\
-32 \\
\hline
38
\end{array}
$$

3. $0-N=N$

$$
\begin{array}{r}
709 \\
-352 \\
\hline
457
\end{array}
$$

4. $0-N=0$

$$
\begin{array}{r}
804 \\
-462 \\
\hline
402
\end{array}
$$

5. $N-0=0$

$$
\begin{array}{r}
976 \\
-302 \\
\hline
604
\end{array}
$$

6. $0-N$，自左方的數字借了 1，但 $0-N=N$ 或 0

$$
\begin{array}{r}
602 \\
-327 \\
\hline
225
\end{array}
$$

7. 向 0 借 1，但 0 仍當作 0，$0-N=N$ 或 0

$$
\begin{array}{r}
703 \\
-678 \\
\hline
175
\end{array}
\qquad
\begin{array}{r}
604 \\
-387 \\
\hline
307
\end{array}
$$

8. 向 0 借 1，忘了 0 值變成 9，仍以 10 來減

$$
\begin{array}{r}
702 \\
-368 \\
\hline
344
\end{array}
$$

9. 當向左邊借 1，沒有借，直接寫 0

$$
\begin{array}{r}
326 \\
-117 \\
\hline
210
\end{array}
\qquad
\begin{array}{r}
524 \\
-389 \\
\hline
200
\end{array}
$$

10. 向被減數借 1，且 $0-N=N$ 或 0

$$
\begin{array}{r}
702 \\
-368 \\
\hline
454
\end{array}
$$

　　由上述錯誤的分析，我們不難察覺兒童對「0」的概念有理解上的困難。碰到困難時，他借用他所知道的原則來加以填補（repair）（Resnick & Gelman, 1985）。例如他用加法 $0+N=N$ 的概念來表 $0-N$，或以 $N-0=N$ 來代替 $0-N$。當需向左邊借 1 時，他記得要借 1，但借的規則因人不同，因此有 6.、7.、8.、10.的錯誤產生。由研究者的眼光看來，這些兒童都學到一些減的原則，但學的不完全，他補上了自己的想法因而造成錯誤。由積極面來說，這都更說明了學習者的思考運作是活潑的、主動的，而不是讓人填鴨的。

(二)比較小數點大小的錯誤規則

1.只比較小數點後面數字的大或小，以大的為大

4.8＜4.63　　　　因為63＞8

2.621＜2.0678　　因為0678＞621

2.小數點後面數字小的比較大

4.4502＜4.45

　　使用錯誤規則 1.的兒童並不清楚小數點的特性。比較時，他只使用小數點以後的數字並將之當整數來比較或大或小。使用錯誤規則 2.的兒童似乎採用了分數的特點，認為小數點以後的數字小於1，數字愈多，所佔的分量就愈少。

　　基本上，大部分學童都有理論支持他們做這種判斷。當老師說他們亂猜時，他們亂猜是有道理支持的。這些兒童主動組織及使用數學知識，只是組織錯了。

　　若用基模理論來解釋，每個概念及其間相關概念形成一個基模，這個基模是我們解題的根據。每個概念有其使用的限制，而概念間的關係也說明了兩概念間的重疊與互斥程度。個體產生錯誤規則可能是他所形成的加、減基模或其他基模中概念的限制較寬鬆，例如向左邊借「1」的概念發動時，他忘了被「借走1的0就成為9」的限制，而造成錯誤 8.。因此當他借用（補上）他種運算，如 $0+N=N$，或是 $0-N=N-0=N$ 來使用時，他不覺得有何不妥。另一種可能的解釋是他沒有注意到數學符號間的語意（ semantics ），只看到了句法（ syntactics ）。例如解文字題，他只照字面的意思選用解題的方法。Schoenfeld（ 1985 ）注意到

教科書中題目的呈現方式讓學生學到解題時要注意關鍵字（key word），一旦找到關鍵字就可以解題了。例如：小華有五個蘋果給小朋友三個，小華還剩幾個？這個題目的關鍵字是數字是五和三，及「剩」幾個。學生很自然地寫下 $5-3=2$。這種題目做久了，學生會習慣於直接套程式而不再加思考，因而愈來愈忽略數字的語意。因此到了大學，解「S 代表學生，P 代表教授，學生與老師之比是 $6:1$，這等式怎麼寫？」有百分之三十七一年級的機械系學生寫 $6S=P$。他們只按句法寫下 S 與 P 之間的等式，沒有仔細思考文字及運算之間的關係（Schoenfeld, 1985）。

(三)乘法答題策略

李俊仁（民81）曾以二、三、四、五年級小學生及成人為研究對象，給他們一位數乘法的題目，以分析答題策略。李氏發現受試者有下列各種答題策略：

1.直接提取

受試者直接背出九九乘法表中的值，如 9×8，受試 A：9、8，72；或 3×9，受試 B：3、9，27 或 9、3；9、3，27（後者將乘數被乘數倒過來提取答案）。

2.序列提取

受試者由乘數開始背起，直背到有題目要求的乘數為止，例如 9×4，受試 A：9、4……9、1，9；9、2，18；9、3，27；9、4……，或 3×8，受試 B：3、8……8、1，8；8、2，16；8、3，24。

3.點數

受試者以連加法或幾個一數的方式算出答案。例如3×5，受試A：3＋3＋3＋3＋3；受試B：3＋3＝6＋3＝9＋3＝12＋3＝15，或受試C：3、6、9、12、15。也有學童以點算方式算出答案，例9×4，他先劃出：

○ ○ ○ ○ ○ ○ ○ ○ ○
○ ○ ○ ○ ○ ○ ○ ○ ○
○ ○ ○ ○ ○ ○ ○ ○ ○
○ ○ ○ ○ ○ ○ ○ ○ ○

而後由10、11、12、13……一直數到36。

4.直接提取－點數

受試者以直接提取與點數兩種方式得到答案。例A：3×4，受試：3、3、9；再加3等於12。例B：6×6，受試：6、4，24；25、26、27……一直數到36。或是例C：9×7，受試拿筆寫下：

$$
\begin{array}{r}
81 \\
-\ 9 \\
\hline
72 \\
-\ 9 \\
\hline
63
\end{array}
$$

5.序列提取－點數

受試以序列提出和點數兩種方式得到答案，例7×4，受試：7、1，7；7、2，14；15……21、22……28。

6.直接—序列提取

受試先以直接提出方式但到某一數值後採序列提出。如4×7，受試A：4、7……4、5，20；4、6，24；4、7……4、7……28。又如2×4，受試B：2、3，6；2、4，8。

乘法一位數的答題策略與是否熟習九九乘法有關係，例如成人（研究生）都用直接提取的方式來答題。而四、五年級小學生以直接提取爲最多，但仍有少數人使用序列提取或直接—序列提出的策略（見表9-2）。三年級的學生則有二分之一的機會用直接提取，三分之一的機會用序列提取，百分之三·八五的機會使用點數策略。由二年級開始學一位數乘法到學完九九乘法表，我們看到因熟悉乘法表而有的答題策略上的改變（表9-3）。除了學習的因素外，學生的學習成績與其使用的策略也有關係。當李氏將受試分爲高、中、低三組得分組再分析他們使用的策略時，發現高分組較常使用直接提取策略，而低分組較常用點數策略（37.58％的機會）（表9-4）。換句話說，回答一位數乘法時使用的策略與九九乘法表的學習程度有密切關係。

㈣乘法答案錯誤類型

其實到了三年級以後，一位數乘法答錯率都不再超過百分之五（由1.9－4.5％）。而二年級學生的錯誤率平均也在百分之八·七三左右（李俊仁，民81）。換句話，九九乘法表的學習並不是一件太難的事。這當中犯錯的類型有下列幾類：

1.運算值錯誤

受試者給的答案是九九乘法表的答案，但其中一運算值錯

表9-2　年級與答題策略百分比表

年級＼頻率＼策略	直接提取	序列提取	點　數	直接提取－點數	直接－序列提取
三　年　級	54.33	39.90	3.85	0.96	0.96
四　年　級	69.85	18.01	1.47	0.37	10.29
五　年　級	87.71	3.39	1.27	1.27	6.36

表9-3　二年級學生口語報告順序與使用策略百分比

報告順序＼頻率＼策略	直接提取	序列提取	點數策略	直接－序列提取	直接提取－點數	序列提取－點數
一	47.12	17.27	28.04	1.07	2.99	3.52
二	58.14	14.24	20.56	0.21	3.21	3.64
三	66.07	11.77	13.89	0.64	3.92	3.71

表9-4　二年級學生發展水準與使用策略百分比

發展＼頻率＼策略	直接提取	序列提取	點數策略	直接－序列提取	直接提取－點數	序列提取－點數
高	79.21	13.27	4.60	0.94	1.04	0.94
中	55.54	18.51	21.23	0.21	3.14	1.36
低	35.37	11.31	37.58	0.78	6.10	8.87

了，如 $9 \times 5 = 35$，$9 \times 5 = 27$ 或 $4 \times 7 = 21$。

2.運算符號錯誤

受試者用其他運算符號來計算，如 $3 \times 3 = 6$（$3+3$）。

3.合法答案錯誤

受試者給的答案也是九九乘法中的答案，但兩個運算值都不是那個答案該有的運算值，如 $6 \times 9 = 49$。

4.非合法答案錯誤

受試者給的答案不是九九乘法中的答案。

在二至五年級學生及成人受試仍以運算值的錯誤爲最多（表9-5）。

在學生犯的錯誤中，我們還觀察到一現象（表9-6），那就是大的運算值需較長的反應時間且較多的錯誤。當以5爲數值大或小的分界線（只包括 2×2 到 9×9），5以上者爲大數值，5（含5）以下者爲小數值，並將乘法與被乘數的組合分爲兩者皆大值，兩者皆小值，前小後大，前大後小，結果發現不論那一個年齡層的受試者在回答皆大運算值時使用最長的時間，其次爲前小後大的運算值計算。這當中皆大運算值的運算時間皆顯著長於皆小運算值的運算。而前小後大及前大後小運算值的反應時間沒有統計上的顯著差異。

就二年級學生來看，皆大運算值的錯誤率佔所有錯誤的百分之三十九‧八，前小後大運算值爲百分之二十四‧四，前大後小運算值爲百分之二十一‧六，皆小運算值佔百分之十四‧二。

爲什麼皆大運算值較花時間且較易錯，目前沒有答案。但它與練習頻率沒有關係。有人或許會說皆大運算值在課本中出現的

頻率較少，這在李俊仁的研究中不受支持。他以二年級課本和習作中的題目出現頻率為指標發現反應時間與頻率成正相關，也就是說，練習頻率愈多反應時間愈長。李氏的解釋是教科書編輯者已考慮了困難的題目要多練習，只是練習並未帶來預期的效果。

表9-5　各年級一位數乘法錯誤類型百分比

年級＼錯誤類型	二	三	四	五	成　人
運　算　值　錯　誤	73.3	78.9	72.3	64.3	80.5
運　算　符　號　錯　誤	5.7	0.9	2.7	5.7	5.6
合　法　答　案　錯　誤	10.8	11.0	19.6	24.3	6.9
非合法答案錯誤	10.2	9.2	5.4	5.7	6.9

*乘數、被乘數皆大於1的一位數乘法。

表9-6　受試對不同運算值的反應時間（秒）

運算值＼組別	皆大運算值	前小後大	前大後小	皆小運算值
成　　　人	1.05	0.90	0.89	0.78
五　年　級	1.43	1.34	1.25	0.99
四　年　級	2.52	2.18	2.10	1.55
三　年　級	4.14	3.36	2.97	2.25
二　年　級	5.89	5.23	4.34	3.31

(五)解文字題

　　這些年來，在其他學科研究中指出閱讀在解題中，如解數學文字題佔了很重要的地位。閱讀在兒童解數學文字題中造成的困難包括忽略資訊，如二支棒棒糖八元，當成一支八元或錯用資訊，如八元看成八支糖，甚至不懂題意（何意中，民77）等等。這些在閱讀中也是可預見的錯誤。有研究者特別由學科的角度來看閱讀，如 Mayer（1987）將解數學文字題分爲四個成份：

1.問題轉譯

　　學生需有語言（如關係語句）及與世界有關的事實知識（如正方形每邊一樣長）以把每一句子譯成內在表徵。

2.問題整合

　　學生需有基模知識，如面積＝長×寬以把每句表徵加以整合成連貫一致的表徵。

3.解題計畫及監控

　　學生需有策略知識以想出和監控解題計畫。

4.解題執行

　　學生需有程序知識來執行解題中需要的演算。

　　第一成份：問題轉譯就叫許多學生遭到困難，特別在語言知識上。翁嘉英（民77）採用 Greeno 對簡單加減法應用題的分類，將其中「比較」一類的題目作兒童解題時的錯誤分析。「比較」的應用題又可分爲：

1.差異量未知

　　例題：

(1)小明有 8 顆糖，小華有 5 顆糖，小明比小華多幾顆糖？

(2)小明有 8 顆糖，小華有 5 顆糖，小華比小明少幾顆糖？

2.被比較量未知

(3)小明有 3 顆糖，小華比小明多 5 顆糖，小華有幾顆糖？

(4)小明有 8 顆糖，小華比小明少 5 顆糖，小華有幾顆糖？

3.參照量未知

(5)小明有 8 顆糖，小明比小華多 5 顆糖，小華有幾顆糖？

(6)小明有 3 顆糖，小華比小明少 5 顆糖，小華有幾顆糖？

　　二、三年級小朋友做上述題目皆達百分之九十以上的正確率。錯誤則多半出現在被比較量未知和參照量未知的題目上。翁氏認為是小朋友固定的把「加法」用到「比多」，「減法」用到「比少」題目上。兩個可能原因：一是小朋友將「多」對應運作符號「＋」，「少」對應運作符號「－」。一是小朋友看「多」與「少」分別有數量增多與數量減少的意義。為證實這兩個原因哪一個比較可能成立，翁氏乃將上述比較應用題中的「多」與「少」換成「長」與「短」。這次的對象是小學二、三、四年級學生。由學生的錯誤中發現，學生最多採用「呆板對應策略」如比長用加法，比短用減法。換句話說，學生不是只將「多」與「少」對應用加法與減法，而是將語意概念所隱含之數量增加與減少分別對應到加法與減法。

　　翁氏接著追問，若小朋友使用呆板對應策略，則會在被比較量未知題目上得到正確答案，但在參照量未知題目上會答錯。如何分辨兒童是否能對兩類題目有正確的表徵？翁氏首先透過具體講解使兒童明白題目的條件若不足，不能算出答案。他用來講解

的題目如：「小明有五元，媽媽又給小明二元，小明和小華共有幾元？」翁氏的理念是被比較量未知與參照量未知都有條件不足的地方，因此對這兩類題目形成的表徵是相同的，也就是說，他們被判斷成「不可算」的比例是相近的。結果發現二年級學生判斷這兩類題目「不可算」的比例沒有顯著差異。三年級學生將「被比較量未知」判斷成「不可算」之比例顯著低於「參照量未知」的題目，也就是說，他們對「被比較量未知」題目有較正確的表徵，也因此較不可能用呆板對應策略來解此類問題。

　　其實，參照量未知與被比較量未知的關係是可以逆轉的（見例題(3)與(6)就是逆轉的題目）。如果小朋友能逆轉比多或比少，則參照量未知題變成被比較量未知題，兩者不應有難度上的差別。翁氏乃將題目中多加入一「關係子題」如「哪一個比較多」或逆轉成「哪一個比較少」來問小朋友，而後要小朋友計算。結果發現，關係子題的錯誤率在「逆轉組」與「非逆轉組」間沒有穩定差異，但在「參照量未知」與「被比較量未知」兩類題目上有顯著差異。換句話說，是「參照量」的性質造成表徵的困難。

　　由翁氏研究看來，解數學文字題語意理解佔有很重要的份量，但在語意條件相等上（如：比多、比少，哪一個比較多）參照量未知就是比被比較量未知難表徵。換句話說兒童對題目的表徵並非只依題目敍述間之關係來表徵。他所涉及的是什麼？是數學知識或語文邏輯是值得我們再探討的。類似的問題在兒童分數概念上也呈現（林碧珍，民79）。如兒童下面兩題的表現就有差別：

　1.哥哥的錢是弟弟的3／7，若弟弟有21元，哥哥有多少元？

　2.哥哥的錢是弟弟的3／7，若哥哥有21元，弟弟有多少元？

　　第一題求比較量，第二題求基準量。兒童求基準量比求比較量難。爲什麼有此現象，需要我們去探討。

第二節
因情境而異的數學認知

一、未上過學的人的數學認知

　　Gingsburg 與他的同事比較三種文化間小孩與成人的數學認知（ Ginsburg & Allardice, 1984 ）。他們發現社會地位、性別、種族不是造成數學能力有差異的主要原因，年齡才是重要的因素。比如沒上過學的非洲人與美國大學生的心算能力一樣的好。他們都採用重組及一些類似聯結（ associativity ）和移位（ commutativity ）的方法來做加減乘除的問題。由文化人類學研究中我們看到，基本數學演算很可能在各文化間有共通性。如在不同的文化中都使用重組（ regrouping ）、數算（ counting ）、分解（ decomposition ）等技巧（ Carrahar, Carrahar, & Schlieman, 1987；Gingsburg & Allardice, 1984 ）。這可能是在生活中，爲了要適應，如買賣生活所需，人類就採用了最簡單的數和計算方式。而個體在文化中生活很自然地學到這些運作。即使沒上過學的人在生活中要買賣，自然也學得到解日常數學題的方法，因此

也有基本的數算能力。

二、學校數學教育與非學校數學教育

Saxe（1988）觀察巴西街上兒童賣糖果時，有他們自己一套計算錢的方法。他們不用紙筆計算，但很快地加、減出多少糖賣多少錢，怎樣才是能賺錢的賣法。雖然他們無法做出傳統學校的數學題，例如讀及比較那些數字比較大或比較小。然而一旦這些數值變成鈔票值，他們就能輕而易舉的做他們的計算了。在這些賣糖的小孩中，有一些人上了學，他們學到了學校的計算方法，他們會把兩個情境中的算法互相轉移。學校的方法會使用到賣糖的情境上，賣糖果用的計算方法也會移到學校的作業上。只是到了三年級，學校所學的方法就愈來愈佔優勢。也就是說它被使用在實際情境的機會也愈來愈多，而街上所學到的對學校學習的影響則漸減。Saxe 的研究有兩點重要的含義：(1)數學不一定要在學校學；(2)但學校教育是有功效的。這是很樂觀的結果。有很多研究結果並不能叫人肯定學校數學教育的功效。例如前面提過 Ginsburg 的例子，學過乘法的國一學生，或是學過加法的小學二年級學生仍依靠手指頭來計算。又例如 Lave 與他的同事觀察在超級市場中購買者用不同於學校教的計算方法但很有效地比較不同商品的價錢（Lave, Martaugh, & de la Rocha, 1984）。Carraher、Carraher 和 Schlieman（1987）為了解巴西小學三年級學生使用學校（正式）與非學校（非正式）計算方式的情形，設計了三種實驗情境：(1)商店情境：兒童當售貨員，實驗者當顧

客；(2)文字故事題；(3)計算題。實驗者準備了紙和筆兒童隨意使用。他們也讓兒童將解題過程說出來。結果發現，三年級學生是否使用紙筆來計算與題目的呈現方式很有關係。計算題使用紙筆最多，商店題則心算最多。而心算中使用最多的方法是分解（decomposition）和重組（repeated grouping）。一個不太樂觀的現象是紙筆計算出來的答對率遠低於心算出來的答對率。這個研究指出學習者因情境不同而使用不同的運算：學校的方法用到學校課業上，生活中的方法用到生活問題上。Garraher們的研究仍是肯定了Saxe研究的推論：學校教育是有功效的，雖然學校教的方法用來解題效果差一些。事實上學校也教學生分解及重組的方法，卻很少學生使用這個便利的方法來回答計算題。這是很有趣的學習轉移問題。但上述文獻探討引出的主要問題是：很小的時候兒童就有一些數數及計算的能力，在社會中，沒入過學的小孩或成人也都學到計算的方式，這些方式或許和學校所教的不同，但卻讓他們在生活運作上不成問題。為什麼許多學生在學校會遭遇到數學學習上的困難？回答這個問題前我們可能要先知道入學前，入學（指小學）後所學的數學有什麼不同？或說社會中所學的與學校所教的有什麼不同？Ginsburg & Allardice（1984）指出學校所傳遞的是一種「寫」的數學文化：是一種符號及很清楚的數學原則和演算方式。而在入學前與社會中學到是一種不明文規定的原則。這兩個世界間的溝通不簡單。就像語言的使用是那麼地自然，但一個語言流利而非語文系出身的大學生有困難清楚地列出文法的使用規則。而且若有人告訴他，他有某些文法用錯了，與文法書上所寫的不一樣，他同樣有困難來修改自己的用法。

　　Riley、Greeno 和 Heller（1983）曾提到有些二年級學生解文字題時，沒辦法寫下等式，因爲他們已經知道答案了；也有學生先有了答案後再去想如何用數字表達出來。換句話說，有些題目沒入學前，兒童已經知道如何去解，到了學校後，要用學校所教的方法來解答，對他們來說可能是又麻煩又不太有道理。這也很可能是 Carraher 和他的同事們（1987）發現學童用學校所教的方法來解數學題效果較差的原因。因此教師若未察覺學生有這個學習轉移上的困難，在低年級的時候，學生用自己的方法解題可能仍有好的成績，但他並沒有學到學校的方法。到了要學難一點的數學概念，他自己的方法用不上，那時他的數學困難現象終於顯露出來。如何在學校數學教育與非學校數字教育間有好的溝通，這其中包括：(1)使用孩子已有的數學能力來教導；(2)將正式數字符號、公式淸楚地傳遞，使學童能正確組織學校所傳遞的數學知識，是數學教育工作者的責任。幸好這不是一件很難的工作，因爲有老師已經做到了。

第三節
數 學 課

一、專家數學老師

　　Leinhardt 和他的同事曾花一段很長的時間在教室中觀察數學老師上課的過程。他們發現一位專家數學老師上數學課時有下列四個重要的特點（ Leinhardt, 1986 ）：

　　1.有教學計畫：其中包括目標及可以達成目標的教學內容與活
　　　動。

　　2.持續且有彈性的教學組織。

　　3.講解清晰以達成目標。

　　4.注意學生是否學習到了。

　　教師在做教學計畫時除了列出目標及達成目標的教材與活動外，他還列出依他的經驗預期學生會犯些什麼錯誤，以及會遭遇什麼學習上的困難。他列出固定教材外的方法、步驟，或他從別的老師那裡得到的新觀念，以爲補充教材。正式教學時，一位專家老師就在教學計畫的引導下一步一步地將知識及技能介紹給學生，但是他常常核對學生是否了解。若學生比他所預期的有更多

的困難產生，專家老師就會修正他的計畫。這修正可分成部分小修及大修。小修是老師就加強那個多人犯的錯誤或是針對某個犯錯（或學不會）學生的學習，但不變動整個的計畫。若教師發現全班絕大多數都有困難，他則更換較淺的教材或是更換教學方法做大幅度教學計畫的修改（Putnam & Leinhardt, 1986）。這些改變都不會讓專家老師手忙腳亂，因為他有足夠的數學及教學知識來支持他因應學生需求做調整。因此，基本上，教師要達到上面四項特色，教師對數學的知識及教材組織的知識是不可或缺的要求（Leinhardt & Greeno, 1986）。

在此我們看到教師不但學科知識豐富及知道如何去教，更重要的他了解學生。他借重自己的經驗，有預防性的教學計畫。當行不通（學生學不到）時，他就修改。這種老師對學生的需求敏銳，並常有反省。他只有一個目的就是學生要學會，而不是他教完了教材。數學及教學的知識可以學的到，但敏銳的心與反省的思考是經驗累積出來的。通常能借重自己經驗的人也是一個有反省的人。

另外一點是教學計畫的撰寫。專家老師寫的是自己解題的思考過程。他解的問題是如何使學生學到某個概念或某個技能。換句話說，寫出來的教學計畫是他想過的產品。因此當他要修改時，因為是他預期及思考過的，所以他能很得心應手地加以修改，而不需堅持照原計畫教下去。

二、一般的數學老師

　　每一位數學老師都很盡心地在教學，希望學生學會課本上所要傳遞的數學概念。這其中，根據數學教育學者在課堂上的觀察，有隱憂存在。Schoenfeld（1988）曾到一個十年級教室去觀察教師教學。這個班級秩序良好，每位學生都很專注（on task），老師上課時也盡量少講，而以討論、發問的方式來進行。學生的問題老師也都給了合宜回饋。不熟悉數學的觀察者，會給這班很好的評價，而且這些學生考試也會考的很好。然而Schoenfeld 發現在教學過程中老師無意傳遞出來的訊息是「要記得這個（些）公式」或「要記得這個解題方法」，例如：

1. 老師一步一步地在黑板上示範如何畫幾何圖形的輔助線，學生在下面照畫，老師說：「你們要知道如何準確的畫，回家的作業才做得對。」「你們做得對，以後才不要花許多時間去想該怎做。」老師強調準確、正確，使學生只敢模仿老師的示範。

2. 老師叫五位學生上臺畫幾何圖形，突然老師發現他只有一個圓規，因此讓四位學生回座位，只讓一位學生留下來用圓規與直尺畫圖。老師無意中強調一定要有正確的工具才行，忽略了可能有其他的辦法來解題。

　　筆者曾觀察國內小學低年級學生上數學課。有下列的發現（柯華葳，民79）：

㈠要快、要準

在觀察數學課時，幾乎每堂課都聽到老師要求學生運算或說出答案時要快、要正確。例如：

- A老師上「加加看」：數學要做得快、準，一定要先畫圈，要快。還要一百分才可以。
- B老師上「減減看」：小朋友做數學要快，還要正確。
- C老師上「數到20」：誰最快，最聰明。
- D老師上「鐘錶」：我看誰撥得又快又好。

為了達成快與準，老師以考試來威脅。例如：

- E老師上「數到20」：圍起來（指十個一圍）我們就比較容易看得出來，不然考試時就看不出來。

除了老師在數學中要求快、準外，有幾個暗示，值得我們注意。例如：

- B老師：好快哦，因為他有學珠算。
- F老師也請在外面學心算的小朋友來教全班用「很快」的方法算出答案來。

這種暗示都可能誤導學生到外面去特別學「快」的算法。

㈡唸數學、背數學

不知是否是老師要求學生做數學要快、要準，在課堂上老師會不斷地讓學生唸一遍不夠還要唸兩遍。例如：

- G老師在課堂上不斷地說：「跟老師講一次」或「跟老師一起唸」。
- H老師上「鐘錶」：好，記清楚哦！剛才那兩位小朋友就是沒有把它記清楚，所以弄顛倒（H老師教一點的時候，長針在12，短針在1）。

除了唸以外，老師在教學會讓學生依一個模式反覆練習，形同背誦。例如：

【例一】 D老師教「鐘錶」

老師讓學生看過鐘面短針、長針與時間的關係後——

師：好，全部放桌面（指每人手上的小教具鐘），注意聽老師的口令，短針在8，長針在12，甲生，你告訴我，現在是幾點鐘？

甲生：8點鐘。

師：好，全班小朋友一起說。

生（全體）：8點鐘。

師：好，8點鐘，注意聽。乙生，長針在哪，短針在哪？

乙生：短針在8，長針在12。

師：短針在8，長針指在12，對不對？

生（部分）：對。

依此模式，D老師或是讓一排一排的學生回答，或是個別的回答，練習6點鐘、1點鐘、7點鐘及12點鐘。

【例二】 I 老師教「鐘錶」

師：好，那老師問你，你會看時鐘，你6點鐘起床，那5點
　　鐘是在6點鐘以前還是以後啊？誰會回答。

生：以前。

師：你把這個句子完整的說出來，應該怎麼說？

生（師在一旁也說）❶：5點鐘是在6點鐘以前。

師：好，大家說一遍❷。

生（師與小朋友一起說）：5點鐘是在6點鐘以前。

師：那麼7點鐘是在6點鐘的前面還是後面啊？

生（部分）：後面。

師：誰來回答，小莉。

生：後面。

師：老師說完整的要怎麼說？

生（師在一旁也說）❶：7點鐘是在6點鐘的後面。

師：他說7點鐘是在6點鐘的後面，對不對？

生：對！

師：6點鐘先到，然後才　　❸　　（即停止一下要讓學生
　　回答）。

生：7點鐘。

師：最先是5點鐘，再來是6點鐘，再來7點鐘，那7點鐘
　　的後面是？

生：8點鐘。

師：8點鐘的後面是　　❸　　。

生：9點鐘。

師：9點鐘過了以後再來是　　❸　　。

生：10 點鐘。

師：那麼 10 點鐘的前面是 _____❸_____ 。

生（部分）：11 點鐘。

　　（部分）：9 點鐘。

師：10 點鐘的前面是 _____❸_____ 。

生（五分之四）：9 點鐘。

師：9 點鐘，9 點鐘就在 10 點鐘的 _____❸_____ 。

生（五分之四）：前面。

　　（五分之一）：後面。

師：前面還是後面啊？

生（五分之四）：前面。

師：還搞不清楚，要注意聽，用頭腦想。

　　I 老師以問答兼講解的方式來說明幾點鐘在幾點鐘的前面或後面。老師的問答都像填充題引學生入甕（標❸的地方），使學生不會有別的答案。若有，則表示他們答錯了。同時，老師似乎不放心，怕學生會說錯，因此在一旁一直幫學生說（標❶的地方），而且要全班一起唸（標❷的地方），以確定每人說出來是一樣的答案。只是在大班中間能正確回答的學生人數可能不多，但因其大聲壓住了不正確答案的聲音。若不正確的聲音一直是小聲的，老師可能就無法知道還有學生沒學到老師所要教給他們的概念。

㈢教具使用的目的不清楚

　　為使學生明白分與合、加與減的概念，老師使用指引建議的

花片來操作。由於許多小朋友會心算，因此操作的情形並不理想。有的老師讓學生手上有花片，他自己則在黑板上講與操作，不管學生在下面作的對不對，學生在下面或是排列圖案，或是玩花片（看不出有明顯的圖案）。老師講解完，也就請學生將花片收起來。有的老師會巡視，例如：

【例三】

　　J老師給學生題目：8－5＝？，讓學生操作，老師巡視：

　　師：減掉5個花片，你怎麼減，是不是拿起來，還剩幾個？

　　生（部分）：3個。

　　師（看丙生）：還剩那麼多個，不要人家說3就3，現在是給你們做，操作。

　　（接下來老師讓學生作課本第六十一頁，師巡視）

　　師：好多人沒排出來。

　　（老師巡視）

　　師：不要說答案。

　　（老師巡視）

　　師：小朋友用花片來排，每一題都要排。

　　師（對丁生）：你要排。一下子做出來（指答案一下子就寫出來）。要練習做（指排）。

　　（老師巡視）

　　師：不要用手算，排排看。

　　（老師巡視）

　　師：每一題都要做，不要用手指去數。

　　（老師巡視）

師：老師叫你們排，你們沒有排，怎麼那麼快，老師有看
　　呢！（指老師有看他們是否排花片了）
（老師巡視）
師：規矩很差呢！給你們玩還這樣（指排花片）。

　　我們感覺到老師不清楚操作的用意與目的。例如 J 老師認為
操作是給學生玩。當遇到小朋友不會或不願操作時，老師就不知
道如何處理了。

　　教師的這些言行都可能導致學生對教學有錯誤的想法。如解
題時要正確、快速。這使學生忽略了數學解題的思考歷程與彈
性。這可能造成學生有一印象就是數學是很死板的。另一個可擔
憂的事是教師按著課本單元一樣一樣地教下來，學生得到的是分
散的數學知識而不是整體的數學概念。當數學概念間的連合等於
「零」，學生就更無法「應用」數學了（Schoenfeld, 1985,
1988）。因此，一般的數學老師按部就班的教學生數學，可能會
帶出來有好數學成績的學生，卻不會吸引他們活潑大膽地運用數
學，更甚者是會造成學生對數學有不正確的認識。因此數學老師
的數學教學能力需要重新定義，以期他能傳遞正確的數學信
念（belief）。數學信念指的是對數學知識的看法，它也是專家
與新手解題的區別之一（Schoenfeld, 1985）。例如新手較重答
案，而專家會享受解題的過程。它很可能是數學學習成功與否的
指標，也是學生能使用數學思考的一個關鍵。數學信念的研究值
得我們去探討，以期幫助學生有效地學習數學，不被錯誤的信念
所束縛。

三、解題策略

目前教解題策略很引人注意，例如 Schoenfeld（1985）及 Siegler 和 Jenkins（1991）的例子。Schoenfeld（1985）研究主要目的在幫助大學生有系統的思考數學問題以解數學題。因此在實驗組中，他要求學生仔細描述自己面對問題時所做的思考，為什麼有這些想法及這些想法對解題有什麼幫助。控制組則在同樣時間內做電腦程式設計的功課，因為有人以為電腦程式設計練習能導引學生做有結構，有規則的解題思考。在前測時，兩組學生的數學成績沒有差別。經過訓練後，實驗組明顯地更有系統的解數學題，其中包括二次方程式題、幾何題等。

Siegler 和 Jenkins（1991）則教四、五歲小朋友加法。結果研究者發現小朋友在學過一些時日後，自己會由實驗者介紹的策略中衍生出新策略，都是更省時省力的策略來解加法題。不過，不是每一個策略教學研究都有美好的結果。

Christensen 和 Cooper（1991）教四十位二年級小朋友用三種策略做單位數加法。這三種策略分別是：

1. 數算

如果兩個加數其中一個小於 3 則用數的方式加。

2. 複加法

如果兩個加數的值差不超過 2，可將兩個加數當同一數複加，而後再上（或減法）多出來的值。例 $5+7=5+5+2=10+2=12$。

3.以 10 計

當兩個加數有一是 8 或 9，則將其當 10 來加，再減去多加的數。例 $7+8=7+10-2=17-2=15$。

參加實驗的四十位小朋友在前測中都沒有人使用上述三種策略。教學時，教師說明並示範這三種策略，並還指出何時使用這三種策略，然後小朋友做練習。教學共進行十二週，每週五天，每天十五分鐘。每次老師只教一種策略並作練習。例如，教複加法，老師在第一節課先說明相同加數的加法。第二節課，老師介紹兩數只差一的加法。第三節課練習第二節所教的內容。第四節介紹兩個加數差二的加法。第五節課練習第四節的內容。其他每個策略都像複加法一樣一步一步很仔細的教學與練習。

為了證明學習策略的效果，研究者搭配了一組只做練習的學生。這些學生每天做十五分鐘的加法練習。練習有各種的變化如以閃示卡、遊戲或在紙上做練習。老師批改學生每天的練習。若學生答對率不到百分之八十五，老師會讓他再練習直到有百分之八十五的答對率。兩組練習十二週後有一個後測。後測後再八週再有一個延後測驗。研究結果發現，原先兩組（實驗組和練習組）在學習成績上與策略使用上沒有差別，學習十二週後，練習組紙筆測驗上略勝實驗組但在口頭測驗上則沒有此優勢。再八週後的延後測驗，練習組明顯的比實驗組成績要好。更有趣的是實驗組學生的策略使用顯出混淆的情形，而練習組學生由練習中反而找出適切的單位數加法策略。

為什麼有這樣失敗的結果？

策略的必要是因為要解題。也就是說，學習者要清楚所解之

題與策略之間的關係。每位學生都有一大堆學科知識，同時他也學到許多策略知識，這兩種知識都可以靜靜的安置在學生的腦中等著考試時使用。如果考試的題目為：臺灣光復於民國 ＿＿ 年（測歷史知識）及碰到不懂的句子你會 （提出一個方法）（測策略知識），學生都可以直接由記憶中抽取答案。學生可以回答「碰到不懂的句子要問老師」。這是解決問題的一個方法。但重要的是學生會不會判斷自己有什麼知識懂或不懂。因此，這時認知運作上需要一個監督的機制。有學者稱它為後設認知（meta-cognition）。在題目與策略間要有後設認知來監督協調。它首先讓學習者知道解此題需要應用策略，接著分辨哪一個策略合適用來解這一道題。當然，學生要先知道有哪些策略可以用來解題。不過，由後設認知來說，只知道策略是不夠的。在 Christensen 和 Cooper（1991）的研究中可能的問題就是老師是清楚的教學生有哪些策略，學生卻似乎沒有發展出策略與題目間的監督機制，因此解題時不但用不上策略，且有混淆使用策略的現象。

除了因後設認知的發展造成學生使用策略的問題外，也有學者提出教策略或是教程序（procedure）或教原則（principle）也會影響學習成效。

Perry（1991）找出不了解等號兩邊相等此原則的四、五年級學生四十一人，教他們 a＋b＋c＝＿＿＋c 及 a＋b＋c＝a＋＿＿的題目。教學分為兩組，一為原則組。一為程序組。原則組告訴學生：「這個問題的目的在找出一個數字填入空格內使等號兩邊相等。」聽不明白的可問老師，老師再用另一題來說明。程序組則不告訴解題的目標，只說：「解這個題目的方法是將左邊的數目都加起來（老師加給學生看），然後減去等號右邊的數字（老

師減給學生看）。」學生不明白的可再問，老師再示範並說明。
整個實驗分為三階段：

1. 前測

　　學生做加法題如 $a+b+c=\underline{\quad}+c$ 及 $a+b+c=a+\underline{\quad}$。

2. 後測

　　學生也是做加法題。

3. 轉移測驗

　　學生除了做加法題外還有乘法題如 $2\times4\times3=2\times\underline{\quad}$。

　　研究結果在後測中，原則組有百分之四十的學生，程序組有
百分之四十七的學生達合格標準（六題中答對五題）。兩組學習
成果沒有統計上顯著差異存在。在轉移測驗上，百分之七的程序
組學生和百分四十的原則組達合格標準。兩組在轉移測驗上有顯
著差異。

　　Perry為了進一步了解是教原則或是教程序對學生有最大助
益，他以兩者是否會互干擾來看兩者的效果，因此在教學上分為
兩組。一組是先教原則再教程序。另一組是先教程序再教原則。
教法就是上一個研究中兩種教法的合併。研究結果有百分之五十
九學程序先原則後的學生及百分之五十六原則先程序後的學生達
合格要求。在轉移測驗上，百分之十四學程序先原則後及百分之
五學原則先程序後的學生達合格標準。Perry 整理整個研究的結
果（見圖 9-1）的結語是教原則讓學生更能有學習轉移效果產
生。教程序只讓學生學會程序，而教原則讓學生在概念上有更深
入的理解，對學習轉移更有利。當原則與程序一起教時，程序會
干擾原則的學習。

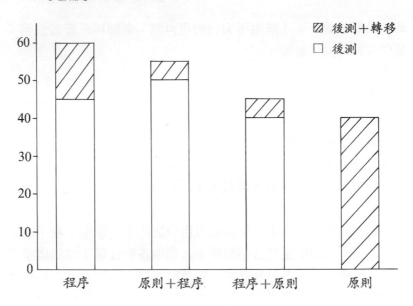

圖9-1　四種教學法，學童解決後測及後測和轉移題的百分比

　　如此看來，原則的教學似乎勝於程序的教學，但如果我們尊重學習者主動組織數學知識，看重教學可能不如讓孩子自己由學習中規納出原則來更好。

四、教材的預備

　　上面提過，數學教與學的研究非常豐富，兒童數概念、數能力的發展、錯誤概念的形成、解簡易文字的發展（ Riley & Greeno, 1988）以及學校數學教育及社會數學教育間斷層的資料都提供了數學教科書作者寫教材的參考。這些只算是寫教材時作者要知道的注意事項，或說是適切合理教材的基本要求。而教材有其至終的目標：希望透過學習數學教材，學生能成為有某些數學知能的人。但一個人要學多少數學知識與能力才夠？這才是教材編輯的重點。

　　一九八九年美國科學進展協會（American Association for the Advancement of Science, AAAS）為了更促進美國數學教育的效果，請了一批數學教育學者一起擬出「十八歲的成人應該知道的重要數學概念」。他們所擬出的一些數學概念大部份包括在算術、代數與幾何中。小部分屬於分析（analysis），離散數學（discrete mathematics）如遊戲的規則、推理、邏輯、概率與統計等。對上述提議，不同的學者可能有不同的看法與爭議。但AAAS數學小組的人最後提到一個十八歲的人應該能很清楚、不模糊的使用語言（指日用語言），包括很仔細地用數學概念來定義所使用的詞彙。換句話說，這些學者不只期望十八歲的成人會解一些數學習題，還期望他們在日常生活中有數學概念。更清楚地說，數學除了使用來計算日常收支、家用買賣外，數學是協助我們作精確思考的工具。若我們都贊成這個目標，那教材中除了傳遞如何解算術、代數、幾何等數學題外，要培養個體有數學思考的習慣。只是在生活中，除家計數學外，我們常忽略一些數學事實。更別談數學思考。例如統計數字是今日生活中很容易接觸到的數學事實。但對於統計的特質及其推論，我們了解多少呢？Tversky 和 Kahneman 曾用兩個例子來訪問美國與加拿大的大學生：

【例一】

　　一種不尋常的傳染病正在美國流行。預計有 600 人死於此傳染病。有兩種控制的方法，這兩種方法造成的後果經科學的推算如下：

　　甲方法：若採用甲方法，200 人的生命會被救回來。

　　乙方法：若採用乙方法，有 1／3 的機會 600 人會被救回來，2／3 的可能是沒有人救得回來。

　　你比較喜歡那一種方法？

【例二】

　　一種不尋常的傳染病正在美國流行。預計有 600 人死於此傳染病。有兩種控制的方法，這兩種方法造成的後果經科學的推算如下：

　　丙方法：若採用丙方法，400 人會死。

　　丁方法：若採用丁方法，有 1／3 的機會沒人會死，2／3 的可能是 600 人會死。

　　你比較喜歡那一種方法？

　　在一五二位大學生中，百分之七十二選甲方法，百分之二十八選乙方法。而在一百五十五位大學生中百分二十二選丙方法，百分之七十八選丁方法（Tversky & Kahenman, 1981）。事實上甲、丙方法所造成的後果是一樣的。乙、丁方法所造成的後果是一樣的，只因措詞及呈現的數字不同，就讓受試者的選擇受影響。在 Kahneman、Slovic 和 Tversky（1982）的書中提到許多

忽略數字或錯誤使用數字的例子，可供我們思考如何使受過數學教育的個體習慣於正確的數學思考。

第四節

摘　　要

　　數學的使用在生活中很早就開始了。入學與否，每個人都學會一些數的運算。然而這些技巧只供簡單的生活運用。由上述文獻看來，不論學校數學教育或非學校數學教育都未能促成個體做數學思考。而這是數學教育學者認為最重要的教學目標。總合上述文獻，目前學校數學教育措施的缺失是：

1. 不能善用學生已有的數學能力來繼續數學知能的培養。
2. 與生活數學脫節，學生在生活中仍使用他自己覺得較便利的方法來運算。
3. 教材所呈現的概念不統整。
4. 教師的教法使學生認為數學是死板的學問。

　　要解決上述缺失，我們要思考的可能是如何配合學習者主動組織知識的特色，並使用他們所熟悉的自然語言引導他們了解數學符號，期使他們能採用日用語言及數學語言一起做有系統、有邏輯的科學思考。對數學教育學者來說，培養學生有數學思考能力可能比培養學生解數學題的能力更是一個挑戰。

　　學習數學的目的不再只是會運算而已，因為運算的能力可以

被機器取代。學習數學的目的在能把學到的數學符號及其間關係與我們的語言符號一起使用做更寬廣的思考。這是未來數學課程設計與安排中要考慮的。而在此目標下，教師數學教學能力標準的設定與師資的培養方式都要重新考慮，以期教師與課程能配合而帶出喜愛數學思考的學童來。

問題研討

1.數學教育的目的是什麼？

2.學校數學教育與日常生活中的數學教育基本上有何不同？

3.專家數學老師必備的條件是什麼？

4.解題策略如何教才能有效？

5.本章舉出許多年紀很小就會運算的例子，是否能說明這些小朋友會「數學」了？

◆參考書目◆

何意中（民77）：國小三、四、五年級學生比例推理之研究。花蓮師院報，2。

李俊仁（民81）：一位數乘法答題策略發展之研究。國立中正大學心理研究所碩士論文。

林碧珍（民79）：從圖形表徵與符號表徵之間的轉換探討國小學生的分數概念。新竹師院學報，4。

柯華葳（民79）：學生與老師在國小改編本教材中的地位。國教學報。教師研習會。

翁嘉英（民77）：國小兒童解數學應用問題的認知歷程。國立臺灣大學心理研究所碩士論文。

張建妤（民74）：學前兒童的數能力。國立臺灣大學心理研究所碩士論文。

American Association for the Advancement of Science（1989）. *Mathematics：A project 2061 panel repoert, Phase 1.* Washington, D. C.：AAAS.

Carraher, T. N., Carraher, D. W., & Schliemann, A. D.（1987）Written and oral mathematics. *Journal for Research in Mathematics Education, 18*（2）, 83－97.

Christensen, C., & Cooper, T.（1991）. The effectiveness of instruction in cognitive strategies in developing proficency in single—digit addition, *Cognition & Instruction, 8* (4), 363－372.

Gelman, R., & Brown, A. (1985). *Early foundations of cognitive development*. In 1985 Annual Report for Cenetr for Advance of Study in the Behavioral Science. Stanford, CA.

Gelman, R., & Gallistel, C. R. (1986). *The child's understanding of number*. Cambridge, Mass：Harvard University Press.

Ginsburg, H. (1977). *Children's arithmetic：The learning process*. NY：D. van Nostrand.

Ginsburg, H., & Allardice, B. (1984). Children's difficulties with school mathematics. In B. Roggoff, & J. Lave (eds.). *Everyday cognition*. Cambridge, Mass：Harvard University Press.

Kahneman, D., Slovic, P., & Tversky, A. (1982). *Judgement under uncertainty：Heuristics and biases*. Cambridge：Cambridge University Press.

Lave, J., Murtaugh, M., & de la Rocha, O. (1984). The dialectic of arithmetic. In B. Rogoff, & J. Lave (eds.). *Everyday cognition*. Cambridge, Mass：Harvard University Press.

Leinhardt, G. (1986). *Math lessons：A contrast of novice and expert competence*. Paper presented at AERA annual meeting. San Francisco.

Leinhardt, G., & Greeno, J. (1986) . The cognitive skill of teaching. *Journal of Educational Psychology, 78* (2) , 75 – 95.

Mayer, R. (1987) . *Educational psychology : A cognitive approach.* Little, Brown.

Perry, M. (1991) . Learning and transfer : Instructional conditions & conceptual change. *Cognitive Development, 6,* 449 – 468.

Putnam, R. T., & Leinhardt, G. (1986) . *Curriculum scripts and the adjustment of content in mathematics lessons.* Paper presented at AERA annual meeting. San Francisco.

Resnick, R. (1987) . Constructing knowledgw in school, in L. S. Liben (ed.) . *Development and learning : Conflict or congruence.* Hillsdale, NJ : Erlbaum.

Resnick, R. (1989) . Devloping mathematical knowledge. *American Psychologist, 44* (2) , 162 – 169.

Resnick, L. B., & Gelman, R. (1985) . Mathematical and scientific knowledge : An overview. In *Issues in cognition : Proceedings of a joint conference in psychology* (pp. 267 – 285) . Washington, D. C. : National Academy of Science, APA.

Resnick, R., and Ford, W. (1981) . *The psychology of mathematics for instruction.* Hillsdale, NJ : Erlbaum.

Riley, M., & Greeno, J. (1988) . Developmental analysis of understanding language about questions and of solving problems. *Cognition and Instruction, 5*（1）, 49－101.

Riley, M., Greeno, J., & Heller, J.（1983）. Development of children's problem－solving ability In arithmetic. In H. Ginsburg（ed.）. *The development of mathematical thinking*. Orlando, FL：Academic Press.

Saxe, G., Guberman, S., & Geathart, M.（1987）Social processes in early number development. *Monographs of the Society for Research in Child Development, Vol. 52*（2）, Serial# 216.

Schoenfeld, A. H.（1985）. *Mathematical problem solving*. NY：Academic Press.

Schoenfeld, A. H.（1988）. When good teaching leads to bad results：The disasters of "well－taught" mathematics courses. *Educational Psychologist, 23*（2）, 145－166.

Siegler, R., & Jenkins, E.（1989）. *How children discover new strategies*. Hinlsdale, NJ：Ealbaum.

Tversky, A., & Kahneman, D.（1981）. The framing of decisions and psychology of choice. *Science, 211*（30）, 453－458.

Problem-Solution. *Roeper Review* 5 (1), 48~101.

Sternberg, R. J., & Weil, E. (1981). Development of
mathematical problem-solving ability. In *arithmetic skill II
The development of mathematical and
spatial abilities*. Phil: Academic Press.

Stoner, H., Gottfredson, S. D., & Gottfredson, G. D. (1981). *Social
programs and career development*. Monograph of Th.
Transition from Education to Work. Development Ltd.

Super, D. E.

Thomas, A., (1973). Problem-solving position selecting
(1985). ....

Whicly, R. H., (1984). What a teacher ....
.... *Interaction of methods ability with cognitive
...* Review of Education, *12*, 2, ... 16.

Wright, P., & Jacklin, P. L. (1982). ....
... . Phil Press, 2, 42~14. ....

Yorke, ..., ... (1970). ....
*Journal of ... . Remediation, 2, 30
3, ..*

低成就學生的診斷與輔導

重要概念介紹

1.低成就（ underachievement ）

一種學習問題的症候（ sympton ），包括學業成績低落、不努力、缺乏學習的動機和毅力等。

2.低成就學生

指一特殊類群的學生其學業成績的表現低於其實際學習能力所能表現者。在此指限於無感官知覺障礙的一般低成就學生。

3.學習技巧

學習者在讀書或進行學習活動時所採用的促進訊息處理的組織、理解、記憶等的方法或策略。

4.智慧能力

指高層次的問題解決（ problem solving ）之思考能力。

　　低成就學生（ underachievers ）是指其學業成績表現水準明顯低於其學習能力所可以表現者，而且這類學生所占比率相當高，大約占學生總數的百分之二十至二十五之間（郭生玉，民62）。通常男生比率高於女生比率，這一類學生的低成就現象常在小學低年級旣已開始，隨著年齡或年級的增加而日趨顯著。低成就學生由於沒有顯著的智力缺陷，教師如果能提供適當的輔助，則較容易改變他們的學習表現。然欲尋獲低成就學生的有效方案並非易事，因爲如詳加以分析，低成就學生可能是高能力低成就者、中能力低成就者及低能力低成就者，也有分爲過度焦慮、行爲障礙、學習問題……等不同類型者。針對以上不同類型的低成就者理應設計不同重心的輔導方案，才較有成功的可能性。因此如果把低成就學生看成爲簡單的「他能學，只是不肯學」之動機問題，則過於簡化。由於低成就的問題是一家長和教師均普遍關心的問題，過去與低成就有關的文獻亦相當多，本文將較偏重探討具有學業問題的低成就學生，除了簡要描述低成就的界定成因與類型外，擬將輔導策略歸納爲三大範圍，包括心理的、智慧的和學業的層面，希能統整出對低成就學生的可行輔導方案，以提高國內教育工作者對低成就學生的幫助，使這類學生的潛能得以發揮。

第一節
學業低成就學生的特徵

就高中生和大學生的群體中，學業低成就的學生約占總人數的百分之四十至五十（ Roth & Meyesbury, 1963 ），爲數不可謂不多。這一類的學生通常並無發展性的障礙或心理疾病，他們在學業上不能達到與能力相符的水準，乃是其不良的學習態度、習慣或行爲所致，學業低成就者會被父母、教師、輔導員，甚至自己認爲是相當懶惰，且是沒有高學習動機的拖延者，他們常會爲自己表現欠佳而找合理化藉口，如忘記帶課本、考試前讀錯材料、老師不好、某一學科讀不來、無法專心、某一科很乏味、無法作好筆記，考試時未好好作答等等，以上的藉口被長期性地利用。

學業低成就的學生，他們的生活缺乏目的或意義，雖然他們也從事許多活動如運動、音樂、電腦或社團活動等等。他們的社會角色是跟隨者，而不是領導者，且很少有反社會的行爲。其實低成就學生除了功課不好外，表現出頗能適應的、輕鬆的、友善的，並無嚴重的焦慮或憂鬱的情緒。父母、師長、諮商人員，甚至同學都會假設低成就的學生主要問題是缺乏動機，只要他們嘗到成功的滋味後，就會有動機而用功唸書，提升成績。但事實不然，不論大人如何想辦法提高動機，他們的動機程度和成績均很難提升。心理學者懷疑在這類學生的人格世界裡是高動機的

（ high motivated ），目的在不好的或平凡的表現，但這並不代表他們想要失敗，而是盡可能的不去成功。

在心理諮商的臨床經驗上，低成就學生的困擾在檢核表上所顯示的有：

1.沒有花足夠的時間讀書。

2.被強迫念不喜歡的科目。

3.粗心。

4.健忘。

5.懶惰。

6.不準時做功課。

7.對某些科目不感興趣。

8.沒辦法記住所讀的。

9.運氣不好。

10.父母期望太高。

11.不喜歡讀書。

12.成績退步。

13.缺乏熱心和高自我期許。

14.對自己想要甚麼感到混淆。

由於缺乏成就動機和內省，低成就學生很少主動想要去改變其學校表現，並對自己不好的表現找很多理由，他們往往答應老師「以後會改進」，「將來會注意」，但並未身體力行。低成就學生的這種在學習上拖延的習慣常會令教師幾乎束手無策。

低成就的成因

　　一般而言，低成就學生最突顯的外在表象為學業成績低落，而造成這種症候的原因顯然很多，且因人而異。Mandel 和 Marcus（1988）將低成就的成因分為四個主要類型，包括暫時性的（temporary）、永久性的（permanent）、內在的（internal）以及外在的（external）等，並以互動的型式表示成因的內容（見表10-1）。

　　由表10-1可知，暫時性的原因可能是外在的或內在的，永久性的原因亦然。低成就學生的成因可能會改變，而且往往是多

表10-1　低成就的成因

	暫 時 性 因 素	永 久 性 因 素
外 在 因 素	教 師 請 假 父 母 生 病	轉學 家庭破碎 家人死亡
內 在 因 素	學 生 生 病 營 養 失 衡	學習能力不足 視覺或聽覺障礙 人格問題

因的，如一個焦慮型的學生遇到家庭變故，一個好動型的學生因轉學而碰到一位嚴厲的老師，均可能造成低成就。

Bleuer（1987）對低成就的成因分析較注重心理因素的探討，故其歸類方式與 Mandel 和 Marcus 不同，茲說明如下：

一、學生的成本效益分析

從學習經驗的過程中，低成就學生已經放棄以花費很多學習時間、挫折、減少交友遊戲活動等以獲得好成績或父母、老師的誇讚；相反的，這些低成就學生則選擇放棄學習、玩樂、看電視等作為不讀書的立即效應。

二、學習策略

通常低成就學生常被指責努力不夠而非能力不足，然而教師必須注意其實很多低成就者的問題並非努力的問題，而是其所用的學習策略欠佳，如在這方面給予適當的輔導，低成就問題可迎刃而解。

三、內在和外在的因素

有些造成低成就的原因是學習者較不能自己控制或改變的，

外在的因素如家庭環境、負向的同儕壓力、不愉快的學校環境等。低成就學生的父母較不介入子女的學習,然而,父母在家陪子女閱讀、購置多量書籍、關心子女在學狀況,以及對子女的成就期望等均被證實是學生學業表現的重要影響因素。

內在的因素如學習者偏向低成就動機、人格屬外控型者、延宕成為大人前的成長期等等皆是造成低成就的主因。

國內黃瑞煥與詹馨(民71)在其《低成就學生的診斷與輔導》一書中亦嘗試對低成就的成因加以歸類,指出造成低成就其有六個可能原因,包括:(1)屬格適應與自我觀念的問題;(2)屬抱負水準的問題;(3)屬師生關係的問題;(4)屬學生學習態度的問題;(5)屬父母態度的問題;(6)屬過去失敗經驗(主要是指成就動機)的問題等六項。黃、詹二氏的分類可與以上學者之分析相對應。低成就成因分析是擬定對這類學生有效輔導策略的基礎,確定每一位低成就學生的形成理由及需要後才能對症下藥。

第三節

低成就學生的診斷

對於如何界定低成就(underachievement)或低成就學生,最獲得共識的方法大概是將學生的智力水準與成就水準相比,如果後者低於前者則被認為是低成就:如 Eysenseck、Wurzburg 和 Berne(1970)在其合著的《心理百科全書》(Encyclopaedia of Psychology）指出「低成就學生是指個人的學業成就與智慧能力相較結果，其學業成就顯著低於其學習能力者」。心理學字典（Chaplin, 1975）指出「低成就是指表現無法達及個人性向的水準」，其中代表學生學業成就的指標可以是學生學期或學年的總成績，也可以是標準化的成就測驗，而代表學生學習能力的指標可以是智力商數（IQ）。此兩個指標的差距超過一至二個標準差通常是認定為低成就者的指標。然而由於學期總成績往往受到教師主觀判斷或刻板印象的影響，而不能完全客觀。另一種界定低成就的方法是用迴歸分析的統計法（Banretti-Fuchs, 1972；Morrow, 1970），如對某一學生其學業總成績的預測低於一個標準誤（standard error），則被判定為低成就。然而這種方法必須先統整全校同年級或全班的學業成績對智商的回歸方程式，因此程序較複雜，其優點為此法充分考慮到學生個別的變異情況，因學業表現中等的學生未必就是低成就者，如張月良（民72）的研究中對低成就學生的評定方法，即以迴歸方程式計算。受試者的智力測驗係以標準分數表示；成就標準則兼顧學業成績與成就測驗分數（以下簡稱成就分數）。學業成績以最近全學年（即一年級）之國文、英語、數學三科平均成績為主；成就分數則為參加國文、英語、數學三科成就測驗所獲得的分數。

首先，以智力分數為自變數（x），學業成績與成就分數為依變項（y），分別計算相關，然後求得迴歸方程式與估計標準誤。因為成就測驗標準相同，故可全部合併計算，學業成績則因受試者在二年級重新編班之前，來自各個班級，而各班的評分標準不同，故需以班級為單位，分別計算。求得迴歸方程式後，即可依每個受試智力分數分別獲得學業成績與成就分數之預測成就

分數。所求得的迴歸方程式和估計標準誤如表10-2所示：

表10-2　以智力分數預測成就分數及學業成績之迴歸方程式

分數類別	統計量名稱	迴 歸 方 程 式（Ŷ）	相關係數（r）	人 數（N）	估計標準誤（Sy．x）
成 就 分 數		$\hat{Y}=.39X+6.07$	.81	237	5.13
學業成績	一年一班	$\hat{Y}=.81X-.88$	.85	48	8.15
	一年二班	$\hat{Y}=.50X+21.09$	.60	47	9.40
	一年三班	$\hat{Y}=.61X+11.13$	.71	47	9.62
	一年四班	$\hat{Y}=.51X+26.04$	.66	47	8.25
	一年九班	$\hat{Y}=.36X+47.16$	.52	24	6.09
	一年十班	$\hat{Y}=.62X+16.78$	.67	24	4.87

　　其次，比較個人兩種實際成就與預測成就之間的差距程度，凡兩種實際成就均低於預測成就半個估計標準誤以上，是為低成就學生。

　　以上兩種方法均為較客觀的診斷形式，而心理諮商員認為只要學生主觀的認為他是低成就者而尋求協助，則皆是輔導的對象。

第四節

低成就學生的輔導

　　國內外至今所提出的低成就輔導策略建立在不同的教育學研究領域上，包括教育心理、特殊教育、諮商心理……等等。在學生人數的選擇上分爲個別的和團體的型式；在輔導重點選擇上分爲心理輔導優先或學科能力輔導優先；在輔導方法的選擇上亦有加強個人責任或加強環境調整之爭。然而輔導低成就學生的責任感與學習技巧似乎爲大家公認的優先選項。由於造成低成就的複雜因素，輔導低成就可能無法採取單一策略模式，例如 Felton 和 Biggs（1977）即以輔導動機、生涯計畫與問題解決爲主；Cooper 和 Robinson（1987）的方案融合學習技巧訓練和自我管理的課程；Decker（1987）爲大學低成就學生設計了一套多重組合的處理課程，其內容包括了認知重建、鬆弛訓練、時間管理、注意力控制、準備考試和學習技巧訓練。Gerler（1982）根據諮商學的多重模式；以國小三、四年級低成就學生爲對象，設計小團體輔導介入的策略，其中包括：

(一)行爲介入策略

　　訂立行爲契約以培養成就行爲；父母及老師接受諮詢，以增強孩子的成就行爲；團體諮商部分是幫助其學習和練習主動的聽講行爲。

㈡情感介入策略

以團體和個別的方式鼓勵學生表達有關他們自己和學業的成就。

㈢知覺器官和心像介入策略

兒童扮演在學習技巧上的一些遊戲，將學校科目的學習及所記憶的材料透過角色扮演以提高具像和理解。

㈣認知的介入策略

學習技巧部份包括有學習新字彙的單字遊戲和練習、以及使用字典的練習。

㈤人際關係的介入策略

團體部份是提供學生團體討論的機會、同儕協助表現出學生可自別人身上獲得學習的可能性。

其研究結果顯示，學生的教室行為有顯著的進步，而在數學及語言藝術等基本課程，亦有積極的增準效果。

筆者根據過去的相關文獻將低成就的輔導分為四個領域：心理層面的輔導、補救教學、學習技巧的輔導以及提升認知的問題解決能力等。由於前三個輔導領域均在本書的其他章節詳加介紹，本節重點將設法將參考文獻限制在低成就的研究上，但針對低成就的輔導策略應不限於此節所涵蓋的。

一、心理層面的輔導

　　就前述低成就學生的心理特徵可知，這類學生其低成就問題的源起，無論是心理的因素或是後天學習經驗因素，其結果的明顯症候是低成就學生失去信心和動機並放棄學習的責任和行動。許多教育心理學者認為加強低成就學生的心理建設是首要任務。低成就學生必須先改變其對學習成敗的歸因（ attribution ）。通常學習者的失敗歸因往往有四種理由：(1)認為自己沒有能力；(2)沒有全力以赴；(3)學習材料或測驗難度太高；(4)表現靠僥倖或運氣。如果低成就學生的歸因是自己的學習能力不好或考卷很難答，則他們不會積極努力去改善學習問題，結果成績越來越差，甚至可能變成「學習無望型」者，認定自己無論怎樣做都不足以避免失敗。教師如欲改變低成就學生這種「失敗→低成就感→無望」的惡性循環，就應加強學習者的自我效能，其中包括處理學習者對自己能力的了解與覺知，協助學習者找出其學習的強點，並提供成功的經驗，讓學習者能夠存有「我能達成」及「我要達成」的信念。Felton 和 Biggs（ 1977 ）指出輔導的途徑可鼓勵學生用建設性的自我語言如「只要我努力，成績就能進步」「功課好的同學是因為他們使用較好的學習方法，如果我改進學習方法，也能和他們一樣」；Alderman（ 1990 ）則建議協助學生建立自我督促的目標和改進學習策略以改變低成就學生的歸因效應。學習者所設訂的目標不限於分數的進步指標，可以是上課的某一項行為如專心或發問；在家的學習問題如寫功課或不看電視

等等。教師可用如圖 10-1 的表格作爲學生自我激勵和評估的依據。

國內張月艮（民 72）以準實驗研究法探討國中低成就學生的心理輔導效果。其所擬定的團體輔導方案以認知自我價值澄清、自我肯定訓練、情緒反應訓練、學習態度和方法等等爲重要內容，實驗結果發現該方案對學生的自我觀念、成就動機與學習態度等方面有顯著的影響效果。茲以其活動 8 和活動 9 的課程內容示範其課程內容與進行方式。

國內另有曾端眞（民 74）爲成績低落的高中生設計小團體輔導方案，以學習態度、自我概念及問題解決等方面的改進爲輔導目標，共包括十個單元，各單元的目的如下：

單元一：探索自我特質，藉以促進自我了解，並分析自我特質與行爲之間的關係。

單元二：幫助成員養成面對事物的積極態度及安排時間的能力。

單元三：引導成員以理性的態度面對挫折（成功者於困境中成長）。

單元四：幫助成員明瞭自我期許與行爲結果之關係，並引導其提昇自我期許。

單元五：幫助成員明瞭個人心態與行爲結果之關係。

單元六：幫助成員明瞭「他人」是自我的鏡子；並引導成員建立理想的自我。

單元七：協助成員明瞭掌握成功的祕密武器是「周全的準備工夫」。

單元八：引導成員培養尊重他人的態度，以建立較佳的人際關

計　　劃

1.本週（本日）的特別學習目標是：

2.我了解將憑藉什麼來完成個人的目標：

3.我將採用何種行動或步驟來完成目標：

4.會干擾我目標的個人或外在因素為：

5.如果我需要幫助，我會怎麼做：

6.完成目標的信心為：

沒有信心　　　　　　　　　　非常有信心

0　　　　　　　　　　25

評　　估

7.對個人計劃達成的滿意程度為：

非常不滿意　　　　　　　　　非常滿意

0　　　　　　　　　　25

8.目標達成與否的理由是：

圖10-1　基部目標與過程圖

活動8 情緒表達活動

一、目的

　　1.舒發緊張、焦慮的情緒。

　　2.建立良好的情緒表達方式。

二、說明

　　1.時間：八十分鐘。

　　2.材料：每人一張八開的海報紙和一盒色筆。

　　3.場地：諮商室。

三、實施程序

　　1.領導者簡短述說情緒對人的作用，並分享自己一次情緒緊張
　　　之經歷及其影響。

　　2.請每位成員將海報紙分成兩部分，然後在海報紙左半部畫出
　　　或寫下曾使自己陷入情緒緊張的事件。

　　3.接著在海報紙的右半部寫出解決的方式。

　　4.當所有成員均完成海報述作，令其一一展示或公佈出來，讓
　　　大家認識有那些事件會使人情緒緊張，以及曾有過的處理方
　　　式。

　　5.領導者就已公佈之情緒緊張事件中，選擇三樁共有的事件，
　　　在小團體中進行討論與分享個人的看法、感受。

　　6.領導者向所有成員徵詢三至五位，摘要報告其活動過程的感
　　　想和學習意義。

活動9 人格特質的迴響

一、目的

分析自己的人格特質，以及培養良好的人格特質。

二、說明

1.時間：九十分鐘。

2.材料：白報紙和筆。

3.場地：諮商室。

三、實施程序

1.成員圍成圓圈，領導者揭示事先寫在大張海報紙之愛德華個人興趣量表（EPPS），並就十五項心理需求（成就、順從、秩序、表現、自主、親和、省察、求助、支配、謙遜、助人、變通、堅毅、性愛、攻擊）作簡要的說明。

2.讓成員寫出其中三項自己認為太高或太低，而自己不太喜歡的人格特質。例如某甲寫秩序性太低、自主性太低、攻擊性太高等。

3.成員一人唸出其所寫，並簡略述說不喜歡的原因，而後其他成員給予回饋，並作建設性的具體建議。

4.其他成員輪流進行之。

5.所有成員進行完畢後，大家討論剛才活動的感想。

係。

單元九：引導成員體會個體最大的自由是在於掌握自己，並從而協助其做自己的主人。

單元十：協助成員訂計劃與力行。

二、問題解決能力訓練

在人類各種思考能力中，問題解決（problem solving）是一種高層次的思考能力，它需要很多低層次的知識與經驗的基礎，如一個人能決定某天到市場買什麼菜，結交一個很想交的朋友或解出一個數學的應用問題等。Felton 和 Biggs（1977）指出低成就學生會在生活中遭遇到學業和其他方面的困難，主要是源於他們較無效的問題解決行為，因此他們建議應加強學生的一般解題能力。許多心理學家大多同意複雜的解決問題思考歷程基本上包括五至六個步驟。在此舉出六個步驟的模式，說明如下：

步驟1──界定問題，學習者思考「我如何開始找答案？」「這問題到底在問什麼？」

步驟2──找出問題的假設。

步驟3──在已有的一些可能的解題方法中選擇一個方法並執行之。

步驟4──評鑑解題方法的正確性。

步驟5──評鑑解題方法的有效性，再考慮其他的方法。

步驟6──對整體思考歷程的考核，修飾解題的行為。

　　由於問題解決能力的複雜性，上述 Felton 和 Biggs 兩人認為要依序的設計教材以加強低成就學生此種能力。他們所提出的針對各步驟的教材內容例舉如下：

㈠針對步驟1的能力

　問題 1－1

　　一個空罐可裝七公升的水

　　一個空罐可裝三公升的水

　　罐上沒有指標

　　如果先從大罐的開始操作

　　如何來回裝水以得五公升的水？

　　共須裝幾次？

㈡針對步驟2的能力

　問題 2－1

　　寫出阿拉伯數字 11

　　畫一條線將其切成兩半，變成 6

　問題 2－2

　　連接九點的線如何畫？

　　在九點上可能出現四條直線，但線不能斷

(三)針對步驟3的能力

問題3－1

第二次世界大戰的臺灣情形如何？

鼓勵學生從不同的途徑去搜集資料：

(1)分析臺灣受到轟炸的地點

(2)圖書館找相關文獻

(3)訪問歷史學者

(4)領袖的回憶錄

(四)針對步驟4的能力

問題4－1

設計三段論法（reasoning process）的問題，如根據下列(1)和(2)判斷(3)是正確或錯誤的敍述：

(1)所有的德國人都喝酒

(2)所有的德國人都是人

(3)所有的人都喝酒

問題4－2

調查發現百分之九十五抽煙者均有蛀牙，此發現是否顯示抽煙對牙齒有害？

問題4－3

玩骰子或錢幣

列二十次實際擲錢幣人頭面出現的機率，完成後即可參考下表：

猜 測	機 率
第 一 次	50％
第 二 次	25％
第 三 次	12.5％
第 四 次	6.25％
第 五 次	3.12％
第 六 次	1.56％
⋮	⋮

㈤針對步驟 5 的能力

問題 5－1

慈濟會——一個慈善組織——決定援助南美的一個貧窮社區，該區的地理環境和慈濟會所在地——花蓮——很像，於是開了許多會以決定如何解決南美那一社區的食物問題。此慈濟會的會員最後決定送種牛以繁殖養牛，其他會員均同意撥款贊助此事。

問題 5－2

用特別的型式整理以下四個英文字：

ITHLG　BEWLO　NEDLAC　THORG

雖然有些教育心理學者質疑這種訓練一般性解題能力的效果，而認為這種訓練應與學科內容相結合。然而，解題能力是智力的重要成分，提高智力商數應對學習者的一般學習能力的提昇

有所幫助，進一步可促進學業成就表現。坊間有許多益智的書店可作爲學校教師設計訓練學習者解題能力的資料來源。

三、學習策略的輔導

知道使用較好的學習和思考策略是高效能學習者的重要特徵。相對的，低成就學生通常所使用的學習策略並不理想，並與動機同時被列爲造成低成就的最主要成因。過去一、二十年之間，教育心理研究者已發展出許多針對不同年齡層的學習策略輔導方案，其亦應適用於低成就學生。教師或輔導員在選擇學習策略的方案重點時，應先根據診斷資料而定。有關學習策略的詳細輔導辦法，請參考本書第七章。

四、補救教學

補救教學是較直接加強學科學習的輔導策略。最傳統的理想補救教學方式可能是由教師或其他成人執行的家教式教學（tutoring），並且最好是一對一的型式。然而，在一班平均二十五至五十人的班級中，這種家教式補救教學事實上無法經常實施，而需要採用其他的補救教學型式，例如採用同儕輔導的型式，美國 Kehayan（1983）曾發展一套針對七年級和八年級低成就生的小團體輔導方案，應用完形治療法以注重現實問題之分析與解決。在包含八人的小團體中，成員被輪流指派各種角色，如特殊

學科「專家」（expert）協助配對成員決定促進學業成績進步的
行動計畫的「影子」（shadow）；和已在團體中獲得成功經驗
並可指導他人的「顧問」（consultant）。小團體每星期聚會一
至二次，選在日常上課的最後一節沒有正式課程的時候。這個輔
導低成就學生的計畫在實施三年後的評估顯現，參與的成員其學
期總成績進步了一・○至二・○，百分之八十的成員順利升級。

　　國內黃振球（民61）指出補救教學的原則如下（p. 200）：

1.處理必須以診斷為基礎。

2.學生個人的價值必須予以考慮。

3.改正的處理（corrective treatment）必須是個別化的。

4.所訂的計畫對學生必須有良好的動機與有鼓勵性。

5.教材與練習必須細心選擇。

6.要考慮學生的全部環境。

7.必須作繼續的評鑑。

　　目前國內的補救教學之實施，在校外可能透過家教、補習
班，以及家長協助等達成功效，而在校內則常由任課的班級導師
在課後或自習課時執行之，雖然這種校內的課業輔導可能以加強
教學為主，但有些教師仍可能以補救教學為目標，其實施的方式
相當多元化，如經由再教學，增加練習的教材與時間或降低教材
的內容層次等等。有關如何實施補救教學的詳細策略說明，請參
考本書第十一章。

第五節

結　語

　　教育的目的之一在使每一個體的潛能均能充分發揮，而低成就學生即是一群其實際的學習表現不如其所具有的學習能力所應表現者。我們發現，不論在大、中、小學中均有很高比率的非具有感官知覺障礙的低成就者，如何減少這種學生的存在是教師的一項挑戰。在本章中提出了一些輔導低成就學生的可行策略，包括了心理的、課業的、學力的和智慧的等方面的課程內容。教師或學校輔導專業人員應斟酌低成就學生的主要問題所在，並估計自己的時間與專長，選擇優先輔導項目。採多管齊下雖可提高成功率，然而多且混亂的方案不如精緻的少數重點方案。盼國內教育工作者多為低成就對象設計特殊的輔導計劃，以造就那些經常被我們忽視的低成就學生。

問題研討

1.指出至少兩種判斷低成就學生的方法。

2.教師如何解決低成就學生低動機和缺乏毅力的人格特質？

3.爲何提高學生的學習技巧有助於解決低成就問題？

4.以某一個或某一班的低成就學生爲對象，與其他同事教師共同討論輔導低成就學生的方案。

◆參考書目◆

李咏吟（民78）：國中生學習技巧調查。國立臺灣教育學院輔
　　導學報，*12*，239－264。

郭生玉（民62）：國中低成就學生心理特質之分析研究。國立
　　臺灣師範大學教育研究所集刊，*15*，451－532。

張月艮（民72）：國中低成就學生心理輔導效果之研究。國立
　　臺灣教育學院輔導研究所碩士論文。

張新仁（民71）：國中生學習行為之研究。國立臺灣師範大學
　　碩士論文。

張新仁（民78）：學習策略訓練之初探。國立高雄師範學院教
　　育文粹，*18*，86－94。

黃振球（民61）：編序教學與個別化教學。載於教學研究。臺北
　　市：商務書局。

黃端煥、詹馨（民71）：低成就學生的診斷與輔導。臺灣省政府
　　教育廳。

曾端眞（民74）：一個成績低落學生之團體輔導課程。輔導月
　　刊，*22*（1），31－36。

Alderman, K. M.（1990）. Motivation for at－risk students.
　　Educational Psychology, 9, 27－30.

Banretti－Fuchs, K.（1972）. Attitudinal and situational corre-
　　lates of academic achievements in young adolescents.

Canadian Journal of Behavior sciences, 4, 156 – 164.

Bleuer, J. C. *Counseling underachievers*：*A comprehensive model for intervention.* ED 304 631.

Chaplin, J. P.（1975）. *Dictionary of psychology.* NY：Dell.

Cooper, S. E., & Robinson, D. A.（1987）. The effects of a structured academic support group on GPA and self －concept of ability. *Techniques, 3*（4）, 260－264.

Decker, T. W.（1987）. Multi－component treatment for academic underachievers. *Jouranl of College Student Psychotherapy, 1*（3）, 29 – 37.

Eysenck, H. J., Wurzburg, W. A., & Berne, R. M.（1975）. *Encyclopedia of psychology.*

Felton, G. S., & Biggs, B. E.（1977）. *Up from underachievement.* Spring Field, Illinois：Charles C. Thomas.

Gerler, E. R. Jr., & Anderson, R. F.（1986）. The effects of classroom guidance on children's success in schools. *Journal of Counseling and Development, 65*（2）, 78 – 81.

Kehayan, A. V.（1983）. *Peer intervention network*：*A program for underachievers.* ED 237 871.

Mandel, H. P., & Marcus, S. I.（1988）. *The psychology of underachievement－differential diagnosis and differential treatment.* NY：John Wiley & Sons.

Morrow, W. R.（1970）. Academic underachievement. In C. C. Costello（ed.）. *Symptons of psychology.* NY：Wiley.

第 *11* 章

補救教學的實施

重要概念介紹

1. **補救教學**（Remedial instruction）

補救教學是一種權宜的教學型態，旨在對中低成就學生，依其個別需求，施予適當的課業輔導，提供更多的學習機會，以彌補正規教學之不足。

2. **常模性評量**（Norm-based assessment）

這是一種正式評量，其評量的標準為一群參照團，個別學生的成績可與其他學生作比較，以決定學習成果。

3. **補償性課程**（Compensatory program）

這是一種補救教學課程，其學習目標與一般課程相同，但教學方法不同。即針對相同的課程，以不同的教學方法達到相同的教學目標。

4. SQ3R

這是一套由美國賓州州立大學所提出的學習方法；其中 S 為掃瞄，Q 為發問，第一個 R 為閱讀，第二個 R 為背誦，第三個 R 為複習。

5. **PQRST 讀書法**

這是由國立台灣大學心理系教授李執中所提出；其中 P 為預覽，Q 為發問，R 為閱讀，S 為自述，T 為測驗。

6. 資源教室方案（Resource program）

這是一種輔助性的教學措施，使部分學生依其課業上的需要，到資源教室接受教師的個別化教學，其餘時間則在普通教學與一般學生一起上課、學習。

7. 學習實驗室（Learning lab）

這是一種類似資源教室的補救教學場所，室內的佈置與一般物理或化學實驗室相近，每個人有實驗檯，操作個別的教材，進行各自的學習進度，以達到補救教學的目標。

8. 套裝學習（Learning package）

這是一種能力本位與自我導向的學習型態，以循序漸進的方式協助學生習得新的觀念或技巧。每一套學習材料皆為特定的能力或技巧而設計，提供多樣的活動以達補救教學目標。

　　我國「國民教育法」係以養成德、智、體、群、美五育均衡發展之健全國民為宗旨。同時，規定凡六歲至十五歲之國民，應受國民教育；已逾齡未受國民教育之國民，應受國民補習教育。對於資賦優異之國民中小學學生，得縮短其修業年限。此乃有教無類的教育精神。其次，在「國民教育法施行細則」上也規定，國民教育各科教材之編製，應富有彈性，以適應學生的個別差異與地方需要；同時教師應依據學生之學習興趣、能力、性向及身心發展狀況等個別差異，增減教材，以切合各個學生的需要。此即因材施教的教育理念。然而對於因學習困擾而造成的低成就學生之補救教學，迄今未有明文規定。因此目前各級學校在補救教學的實施上，可說是觀念分歧，作法殊異。

　　過去，各級學校常利用午休、第七節或課後時間實施補救教學，各校作法不一，有些學校由學生自行請教老師，結果學生學習意願低落，有些則以超鐘點方式，延請教師實施課後輔導，而難脫補習之嫌，徒使學校教育變質（林佳珍，民81）。目前，各級學校對補救教學措施已漸制度化並有全面實施的趨勢，台北市各級學校積極推動「開發學生學習潛能」補救教學的實施，即為一例。然而在實施的細節上，仍存若干問題有待克服，包括輔導教師的意願、上課時間與方式、教學內容與方法、以及教學評量方式等。本章擬探討有關補救教學的實施細節，包含補救教學的歷程、課程設計、以及教學模式等問題。

第一節

補救教學概述

一、補救教學的意義

　　學習是一種複雜的歷程，影響學習活動的變項很多，在學生方面主要包括學習能力、動機、時間、方法與習慣等，在環境方面重要的因素包含教材、教具、教學設備、以及教學方法等（Abbott & Berninger, 1999）。然而一般評量方式係對指定的課程內容在規定的學習時間內評量學生學習成就。在常態分配下，一般學生學習成就的水準不一，約可分為四個等級：高成就、中高成就、中低成就與低成就。若再進一步考量學生的智商、適應行為以及其他學習條件，則理想上，高成就學生應實施充實教學，中高成就學生實施正規教育，低成就學生應提供特殊教育，而中低成就學生因未達最低標準，則需實施補救教學，以提高學習成就至最低標準（如圖 11-1）。

　　實施補救教學的目的在於協助未達最低標準之中低成就的學生，針對其個別需要特別設計一套學習活動，提供額外的學習機會，使其成績能達規定之最低標準，以落實因材施教的教育理念。

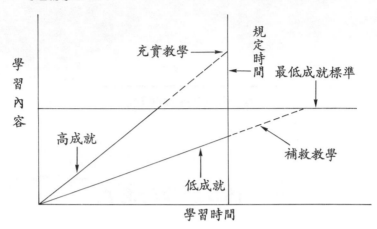

圖11-1　補救教學與充實教學的關係

　　補救教學的基本假設乃在於學生的學習困難是源於準備工作不當或基礎能力不足（Snell, 2000）。例如學生無法學會算術的乘法，主因可能在於加法的能力不足。又如學生的閱讀能力差，很可能是所學的字彙太少所致。因此補救教學的主要目的在於強化學生的基本能力，亦即協助奠定良好的學習基礎。

　　當然，造成學生成就低下的原因很多，包括能力不足、缺乏學習動機、基礎不穩、或是其他間接因素，諸如情緒困擾、親子不睦與交友問題等。但也可能是學習因素，如缺乏學習氣氛、課程設計不當、教職員素質欠佳、或教學設備不足等（Bateman & Karr-Kidwell, 1995）。然而，大致上，可歸納為認知因素與情感因素。一般補救教學的診斷工作，均偏重於學生的認知能力之不足，因情感困擾所造成的問題，往往會隨認知問題的解決而消失。反之，認知能力不足所衍生的課業問題，卻較為複雜，不僅不易診斷出來，且也較難研擬有效的對策，以為補救之道。

　　一位負責盡職的教師應能及早發現徵兆，並從認知與情感兩方面進行，著手探究問題的癥結，進而轉介至有關的診斷或評鑑小組，俾能適時實施補救教學。其次，教師在實施補救教學之前，得接受短期而密集的在職訓練，以提高教師實施補救教學之能力、技巧與意願。在職訓練的課程內容應包含下列三個層次（Harris and Shultz, 1986）：

　　層次一：瞭解高智商低成就之學生的特性與需求。

　　層次二：調整上課方式，以切合高智商低成就學生的需要。

　　層次三：善於運用教學技巧，例如行為契約法、個別化教案、
　　　　　　學習中心、以及其他教學策略，以彌補一般教學方
　　　　　　法之不足。

　　此外，於設計補救教學課程時，亦需同時考量認知與情意的層面。從認知的觀點而言，影響補救教學實施之因素，包括成就低落之嚴重性、家長的期望、教師的教育理念與專業訓練、學校行政當局的態度、學生過去接受補救教學的背景、以及學生本身的學習能力等。從情意的觀點而言，補救教學的目標在於強化個體學習的動機，適應學習環境；包括教材、教法、教具與教師等，以提高學習效果。其次，協助個體與同儕建立良好的社交關係，以及與教師維持有利的師生關係，也有助於課業的學習。

二、補救教學的爭議

　　補救教學所提供的課程，型態繁多，策略分歧，模式複雜，內容多元化，雖然目的皆為迎合個別學習者的需要，而提供多樣

的學習活動，但所強調的重點也許有別。有些偏重於行為與技巧的學習，有些則側重於學習能力的培養。究竟是技巧重要抑或能力重要，至今仍未有定論。

(一)能力訓練觀點

能力訓練理論的假設，係學習困難的癥結在於心理認知過程的失調，以致無法有效地學習，因此學習困難源於認知能力之不足。這些能力包括知覺動作能力、神經感應能力、以及心理語言能力等。

能力訓練模式強調一切的補救措施旨在強化與學習有關的認知結構，以增進學習的能力。例如對一位小學二年級，智商中上，以及口語能力優異的學生，其低下的閱讀能力即呈明顯的違反常態。進一步診斷該生的視覺感知能力，發現該生有視覺辨識能力的缺陷。析言之，其視覺感度雖正常，但大腦對視覺形狀與大小的差異卻無法分辨，同樣對字義也不能區別。透過能力訓練模式，教師應設計有關課程，以訓練其對文字與符號的辨識能力，要求反覆演練對形狀的配對與繪畫能力，同時也訓練對不同顏色與大小的物體作分類的能力。換言之，課程的設計係基於一種假設，即基本的認知能力是閱讀行為的基礎；因此，在教導認讀字母與文字之前，即應加以訓練與培養。

(二)技巧訓練觀點

技巧訓練的觀點直截了當地強調特定行為（例如閱讀行為或加法演算技巧等）的重要性（Stephens, Hartman, and Lucas, 1994），因此學生學習某種行為或技巧，往往在不考慮有關的理論基礎下，

直接學習技巧本身。因此在教學的過程中，務必對目標行為的觀察資料，作詳細的分析，以利技巧的學習。例如在閱讀上，教師接受了有關的技巧訓練之後，即能有系統地觀察學生閱讀的行為，同時也能對閱讀行為進行工作分析，將目標行為分成若干細目，以循序漸進的方式呈現，供學生學習各個細目技巧，直到完成整個行為。

以算術為例說明技巧訓練的觀點，若某生在算術除法演算方面始終考不及格，也未達最低標準，教師首先宜進行工作分析，將目標行為細分為：辨識個位數、十位數及百位數，加法、減法、乘法、以及進位技巧等。接著令該生依序嘗試各個步驟，觀察並記錄其表現。凡是工作分析中該生不會的項目，均應列為補救教學的目標行為，反覆練習。因此，技巧導向的補救教學在於偏重特定行為的學習，有別於能力導向的補救教學重視學習的基本歷程。

三、補救教學的定位

補救教學是整體教學的一環，從整個教學的歷程中，可窺知補救教學的定位，所扮演的角色，以及一般教學與補救教學關係。依據行為理論的觀點，一般學習的歷程似可包括實施學前評估、研擬教學方案、執行教學方案、實施成就評量、修正教學方案、以及實施同質教學等步驟（見圖 11-2）。

(一)實施學前評估

學前評量為一種診斷性評量，實施於教學之前，目的在於了

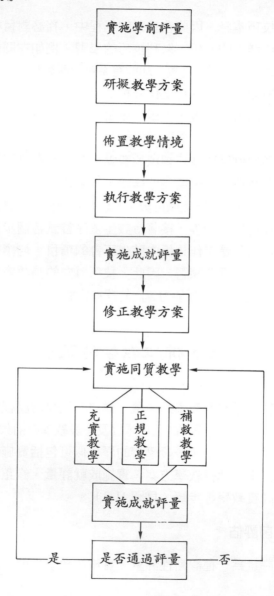

圖11-2　一般教學流程圖

解學生的預備狀態，與學習有關的特質，以及學習的現況，包括
學生已涉獵的知識領域、已發展的身心條件或已具備的知識與能
力，以決定其起點行為，作為研擬教學方案的依據。

(二)研擬教學方案

教學方案係教學成敗的關鍵之一，除了考量其實用性與周延
外，尚需兼顧可行性與多數學生的需要。因此擬訂教學方案時，
應包括下列各項：

1. 註明學生目前的教育程度或其行為之現況；
2. 載明方案之長程目標（學年目標）與短程目標（單元目標）；
3. 闡明所欲進行之教學活動採用之教學方法、材料與教具等；
4. 說明方案開始實施之日期及預期完成之期限；以及
5. 註明評量的目標、工具、標準與過程；

(三)執行教學方案

依據課表實施教學，以學生的學習需要為前提，設計教學活
動，以達成單元目標與學年目標。惟，當發現學生學習困難時，
宜適時修正教學活動或變化教材，以切合學生的需要。

(四)實施成就評量

成就評量分為形成性評量與總結性評量。形成性評量實施於
學習過程中，評量的重點在於認知方面的行為表現、學習態度、
方法與習慣等。評量的目的在瞭解學生學習的過程，提供回饋資
料，指出教學單元結構上可能的缺失，或學習中可能遭遇的問題，
以便實施補救教學。總結性評量則實施於學習活動結束時，評量

的重點以認知行為為主，但也可能涉及技能、情意方面的範疇。目的在決定學生的成就水準，以及判定學生是否達到預訂的教學目標。

㈤修正教學方案

根據評量結果，若多數學生未達預定的成就水準，則需修改教學方案，包括教學目標的研擬、教材的選擇、教學方法的運用以及評量的方式等。

㈥實施同質教學

評量的另一作用，是作為分組或分班安置的依據。對成就水準偏高之學生，實施充實教學，以增加教材的內容與深度；然對成績偏低之學生，則進行補救教學，以提供較易的材料或活動，或提供額外的練習機會。

第二節
補救教學的歷程

補救教學的特色之一在於「評量—教學—再評量」的循環歷程。理想上，補救教學係一種短暫的措施，期望實施一段時期後，學生能跟上一般進度，進而回歸主流。為了有效實施補救教學，吾人將其歷程大略分為三個階段，即轉介、評量與教學。

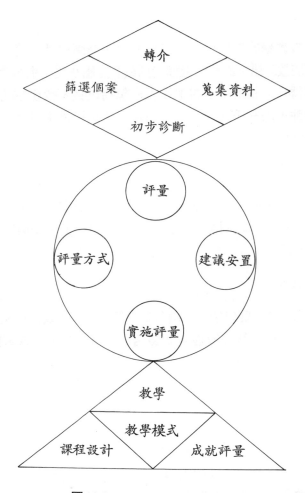

圖11-3 補救教學流程圖

一、轉介過程

補救教學的首要工作，在於篩選、診斷與轉介適當的學生，以接受補救教學。篩選的過程包括成立診斷小組，進行蒐集資料、評估與轉介。診斷小組的工作人員包括校長、教務主任、輔導主任、導師，以及任課教師。目的在於藉小組會議討論、診斷與評量低成就學生的學習活動。

㈠篩選個案

透過教師的平時觀察與一般性評量以及家長的推荐，在全體學生中篩選疑似的個案，轉介予診斷小組，並蒐集有關資料，進行初步診斷。

㈡蒐集資料

針對轉介的疑似個案，由有關教師與工作人員提供相關資料，包括各科成績、智力與性向測驗結果、身心狀況與學習態度等資料，以進行分析與診斷。

㈢初步診斷

根據學生的日常考查成績水準，初步判斷學生的學習困難，以及可能的補救措施。在小組會議中，由各任課老師報告學生的學習活動，以及所遭遇的困難，並作成初步決定，是否確實有接受補救教學的必要，若有此必要，則需進一步實施正式評量。

四家長參與

診斷小組作成決定之後，與進行正式評量之前，得通知學生家長，使其瞭解子女在校學習狀況與所遭遇的潛在困難，進而討論實施補救教學的必要性，徵求家長的同意後，才宜實施正式評量。

二、正式評量

在程序上，於收到家長同意書後，診斷小組即展開各項正式評量，並於規定的期限內完成評量工作。評量的內容視學生的需要而定。評量資料大致上包括下列各項：學習困難報告、閱讀評量、教室觀察記錄、醫生診斷書、同儕互動關係以及心理評量等。

㈠評量方法

評量是實施補救教學前的首要工作，評量的重點在瞭解學生學習的過程中，可能遭遇的困難、問題的癥結以及補救對策等。評量方式很多，大致上，可分為下列八種（Thurman and Widerstrom, 1990）：

1. 課程性評量（Curriculum-based assessment）

課程性評量係以課程內容為著眼點，評量學生達成課程目標的程度。評量的過程首先須指出個別學生的學習目標，其次，觀察與記錄學生的學習行為，提供必要的回饋。最後，針對每個學科的課程目標，進行教學評量，以評估學習的成效。

2.適應性評量（Adaptive assessment）

適應性評量的重點在於評估學生適應環境的能力，其基本假設乃是學習的困難係由適應能力不足所致。評量的內容包括教材與教具的使用，教學方法的變化，同儕間的互動行為等。評量的目標在於協助選擇最佳的教學方法與學習型態，以提高學習效能。

3.程序性評量（Process-based assessment）

程序性評量的對象是學生本身的行為，比較的對象也是學生自己。因此評量的範圍偏重於學生本身行為的改變，例如成績退步，首先探究造成成績退步的原因，進而協助學生排除這些學習障礙，減少負面行為的產生。

4.常模式評量（Norm-based assessment）

常模式評論的標準是一群參照團體，即將學生的成績與其他學生作比較，以決定學習的成效。大部分的學校均採此種標準化的評量方式，因實施較易且客觀，學生與家長皆能接受。然而實施常模性評量有其先決條件，即事先建立一套常模。同時，常模性評量經常係一種總結性評量，在學習活動告一段落之時，才進行施測。

5.判斷性測量（Judgement-based assessment）

判斷性評量的標準係以個人的主觀印象為主，透過平日的觀察與紀錄，瞭解學生的學習過程、行為特性，以及學習方法等，以評估其學習成效。判斷性評量的缺點是常失之主觀，缺乏客觀的評量標準，而且評量的範圍往往只是學生外在行為的部分，而非全部。

6.生態性評量（Ecological assessment）

生態性評量的範圍包括學生的生理、社會，以及心理的發展

特性。評量的主要觀點，在於學習的困難不一定源於能力的不足，可能是來自日常與校園生活的各個層面。因此，評量學生的行為，應從各種角度著手。

7. 互動性評論（Interactive assessment）

互動性評量的重點在於教師與學生的互動行為，其評量的重要觀點，係假設教師與學生的互動行為乃是學習成敗的關鍵。師生的互動行為，包括課內的教學活動與課外的社交活動。教學上的互動指上課時參與活動的程度，如發言的次數，提出問題的深度，以及對議題瞭解的程度等。

8. 系統性評量（Systematic assessment）

系統性評量係一種可量化的、客觀的，與結構性高的評量方式。針對學生的平日學習行為，進行持續性的觀察、記錄與測驗。考量的變項包括學習的前因、行為，以及結果。系統性評量可以對學習行為作詳細而深入的瞭解，分析學生的長處與短處，適時提供回饋，俾隨時修正教學方法或學習的方式，使學習的困難減至最低的程度。

㈡結果與建議

評量結束後，須再度舉行診斷會議，開會的目的在於針對各項評量資料加以解釋，並作成診斷性建議。診斷會議的重點包括：

1. 討論評量結果

將各項評量結果作成摘要表，發給診斷小組各組員，針對各項評量結果，進行充分的討論，彼此溝通意見，付諸表決，作成最後決議，決定學生是否有接受補救教學之必要。

2.建議教育安置

若一致認爲沒有接受補救教學之必要，則轉介提議遭駁回，學生回歸原班級上課。若確有必要，則進而提供有關教學安置以及教學方案研擬之建議，作爲設計教學課程，選擇教學模式，以及執行補救教學的參考。

教學階段是補救教學歷程中最重要的一環，在實施教學之前，首先對學生的學習現況要有徹底的瞭解，進而分析在學習上的長處與短處，以擬訂教學目標，並決定教學方法與材料。不過，在執行教學工作時，最能影響教學成敗的關鍵卻在於設計適當的課程，以及選擇有利的教學模式。這二部分將分別於第三與第四節闡述之。

三、教學

補救教學的特點是先選擇對象而後進行教學，亦即針對學生的需要而實施教學，因此，補救教學基本上是一種診療教學模式（clinical teaching）。診療教學模式的重點在於瞭解學生的學習困難後，精心設計課程內容與慎選教學模式，俾能契合學生的個別需求（Abbott & Berniger, 1999）。

補救教學的課程設計爲求合乎實際的需要，宜遵循一定的程序，否則不易達到預定的教學目標。課程內容方面，則依學生學習的困難的程度與原因，可以分爲若干種類型。至於補救教學型態，可選擇的模式更多，在選擇教學模式之前，宜進一步瞭解各種補救教學模式的梗概。有關補救教學課程設計與教學模式，將

分別在第三、四節作深入的探討。

第三節

補救教學課程設計

一、課程設計程序

　　補救教學的課程設計特別重視課程內容的呈現方式，因此首先需要考慮學習的原則，包括由易至難、由簡而繁、從已學到未學等，俾能建立學生的自信心與學習動機。其次，課程應具高度的結構性，同時學習目標需明確與具體，俾能掌握學習的重心。當然學習活動的設計，得考慮學生的能力、學習動機、接受程度以及注意廣度等。對中低程度的學生而言，學習活動宜富於變化，且兼具趣味性。一般補救教學的課程設計，似可遵循下列幾個步驟：

㈠瞭解生活環境

　　個體的生活環境，包括家庭、社區、學校，以及同儕團體等。每一種環境對學生均有深遠的影響，例如家長若不重視子女教育，平日不僅不督導子女的功課，甚至剝奪子女學習的時間，自然更不會為子女設計有利的學習環境，為其準備書桌或書房，供研讀功課用，在此不利的條件下，實施補救教學時，應極力避免規定

家庭作業，否則徒然爲學生帶來更大的困擾。

㈡分析基本能力

任何學科目標的達成，均需一定程度的心智能力，包括注意力、理解力、記憶力、觀察力、知覺力，以及想像力等。有關能力的不足必然造成學習的困難，因此於設計課程時，得考量學生的相關能力，以配合教材與教法，方能事半功倍。例如學生的記憶力若稍差，則避免強調片面知識的記憶，而應重觀念的理解，同時多採用過度學習策略。

其次，除了一般先備能力外，性向測驗也應列入評量，因爲學生的性向與學習成就息息相關，若性向測驗成績偏低，則往往若干科目的學習表現也差，而需要實施補救教學。

㈢評量學科能力

針對各科的學習能力進行測試與評量，以作爲課程設計的依據。學科能力的評量大多爲成就評量，如語文科目的能力包括單字的記憶與瞭解，句子結構理解，構思與寫作能力，以及段落與文章的閱讀能力等。

㈣評量學習動機

學習動機影響學習成就。具備良好的學科能力並不意謂表現高度的學習動機。假設學生的成績好，但表現出被動與消極的學習態度，則可見其明顯地缺乏學習動機，不會主動學習，無法利用機會自行探索知識，以滿足其好奇心，因此其未來的成就必然相當的有限。缺乏學習動機的學生需要經常提供外在的增強（如

物質性與社會性增強物），以資鼓勵。

㈤擬定課程目標

依據學習的客觀條件以及學生的學習能力，擬定課程目標。課程目標的研擬決定教學方法的選擇，也關乎學習的成敗，因此務須以學習的主觀與客觀的條件為基礎。學習目標之擬定必須兼顧用字簡潔，語意肯定，方向明確，以及行為具體的原則。換言之，學習目標務必指出學習的對象、學習的內容、行為的標準，以及評量的方式等。

㈥提示教學方法

基本上，擬定教學策略的前提，乃是徹底瞭解學生的學習特性、課程目標，以及學生情境。教學策略的選擇，旨在於協助學生達成行為目標。因此，適當的教學方法應具備下列條件：學生易於接受、簡單易行、教學成效良好。

二、補救教學課程內容

因教育的理念、教師的素養、學校的設備及學生本身的需要等有顯著的差異，補救教學的課程在內容上亦十分多樣化。各個學校可依實際的需要以及本身的條件，採用最適當的課程內容。在補救教學上，常用的教學課程內容有補償性、自學性、適應性、補充性、基礎性，以及策略性等課程（Harris and Schultz, 1986）。

㈠補償性課程（compensatory program）

補償性課程之學習目標與一般課程相同，但教學方法不同，即以不同的教學方法達到相同的教學目標。換言之，補償性教學採用最適合學生的學習管道，例如，若學生聽覺能力優於視覺能力，則以有聲圖書取代傳統的教科書，以口試代替筆試，上課時以錄音取代筆記。

研究顯示，教學活動中，爲達預期教學目標若只更換教材，卻不考慮學生的需求與能力，終將徒勞無功。因此在實施補救教學之前，得對學習者作徹底的診斷，以了解其個別需求、性向、好惡，以及能力水準。

實施補償性教學需其他人員的配合，如教師、輔導人員、校長，以及家長的參與，實施前需設法使有關人員了解補償性教學的性質，包括教學目標、程序、步驟，以及策略的運用等。

㈡自學性課程（tutorial program）

自學性課程模式，旨在爲學生提供額外的解說，舉更多的例子，並對一般課程所呈現的教材再作複習。在自學性課程所學習的教材內容可能與一般課程無異，但可能加深或加廣其內容，也可以改編，以更具體的方式澄清複雜的觀念。

自學性課程係正規課程的延伸，因此如果補救教學與正規教學教師不同，則二者間的溝通與協調，進而共同策畫教學活動，乃爲教學成敗的關鍵。自學模式非常費事耗時，佔用老師大量的時間與精神。因此一般教師不大願意採此模式爲學生提供補救教學。可能的解決方案之一即爲鼓勵同儕參與補救教學活動，由同

班同學以義務方式擔任教導的工作（鄭梅合，民78）。老師主要負責設計課程，同儕義工則肩負實際教學與指導的工作。為求同儕私教模式達到預期效果，教師需慎重選擇同儕義工，同時要有系統與有計畫地監督與指導教學的進度。

自學性課程旨在於提供適當的協助，以學習正規課程內容。除了實施一對一或小組教學等教學方法外，其餘與正式課程沒有差異。

(三)**適應性課程**（adaptive program）

適應性課程與自學性課程之不同點，在於前者採用異於正規教學的教材與教法。換言之，課程目標與教學目標容或相同，但適應性課程則採用較迎合學生需求的教材與教法，因此適應性課程比自學性課程更具彈性，在效果上，更有助於達成教學目標。以算術的乘法觀念為例，一般學生可以在教室中，以解釋、示範，以及引導演練等教學方法獲得乘法的演算技巧。然而成績低下的學生也許需要不同的方法才能奏效，例如以簡單而具體的方式，輔以示範模仿法，以增進對累積、重複，以及加法等觀念的理解，同時配合可操弄的物品演練。

適應課程模式也可能使用錄音帶或錄影帶，以取代傳統教科書，考試時也允許以錄音、口試或表演的方式以代替傳統的紙筆測驗。在這方面，同儕義工也能勝任，提供富有創意的教材與教法。

(四)**補充性課程**（supplemental program）

補充性課程的特點在於提供一般學校普遍忽略，但對學生的日常生活或未來就業非常重要的知識或技能。例如對考試不及格

的學生提供有關的補充課程，協助學生習得必要的知識或技巧，例如應試技巧，以通過各種考試，包括聯考與執照考試，或面試技巧，以爲就業之準備。

㈤基礎性課程（basic skills program）

基礎性課程特點，著重於學生在正規課程中未能習得的基本技巧。例如一位六年級學生的閱讀能力，若還停滯在三年級的程度，則補救教學課程即需偏重三年級的閱讀技巧的訓練。基礎課程模式的假設，係學習歷程是一種線性作用，因而六年級的學生無法受益於六年級的課程，除非該生已學會低年級的所有課程。基於這個觀點，在實施補救教學之前，重要的課題不僅在於診斷學生的學習困難，同樣重要的是確定學生當時的知識程度與能力水準。

基礎性課程的原理與發展心理學的觀點一致。皆強調個體在不同的階段需要學習不同的行爲，而且後期的行爲能力乃建立在前期行爲的基礎上。發展心理學係以個體縱的發展爲著眼點，研究個體在每一個發展階段的工作或任務。發展心理學家發現，個體的發展歷程可以明顯地畫分爲若干階段，每一階段的發展任務截然不同於其他階段。例如在嬰兒與幼兒時，個體的發展任務包括感覺動作技巧、溝通行爲、自理能力，以及社會化等行爲；在兒童與青少年時期，主要的發展工作有學習基本的學業知識與技巧，並應用於日常生活的事物上，學習適當的推理與判斷能力，並應用於週遭環境的駕馭上，以及參與團體活動，並發展社交技巧等；至於青年與成年時期，最重要的發展任務則爲與異性建立親密的關係，發展職業知能，以及善盡社會責任等。

㈥**策略性課程**（strategies program）

採用策略課程的教師所教授的課程內容與正規班級不同，教學重點在於研習認知技巧與學習技巧，並應用於各種不同的課程內容。例如一位三年級的學生也許能將所學的閱讀技巧，應用於六年級的課文，能列出段落大綱與重點。實施補救教學時，所講授的部分不是一般課程內容，而是學習的策略，包括資料的蒐集、整理與組織方法，以及記憶要點的技巧等。

美國賓州州立大學教授曾提出一套有效的學習方法，名為SQ3R，其中的 S（Survey）為掃瞄，即先對一篇文章或教材作瀏覽式的閱讀，俾能獲得粗略的印象。Q（Question）為發問，即針對瀏覽過的教材，自己提出若干問題。接下來有三個 R，第一個R（Read）為閱讀，對這篇文章作詳細而深入的精讀，徹底瞭解每一個細節；第二個 R（recite）為背誦，將整篇文章背熟；第三個R（Review）為複習，即經常複習讀過會背的文章。

最近有位學者提出所謂「PQRST讀書法」（莊淇銘，民90）。此法的特色為易學易記。其中 P（Preview）為預覽，即以最快的速度將材料看一遍，俾對學習的材料有粗略的架構。其次，Q（Question）為發問，即根據預覽印象，加以思考，之後對材料的重點提出問題，係對教材的一種掌握，也反映出對知識所擁有的初步組織結構。接著是 R（Read）閱讀，以精讀的方式，仔細思考，將知識的結構加以確認。S（State）為自述，以自己的話把書中的要點說一遍，嘗試回答自己先前提出的問題，自述可以讓學習者有機會把材料詳細的過濾，自我省察是否有疏漏之處。T（Test）為測驗，即自我測試，考考自己是否學會了這些材料，以

及是否已達熟練的地步。

　　研究資料顯示，策略性課程模式對低成就學生頗有助益。De-shler等人（1984b）的研究發現策略法確實效果可期。然而，根據Deshler等人的觀點，若學生事先已具備基本的學習技巧，則能從策略課程模式中獲益更大。值得注意的是，學生習得一種特定的學習技巧後，不見得會應用於不同的場合或課程，教師應將類化作用列為教學的重點。

第四節

補救教學模式

　　補救教學的對象主要是低成就學生（underachievers），亦即學業成就與能力相比較，學業成就明顯低於其能力的學生。實施補救教學的目的，在於提供更有效的教學活動，或更多的學習機會，協助這些學生提高學習效果，達到最低的預定成就水準。限於各個學校的主觀與客觀的條件，以及學生的個別需要，教師必須採用可行性較高並且較能切合學生需要的教學模式（Snell, 2000）。國內外常用的補救教學模式有：資源教室模式、學習站模式、學習實驗室模式、套裝學習模式，以及電腦輔助教學模式等。

一、資源教室模式

　　資源教室方案（resource program）是一種輔助性的教育措施，提供教室與課程，使某些學生在部分時間裡，與一般學生在普通上課，少部分時間則安排到資源教室，接受資源教師的指導（張蓓莉，民 80）。資源教室設置的主要目的，在於落實因材施教的理念，一方面對資優學生提供加深與加廣的教育，另一方面則針對有學習困難的學生，提供更多的練習機會，並使用不同的教材與教法，以實施補救性教學。

㈠物理環境

　　資源教室的物理環境雖無硬性規定，但爲達到補救教學的目的，在教室的大小與地點的選擇方面，均得費一番心思，以求事半功倍之效。教室的大小，以一般教室規格爲宜，因爲資源教室的功能仍以教學爲主，教學的型態可能是一對一，也可能是以小組的方式進行。如果有助理教師，則此二種教學方式可同時進行。其他學生也可能同時從事其他活動，如獨自操作個人電腦，進行評量，或課文朗誦的錄音等。如果空間太小，許多教學活動無法同時進行，資源教室功能即大打折扣。

　　選擇資源教室的位置，至少需考慮二個因素：上課的便捷與學習的安靜。若資源教室距離普通教室太遠，則教室的轉換將耗去太多的時間。同時，若選在操場、工場或音樂教室附近，將嚴重干擾學習情緒，失去補救教學的意義。因此，選擇一個理想的

資源教室，需兼顧便捷與僻靜的原則。

㈡課表訂定

　　課表的編排是最繁瑣的工作之一，因爲牽涉到許多問題，例如分組的問題，有些同學喜歡一對一教學，有些則較適合小組教學。其次是上課次數的問題，上課次數的多寡固然有個別上的差異，同時也必須具有彈性，依學生的進階而調整上課時數。最後，資源教室的設備，教師人力的調度，以及其他任課教師的合作意願等因素，也需一併列入考慮。

㈢情境佈置

　　個體的行爲，易受外在環境因素的影響，很難作有效的預測與操控。同時每個人皆有不同的心態、情緒、潛能、動機、興趣、健康狀況、家庭問題，以及同儕壓力等等，教師充其量也只能佈置一個有利的學習環境，提高學習動機，增加學習活動的趣味性，以及促進學習活動的多元化等。

　　教室氣氛是學習活動成功與否的關鍵。教室情境需精心設計的佈置，俾使各個學生能在身心鬆弛的狀態下，主動學習，自由發問，滿足知識探索的好奇。有時，他們可以或坐或臥，隨興閱讀書籍，參與研究計畫，以及從事自行設計的遊戲活動。

㈣活動設計

　　補救教學目標的達成，有賴於適當而實用的課程設計。對每位轉介的學生，資源教室教師需建立個人檔案資料，充分掌握每位學生的學習進度與需要。資源教室中陳列著許多材料盒，上面

註明所屬的主題以及特定的行為技巧。根據學生目前的學習重點與進度，每天選取有關的材料盒，從事特定行為目標的學習。當天學習活動結束時，從個人的學習檔案夾中，取出學習記錄表，詳細記錄當天的學習活動，可確實掌握個別學生的學習進度。

其次，設計教學活動應把握幾個原則，一為趣味性，以活潑生動的教學活動引起學生的興趣，提高學習動機。二為由簡而繁，由易而難的排列，以建立學生的信心，激發學習的好奇心。三為變化活動型態，接受補救教學的學生大多屬中下程度的學生，其注意廣度較短，一種教學活動若持續太久，往往造成注意力分散或轉移，不利於學習。

㈤教學資源

資源教室模式的特點，即為提供並運用豐富的教學資源，依個別學生的需要，設計適當的資源教學方案，實施個別或小組教學，以彌補正規教學之不足。教學資源分為物力資源與人力資源二種。

在物力資源方面，又包括核心教材、補充教材，以及一般教材等。核心教材指正規課程所採用的教材與教具。除了補救教材，補救教學教師需研究正規課程，深入瞭解課程內容的編排，作為訂定補救教學課程的依據。補充教材包括一些基本的配備，作為演練基本的知識與技巧之用，常用的補充教材分為書店商品教材、教師改編教材，以及教師自編教材。補充教材的選擇需考慮學生的需求、學校的設備，以及教學策略等。一般材料則包括一般性的教具與文具用品等。

人力資源方面，除了資源教師外，應充分利用下列人力資源：

校長、輔導教師、教學助理、學校工讀生、社會義工以及同儕等。

㈥教學評鑑

　　資源教室模式補救教學之主要特徵，即爲學習上有困難的學生提供個別化教學。爲避免流於紙上作業，應定期實施資源教室評鑑工作。其次，評鑑的目的在於提供適當回饋，作爲而後改進的參考（王振德，民80）。

　　資源教室實施成效的好壞，評鑑是認定的主要依據。資源教室的評鑑項目至少應包括下列各項：

　　1. 資源的運用

　　包括經費、人力與物力方面，是否作有效的利用。在有限的時間與空間內，是否能爲最大多數學生最適宜的教學服務。

　　2. 接受的程度

　　包括學生、家長、其他教師，以及社會人士在內，是否均能接受資源教室模式之補救教學。因爲唯有獲得多數人的接受與支持，教學活動才能徹底實施，以收預期之效果。

　　3. 學生的表現

　　學生成績的表現是最直接的評鑑方式。從個別化教案的擬定與實施結果，可以評定資源教室的管理與使用。

二、學習站模式

　　以學習站（Learning stations）的型態實施補救教學，乃是最爲經濟的作法，同時也符合效益的原則。利用各教室的自然環境，

畫出學習區域，不需另闢教室。其次，可以在同一學習區，設置多種學習站，如算術站、語文站、美勞站。每一學習站的佈置非常簡單，只需二、三個書桌，加上一些教材與教具即可。

(一)物理環境

借用教室的一角，靠窗或後面靠牆區域，畫出學習活動區，可以課桌椅、屏風或資料櫃，圍起來，與一般教學活動的空間隔離。以課桌椅圍成若干個馬蹄形，每一馬蹄形即為一學習站，依實際的需要與教室的大小，設置適當科目的學習站。

(二)軟體設備

每一學習站的教材與教具，應不同於正規課程，而以趣味性與啟發性為主要考量。例如在算術站裡，我們可以擺置圖文並茂的補充教材，如遊戲簿、電算機、米突尺等。在語文站，可以備有不同的語文教材、國語注音符號歌的音樂帶、彩色國語字典等。每次上補救教學活動時，可依個別學生的需要與進度，取出適當的教材。其餘教材與教具仍置於各學習站的抽屜裡。

(三)教學方式

以個別方式實施，鼓勵學生自動自發的學習。教師可能扮演主導的角色，以示範與模仿等方法，給予密集的指導，或只是站在一旁扮演輔導的角色，僅提供必要的協助。所以一位教師能同時輔導若干學習站的活動。因為是在班上實施，也可以在上正規課程時進行，即其他學生可以採用一般教科書，依照正常的進度上課，低成就的學生則可以同時安置在學習站裡採用不同的教材

與方法,以不同的進度,由教師本身或請程度較優的同儕協助,以實施補救教學。

㈣教學評鑑

學習站模式之補救教學,乃為最簡單易行之補救教學型態,充分利用各個學校已有的教學資源,將現有的教學設備與空間,作高密度的使用,節省不必要的開支。因此,若教學經費成問題時,各級學校應可廣泛採用學習站模式,以實施適當之補救教學。

為瞭解學習站之補救教學型態,並達到補救教學的效果,進而發現實施的困難,以作為而後實施的依據,學習站教學應作定期的評鑑。評鑑的項目應包括:

1. 學生對該模式的態度,以及接受的程度;
2. 家長對該模式的態度,以及接受的程度;
3. 任課教師對該模式的意見,以及接受的程度;
4. 其他教師對該模式的意見,以及合作的態度;
5. 學生的成就高低,是否達成預定的教學目標,以決定實施的成效;以及
6. 於教室內設置補救教學學習站,是否影響正規教學活動的進行,是否會干擾其他學生的學習活動。

三、學習實驗室模式

學習實驗室(Learning lab)模式的基本假設,係學習困難的主因在於情境因素。常見的情境因素包括教學方法、學習方式以

及學習的環境等。每個學生需要採用不同的方法學習，才能發揮最大的效益。學習實驗室的目的即在於比較各種不同的教學方法、學習作風與教學情境，以發現最適合某位特定學生的學習需求。

學習實驗室是一間獨立的教室，有如資源教室，其設置的目的乃在於針對學習上具有特殊需求的學生，提供精心設計的教學活動與設施。然而實施的對象可能是遭遇各類學習困難的學生。學習實驗室的經營方式、管理方法、使用的頻率，以及設置的標準，可能因校而異，但基本上有以下的共同特點。

(一)物理環境

學習實驗室與一般的自然科學實驗室相似。學習實驗室裡有若干個學習台以及學生資料櫃，每個實驗室配有專人，負責實驗室的管理與使用，包括學生的安置、課表的擬訂，以及設備的維護等。學生的學習資料夾都保存在資料櫃上，依一定的次序排列，以便隨時取出使用。除了學習台、資料櫃與資料夾之外，實驗室裡備有各科的教材與教具，俾供各學科有學習困難的學生使用。

學習實驗室的地理位置的選擇，以安靜為主要的考慮。實驗室的大小，以能容納若干個學習台為宜，使若干小組能同時進行實驗室模式之補救教學。

(二)軟體設備

學習實驗室是一種實驗教學中心，旨在針對學生的個別需要，實驗與選擇最佳的教學方案，以提供適性的教育。為每位學生建立個人檔案，包括各科學習狀況之詳細記錄，透過各科教師的診斷，以訂定其單元與行為目標。

教材與教具方面，分爲共同教具與專科教具，包括一般教科書，市面上出售的參考書，教師自製的教材與自編的遊戲，卡式收錄音機、書籍、布偶、電算機、字典，以及其他材料等。雖然教學活動的設計，係以個人的導向，但可透過教材與活動的靈活運用，包括布偶、遊戲、小老師等（鄭梅合，民78），以促進社會行爲的充分發展。

㈢實施過程

當學生進入學習實驗室時，先領取自己的學習盤，盤上備有他個人檔案夾以及當天的學習材料。並有卡通人物指示當天的學習科目，如國語、算術、社會……等。到達指定的實驗檯。坐上實驗檯後，老師協助取出所需材料，指導作業方式，開始學習活動。老師隨即離開，提供學生獨立學習的機會。老師以同樣的方式指導其他學生。當學生有問題需要協助時，可隨時舉手或舉起求救牌，請求協助。完成作業後，交給老師批改，即結束該科作業。

學生每天可以連續在二、三個實驗檯學習。採用個別指導策略，以個人的進度表，循序漸進的方式，接受補救教學。若作業未完成，下次繼續作直至完成。

㈣人員配備

一個學習實驗室大約可容納二十位學生，所需的人員是一位老師加上一位助手。老師負責設計課程、編製教材、訂定個別進度表，以及選擇教科書等。助手則負責編排時間表，蒐集教具與教材，清點與分發給學生所需的材料，記錄與評量學生學習狀況。

(五)教學方法

另外，與自然科學實驗室一樣，學習實驗室也強調操弄有關的變項。在學習實驗室裡可能的變項有教學方法、學習風格、教室情境，以及學習時間等。選定變項之後，在嚴格的控制之下，比較各變項之間的效果。以此結果為依據，進而擬定最佳的教學方案，以實驗補救教學。例如，某生在正規課程採用編序教學法，學習效果不如預期，則在學習實驗室裡可以進行比較編序教學法與直接教學法。

(六)教學評鑑

實施學習實驗室模式補救教學後，需要定期進行評鑑工作，以確定實施效果，俾作為而後實施的參考，並發現實施過程的優點與缺點，截長補短，把實施的缺點減到最低的限度。學習實驗室的評鑑項目應包括：

1. 學生的意見反應，對學習實驗室接受的程度；
2. 家長的意見反應，對學習實驗室接受的程度；
3. 學生的學習表現，依據學習成就的好壞，學習目標是否能依進度達成，決定實施學習實驗室的成效；
4. 所選擇的操弄變項是否適當，是否為造成學習困難的癥結；以及
5. 學習效果的比較方法是否適當，依據的標準為何。

四、套裝學習模式

　　套裝學習模式（the learning package）是一種能力本位與自我導向的學習方式，以循序漸進的方式，協助學生習得一種觀念或技巧。每一套學習材料皆為特定的能力或技巧而設計，提供多樣的活動以達學習目標。學生可依自己的進度學習。套裝學習的設計與安排的原則，均以易學為主要考量，因此能避免學習的挫敗感。

　　套裝學習模式的另一個特性是學習情境的容易取得。事實上，不論何時何處，均可進行套裝學習活動，在一般教室、專門教室或教師辦公室皆可實施。其次設備簡單也是重要的特徵，學生只要備有一套課桌椅，加上有關的學習材料，即可從事套裝學習活動。教師不必在現場親自指導，但最好不要離太遠，俾隨時可就近輔導，適時提供回饋與協助。

　　套裝學習模式的課程內容編排，係以學生的課程需要為主要考量，所以何時進行哪一學科，以及在何地實施，均依當時的情境需求決定。一般套裝學習的格式與實施步驟，包括實施前測，研擬明確的學習目標，設計與實施一系列的教學活動，及實施後測等。

㈠實施前測

　　實施前測的主要目的在於確定學習者目前的成就水準，發掘學習的困難所在，以及瞭解學生具備的能力。因此，課前測試的內容，係以學生的基本能力與知識為主，例如算術四則運算的能

力，確定學習的層次。接著，探討進度落後的原因與差距，究竟
是教師教得太深奧難懂，抑或學生缺乏學習動機，或其他因素。
最後根據學生學習困難的分析，目前的進度與程度，以及業已具
備的能力，進而選擇與設計教學活動，俾有利於達成預定之教學
目標。

㈡擬定學習目標

補救教學目標的擬定，除了參考上述的評量結果外，尚需根
據教師日常的觀察、考查與診斷。因此教師平時得仔細觀察學生
學習狀況，督導其學習活動，記錄各方面的行為表現，以判斷是
否需要實施補救教學，更進一步確定教學目標。

其次，學習目標的研擬必須符合可觀察與可量化的原則。亦
即，學習目標必須力求明確與具體，以利學習。例如，以「增進
閱讀的速度」作為學習目標，則不夠明確，若以「提高閱讀速度
至每分鐘五十字」取代，具有詳細的數字，行為更為明確與具體，
有助於評量。

㈢設計教學活動

設計教學活動的目的在於協助學生達成學習目標。教學活動
可多可少，端視學習主題的性質、學生的能力，以及教學的需要
而定。但不論活動的多寡，一切教學活動的設計皆以多元化與興
趣化為原則。

其次，套裝學習的特色之一為個別化教學導向。學習的進度，
視學生的能力與需要而定。時間的編排也以學生的課表為主，至
於教材與教法的選擇，自然符合學生個別的需求與能力水準。

㈣執行教學方案

　　執行教學方案者可能是任課教師、班級導師，或其他專任教師。實施地點可能在原來教室或另闢教室。學生領取套裝學習箱後，立即到指定的地點，以獨立作業的方式進行各項學習活動。教師扮演輔助的角色，必要時提供指示與回饋，但不主動而積極的督導其學習活動。

　　任何的教學方案與計畫，並非一成不變，相反的，應視實際需要而作適度修正。於執行教學方案時，應同時作系統性的觀察或記錄學習活動，發掘學習的障礙，隨時補充教材，更改教法，修正教學目標，以利教學活動的推展，有助於目標的達成。

㈤實施後測

　　在目的上，後測與前測相似也相異。前測的目的在於發現問題，確定學習的起點，以訂定學習目標，進行選擇教學策略。後測的主要目的在於評量學生學習結果，以評估教學方案之適切性，作爲爾後修正教學方案與教學方法之依據。

　　如果學生不克通過後測，則需進一步分析其原因，究竟是高估學生的學習能力，行爲目標不夠明確，教材難度太高，學習動機不足，抑或其他原因。如果學生通過後測，也需探究是否低估學生能力，教材太易等因素，俾而後適當提高教材的難度。

㈥套裝學習活動的優點

1. 提供適性教學

　　依學生個人的能力、技巧、知識、程度與需要，擬定完全適

合自己的進度，循序漸進學習。

2.避免學習失敗

接受補救教學的學生有個共同的特點，即經常遭遇學習的挫折，以致失去自我信心，不敢嘗試新的學習經驗，探索新的知識；甚至於與生俱來之人類好奇心，皆已喪失殆盡，而視學習爲畏途。提供套裝學習活動，在沒有競爭的壓力下，在自由的氣氛中，依自己的興趣與需要學習，可以保證學習成效。

3.鼓勵獨立學習

課程的設計，材料的選擇，課表的編排，活動的實施，情境的營造，以及學習的評量等，一切有關的事宜，皆以個人的需要爲出發點。每個人的進度不同，學習材料也不同。適合獨立研究與作業，不適合作團體或小組討論或工作。

(七)實施要點

套裝學習活動主要係由教師設計，也可請家長提供，同儕、工讀生與學生本身也可參與製作。不過爲能使每位需要接受補救教學的學生，均能獲得套裝教學活動，各個學校得有專人負責設計與管理借用事宜，爲各級學生與各種科目設計補救教學活動，同時應闢有專門教室作爲教材與資料中心，俾使套裝學習教材能充分的利用。借用時，學生可以獨自研習，也可以請任課教師指導，或由同儕或工讀生協助。雖然套裝學習活動係針對個別需要而設計，但往往許多人具相同的需求，所以可以小組方式實施，而同時兼顧個別教學化之功能。

㈧範例

套裝學習課程

科目名稱：＿＿＿＿＿＿＿　　課程編號：＿＿＿＿＿＿

學生姓名：＿＿＿＿＿＿＿　　教師姓名：＿＿＿＿＿

作業日期：＿＿＿＿＿＿＿　　交卷日期：＿＿＿＿＿

題目：認識植物

說明：1.可以利用字典與其他參考書，也可以到圖書館找資料

　　　2.請於＿＿月＿＿日前完成

材料：1.作業紙一張

　　　2.國語字典一本

活動：1.在作業紙，寫出十種植物學名

　　　2.選出你最喜歡的植物，並畫出一片葉子

　　　3.在這十種植物中，如果有花，請把花畫出來

　　　4.請說明這些植物的用途

　　　5.請描述這些植物的繁殖方法

評量：1.以上五題均作

　　　2.評量的標準包括作答正確與準時交卷

得分：＿＿＿＿＿＿＿＿＿＿＿＿＿＿＿＿＿

評語：＿＿＿＿＿＿＿＿＿＿＿＿＿＿＿＿＿

五、電腦輔助教學模式

自從史基納（Skinner）設計了編序教學（programmed teaching）以來，個別化教學已逐漸落實在日常教學活動中。四〇年代電子計算機的問世，即應用在學校作為教學的工具，成為個別化教學的主要媒體。CAI 係一種利用電腦呈現教材與控制教學進度與環境的教學模式。

教育工學的日精月進提高個別化教學的可能性，也為補救教學提供可行的管道。因為個人電腦售價已有大眾化的趨勢，不僅各級學校闢有電腦教室，且各個家庭也大都擁有一部甚至多部電腦，所以電腦教學模式應用於補救教學的可行性大為提高。

㈠電腦輔助教學（Computer-assisted instruction, CAI）模式的特性

1. 立即回饋

電腦的最大長處之一即為耐性十足，永不厭煩，脾氣奇佳，絕不發怒，不論學生的程度、能力、學習動機或學習態度，只要投入學習，電腦即作出適度的反應，提供立即的回饋，始終如一。

2. 提高信心

如果學生作正確的反應，電腦立即提供積極增強，大大獎勵一番。若反應錯誤，則提示正確答案。如此循循善誘，直至學生作出正確的反應。對低成就學生，電腦教學模式可有效提高學習動機，提昇自我信心，增進基本的運算技巧，解決問題，習得簡單的觀念，以及學習閱讀與寫作等能力。

3.容易操作

學習者只要學習按鍵即可，操作方式簡便，易記易學，同時電腦螢幕上隨時可呈現操作方法與技巧，按圖索驥，邊看邊學，不需去記憶或背誦，適合低成就學生使用。

4.用途廣泛

電腦輔助教學適用於各種學科與學習活動。市面上的軟體，有語言教學，也有數理練習，社會學科也不缺，選用方便。教師製作的電腦軟體，一方面可針對學生的個別需要而設計課程，迎合個別教學的原則，另一方面也可對特殊的觀念與問題，作大量的練習，因為電腦可以從資料庫裡，選取相關的題目，給學生作額外的演練，俾能達到純熟的程度。

5.自訂進度

在進度方面，低成就學生往往學習的速度較慢，趕不上全班的進度，電腦教學可依學生個人的能力與程度，循序漸進呈現新的教材。若遇到學過的材料，可以忽略，若是教材難度較高，不易理解，可多花一些時間，作大量的操作與練習，直至熟稔。

㈡架構實例

教師可以依據學生的需要，自行製作自學課程（trutorial programs），供學生學習。自然課程的架構不一，依課程本身而定，大致上，分成以下幾個步驟：

1.實施測試

測試的方式可能是多選題或是非題，如果你的答案是正確無誤，可以選擇跳到下一道題，也可以繼續作本題，複習相關資料。例題：菲律賓位於台灣的　(A)東方　(B)西方　(C)南方　(D)北方。

2.給予提示

如果你的答案是(C)，電腦會恭喜你，並指示你繼續作下一題，萬一你的答案不是(C)。例如，你選(A)，顯然你的答案是錯的，電腦會立刻明白告訴你你的答案是錯的，並且給你一些提示，提供有關的資料。例如：台灣的西方是大陸，而東方是一大片太平洋，鮮有島嶼。

3.再予測試

給予以上的提示之後，以改變措詞而不變題意的方式，針對原題再予測試。例如，請繼續作另一題：台灣位於菲律賓的 (A)東方 (B)西方 (C)南方 (D)北方。

4.再予提示

如果答案是(D)，則給予增強，並繼續作下一題。若又答錯，則再給予提示：台灣的北方有琉球與日本四大島等。最後再予測試，以更簡單的方式修改原題，例如：台灣的南方是 (A)日本 (B)菲律賓。

(三)CAI 與傳統教學

在國外，美國佛羅里達州立大學設計自學課程，進行物理CAI教學，結果發現學生完成學習的時間，平均縮短了 17%；其次，期末考試的平均成績也高於傳統教學，同時對物理觀念的瞭解也較優越（Chambers and Sprecher, 1980）。另外，Saracho（1982）以西班牙語移民學生為受試者，研究 CAI 在大學生英文文法、標點符號、以及用字與拼字教學之成效，獲得類似的結果，即 CAI 在閱讀與語文方面的教學效果，均優於傳統教學法。

在國內，Lin 和 Chow（1983）以淡江大學學生為對象，研究

CAI 在大一英文教學之效果，結果顯示出利用 CAI 和傳統方式教學，學生之學習結果並沒有顯著的差別，原因是受電腦硬體和電腦設備的限制。Wu（1983）以台北市立民族國中學生為對象，研究 CAI 在英文科補救教學的效果，及學生對 CAI 的態度。結果發現 CAI 與傳統教學法也無顯著差異，但是就兩組中成績不及格之學生，進一步比較其分數，則實驗組（CAI）學生顯著高於控制組。同時，實驗組學生絕大多數喜歡 CAI，並認為 CAI 有助於提高學習效果。

問題研討

1. 補救教學的意義是什麼？它與正規教學關係如何？

2. 課程設計是教學階段中非常重要的一部分，試舉三種補救教學課程內容型態。

3. 補救教學模式很多，試舉一種教學模式並闡明其教學方式。

◆參考書目◆

王振德（民80）：資源教室之班級經營。特殊教育季刊，40，1～6。

林佳珍（民81）：補救教學，校長難為。大成報，民國81年9月
　　27日，975期，第4版。

莊淇銘（民90）：PQRST效率學習法。國語日報，民國90年1月
　　4日，第4版。

張蓓莉（民80）：國民中學資源班實施手冊。台北市：國立台灣
　　師範大學特殊教育中心編印。

鄭梅合（民78）：補救教學的生力軍──愛心小老師。國教研究
　　雙月刊，9，65～68。

Abbott, S. P., & Berninger, V. W. (1999). It's never too late to remediate:
　　Teaching word recognition to students with reading disabilities in
　　grades 4-7. *Annals of Dyslexia*, *49*. 223-50.

Bandura, A. (1977b). *Social learning theory*. Englewood Cliffs, New Jer-
　　sey: Prentice-Hall.

Bateman, S., & Karr-Kidwell, P. J. (1995). At-risk programs for middle
　　school and high school: Essential components and recommendations
　　for adiministrators and teachers. ED384954 Educational Services.

Chambers, J. A. & Sprecher, J. W. (1980). Computer assisted instruction:
　　Current trends and critical issues. *Communications of the ACM*, *23*
　　(6), 332-342.

Deshler, D., Schumaker, J., Lenz, B., & Ellis, E. (1984b). Academic and cognitive interventions or LD adolescents: Part 2. *Journal of Learning Disabilities, 17,* 108-115.

Harris, W. J., & Schutz, P. N. B. (1986). *The special education resource program: Rationale and implementation.* Clumbus, Ohio: Charles E. Merrill Publishing Co.

Hersen, M., V. B. Van Hasselt, Mason, J. L. (1983). *Behavior therapy for the developmentally and physically disabled.* New Yourk: Acadmic Press.

Lutzker, J. R., McGimsey-McRae, S., & McGimsey, J. F. (1983). General description of behavioral approaches. In M. Hersen, V. B. Van Hasselt, & J. L. Matson (Eds.), *Behavior therapy for the developmentally and physically disabled.* New York: Academic Press.

Lin, H. M., & Chow, L. R. (1983). An experiment and survey on using CAI to teach English in Tamkang University. A paper presented at Sino-American CAI Workshop, Taipei, October, 1983.

Piaget, J. (1970). Piaget's theory, In P. Mussen (ed.) *Carmichael's manual of child psychology* (3rd ed.) Vol. I. New York: Wiley.

Stephens, T. M., Hartman, A. W., & Lucas, V. H. (1994). Teaching Children basic sills: A curriculum handbook. 2nd ed. Columbus, Ohio: Charles E. Merrill Publishing Co.

Saracho, O. N. (1982). The effects of a computer-assisted instruction program on basic skills achievement and attitudes toward instruction of Spanish-speaking migrant children. *American Educational Research Journal, 19*(2), 201-219.

Snell, L. (2000). Remedial education reform: Private alternative to traditional Title I Study No. 266. Los Angeles, CA: Clearinghouse.

Thurman, S. K., & Widerstrom, A. H. (1990). *Infants and young children wit special needs: A developmental and ecological approach.* Baltimore: Paul H. Brooles Publishing Co.

Wu, T. H. (1983). A pilot study of CAI effects as a remedial teaching in English. *Bulletin of Educational Psychology, 16,* 61-70.

反省篇

第 *12* 章

如何增進教師的專業智能
以減少學生學習問題

重要概念介紹

1.教師信念（teacher's belief）

教師在學校所表現的行為之思想根源，如對學校機構、教職、教師行為規準、教法、學生等等的看法。

2.師生關係

教師和學生之間的領導地位的、社會互動的關係形態。

3.教學效能（effectiveness of teaching）

能影響學生學業成就表現的教師教學的行為和技術。

4.諮商心理學（counseling psychology）

研究諮商（心理輔導）的理論與技術、諮商的實施與效果等的應用心理學。

　　影響學習者表現良窳的因素很多，主要可分為與學習者本身有關的內在因素和一些與環境有關的外在因素，後者中教師的因素尤為重要，教師可說是影響學習成就的關鍵者，因此家長注重選擇老師，學校也注重班級程度和老師能力的配合。國內中小學的教師雖然受過專業化的訓練，但是教師在工作上的表現存有很大的差異。許多教師勝任教職，引導學習者智能充分的成長。但是，無可否認的，也有為數不少的教師無法勝任教職，如有些教師教學呈現的方式不佳；有些教師與學生關係疏離，甚而對立；有些教師缺乏教學的基本熱誠……等等，影響所至，輕者阻礙了學習者智能的成長，影響重者甚至製造問題學生，造成個人和社會的損失。

　　教育學在「教師」主題的研究上，範圍相當廣泛，諸如教師人格特質、教學風格、教師專業職能訓練、教師工作滿意度、教師效能……等等。其中分析優良教師的特質不僅自成一特殊專題，亦與其他上述的研究主題有關。同時能夠作為學生的經師和人師是中國理想教師的指標。我國王家通與吳裕益（民75）曾調查國中生和校長對優良國中教師所應具備條件的看法，國中生所列出最主要的五項為：(1)教學認真；(2)和藹可親；(3)教學方法好；(4)富有責任感；(5)瞭解學生心理。前列的五個要項中，有三至四項是學習者所感受的教師態度或情意表現的指標，因此優良教師不等於教學績優教師。在美國一些有關「有效教室教學」（effective classroom teaching）的著名研究（Ryan, 1960；Flanders, 1970；Rosenshine & Furst, 1973）亦指出優良教學品質的指標，除了技術層面如目標導向、高組織性的呈現教材、多發問等表現以外，教師表現溫暖同情、熱誠，重視學生意見等情

意方面的表現亦同等重要。因此，如欲探討優良教師的特徵作爲
教師省思教學者所造成的學生學習問題，似乎應從同時注重教師
的知、情、意三方面的專業智能著手。由於代表教師重要專業智
能的內容範圍頗爲廣泛，本文將以教師的信念、師生關係、教學
技術以及諮商心理學在教學上的應用等四者爲重心，並比較前三
者高效能的和低效能的教師其表現差異之所在，以作爲減少教師
製造學生問題的省思，以及擬定教學策略之參考依據。

第一節

教師的信念

　　近來年，對於教師的了解和研究，逐漸將焦點從教師表現於
學校環境的外在行爲轉移至教師內在的信念（ teacher's　belief ）
上。教師信念與其他的概念如教師思考（ teacher's　thinking ）
、教師專業文化（ professional　culture ）的意義相近，教師信念
可指教師的計劃和決策等有關的思維（ Peterson & Mark, 1978 ）
；亦可指教師對教職的看法、教學的成就感；或者是指上述思維
和實際教學行爲的關係、教師可接受的行爲規準等；另亦可指是
教師對學習者所使用的學習策略、如何教導特殊學科與對象的看
法等。
　　究竟那些重要的教師信念與其教學表現績效存有正向關係？
如果這種正向關係能被研究，則那些需要提昇教學效能的教師是
否能藉由改變其教師信念而提高績效？Dobson 和 Dobson

（1983）指出：「信念和實施的一致性是優良教學的特徵，教學的實施如沒有健全的信念引導，則易流於隨機、盲目；教師如沒有教學的目的，則易於僅求每日上完課就好，而不思索方法與結果的一致性。」（p. 21）Bauch（1982）依據教師在訓導、控制和學生參與等三層面而分析出三種教師信念的系統：權威型（高教師控制、低學生參與）、策略型（高教師控制、高學生參與）和民主型（低教師控制、高學生參與），他並且指出具權威型信念系統的教師傾向採用講述、書寫和考試作為教學方法。相對的，具民主型信念系統的教師則透過如討論、戲劇、報告、實驗等活動以提昇學生的自我教導。

　　Nauman（1985）以訪談的方式調查教師如何解決他們在信念上的兩難困境，結果發現在傳統的和可替代傳統的教學環境之下教師具有不同的信念和行動；調查結果的資料整理分為四部份，包括學生的地位、教學工作、教材和學校的地位等項。茲將各項重要的內容列述如表12-1（pp. 36－38）。

　　在研究替代的和新的教師信念上，一些研究著重尋找特別能夠促進學習或高層次思考的信念，如 Marshall（1988）曾以四個注重學習歷程的教師為觀察對象，結果發現這些教師當與學習結果導向的教師比較時，他們在課堂教學時注重挑戰學生的思考和學習、個別差異的安排、正向的期望和鼓勵以及預防性的管理措施等，例如這些教師曾提到的言語包括「班上有些人比較不會寫抒情文」、「我想你們能夠做到」、「寫這個作業的目的在發現……」、「注意有沒有同學將十位數的5放錯位置？」、「我倒希望你們有做錯的項目讓我們討論」等內容。似乎這些教師能夠用較好的語言技巧（skill language），而這些注重學習過程導

表12-1 替代的與傳統的教師文化

替 代 的 教 師 文 化	傳 統 的 教 師 文 化
信念	
關於學生	
● 學生應受教於多變的環境 ● 學生和成人是平等的 ● 學生被視作個體 ● 學生僅對其學習負部份的責任	● 學生應受教於學校內 ● 成人比學生優越 ● 學生被視作整體或班級 ● 學生應對其學習負全責
關於教師	
● 教師教導全人 ● 師生應對紀律和行為負群體責任 ● 教師對紀律和行為的管理具有權威 ● 教師透過成熟的師生關係去引發動機 ● 教師同時對學生和其他的老師均有責任 ● 教學是公開的和群體的活動	● 教師是教材的專家 ● 教師僅對其自己班級的紀律和行為負責 ● 教師對教學法、獎勵和標準具有權威 ● 教師透過科目內容以引發重點 ● 教師僅對學生負責 ● 教學是隱私的和個別的活動
關於知識	
● 正向的知識是學生達成自我發展的橋樑 ● 知識是問題式的，評量以個別的進步為主。	● 正向知識是所有學生有興趣的 ● 知識是標準化的，有順序的，可評量的。
關於學校機構	
● 所有的教師是平等的，雖然有突顯者，他們遵守團體標準。	● 所有的教師是平等的，他們可以在大的學校文化環境中做他們喜歡做的事。

● 教師可以主導改變	● 教師抗拒改變，因此學校不會改變。
● 學校不一定要維持一貫的狀態	● 學校必須在有序的和有效的狀況下才能傳遞知識

實施

學校組織

● 學校可以有不同的物理環境	● 學校應是有一間間教室的結構
● 學校內各部門可以合作	● 學校內各部門有階層結構
● 計畫或活動可以有彈性的時間表	● 計畫或活動沒有彈性的時間表
● 每天運作有時相似	● 每天運作相似
● 規則具彈性	● 規則固定
● 事務常根據發展目標而決定先後	● 事務按經驗順序執行

學生的對待

● 學生是參與者	● 學生是旁觀者
● 學生應個別教導	● 學生可分批教導
● 學生是獨立個體	● 學生有其典型
● 學生可異質（不同年齡或能力分組）	● 學生應同齡分組

教室中的教師

● 教師易碰面並相互合作	● 教師在物理環境上很孤立和很少相互合作
● 教師有情感地介入學生世界	● 教師避免情感地介入學生世界
● 教師的責任在學生的個別發展	● 教師的責任在教導材料
● 教師會議控制學生的行為、標準、獎賞和課程	● 教師個別地控制行為、標準和獎賞

教師作爲教材專家

● 教師努力於個別發展	● 教師傳授正向知識
● 教師控制方法	● 教師控制方法

向的教師所採用的教學方法或語言均源於較精緻的教師信念。Onosko（1989）曾比較在提昇學生思考高／低效能的中學教師在教師思考上差異之所在，研究結果發現：高效能的教師具以下特徵：(1)集中某些教材的主題而不嘗試表面的教導太多教材內容；(2)教學進程相當具有一致性和連續性，教師較少介紹錯誤的概念、不合邏輯的教材內容呈現或不適當的轉接等等；(3)學生被提供適當的時間思考，亦即給予足夠的等待時間以回答問題；(4)教師提出有結構的、有挑戰性的問題；(5)教師是深度思考的示範者，如教師欣賞學生理性的或特殊的想法，告知學生問題的本質；解釋教師自己思考推理的過程等等；(6)教師要求對結論做解釋或推理的次數較多。由以上六點的觀察，可知教師的信念與其實際表現的教學行為之不可分性。目前有關教師信念的研究正積極推展，無論是教師信念的理論基礎以及其對教師表現的影響均有待進一步探討。

第二節

師 生 關 係

曾經有一位中學校長發現該學校有位新上任老師，其學歷、事業背景、外貌等相當優異，但任職不久後，被這位新老師所教的學生抱怨與老師相處不甚愉快，老師的一些作法令他們難以忍受。這一事例顯示這位老師的問題是屬師生關係的問題。雖然良好的師生關係並非是學生高成就的必要因素，但不良的師生關係

卻能直接導致學生嚴重的低成就。通常具和藹可親、可信賴的、高包容性等等的教師是受學生歡迎的教師。而經常苛責、呆板或諷刺學生的教師則不受學生歡迎。

當教師在檢核自己與學生的關係時,可從教師領導類型的分析著手,Anderson（1945）將教師領導類型分爲控制型（dominant contacts）與統合型（integrative contacts）：採取控制型的教師多用命令、威脅、提醒與責罰,採取統合型的教師善用同意、讚賞及接受等,而由前者領導的學生出現較多課業困擾；平時雖多服從教師的領導,但反抗時則會較激烈。由於統合型教師領導的學生較能自動自發解決問題,也較有利他行爲的表現。此外,White 和 Lippitt（1960）的研究亦發現在權威型、民主型與放任型等三種不同的領導方式中,在放任型的教師領導下學生不論是學業成就或群育方面的表現均最差；權威型教師領導雖然能使學生獲得近時性較高的學業成績,但易養成學生的被動性和依賴性,師生間亦不易互相了解；而在民主型的教師領導下的學生學業成績表現良好,學生較能友善對待他人,即使領導者離開教室,他們仍能繼續工作,表現出高度的自發性和挫折和容忍力。由於教師尊重學生個人的尊嚴與自由,師生關係友善而和諧。

國內陳奎熹（民 67）根據 Parsons（1959）的「價值導向之模式抉擇」討論教師在五種模式變項上的權衡,包括：

㈠感情性對感情中性（affectivity vs affective neutrality）

究竟教師應對學生付出無限的同情與關懷,還是應限制情感的付出？

㈡廣佈性對專門性（ diffusiveness vs specificity ）

究竟教師對學生的干預應包括全人的教育以及涉及其生活各面，亦或僅針對學生的特殊智能或學科領域？

㈢普遍性對特殊性（ universalism vs particularism ）

教師評估學生時，是根據普遍客觀的標準抑或應根據學生的個別狀況而採取特殊性的原則？

㈣成就對資質（ achievement vs ascription ）

教師對學生的態度究竟應注意其外顯的實際表現，抑或應注重學生的天生資質而給予其表現上的特殊性決定？

㈤自我導向對集體導向（ self－orientation vs collectivity orientation ）

教師在決定教學措施時究竟應多考慮自己的需要、多為自己設想，還是應多考慮所屬團體（ 包括學校、學生……等 ）的需要？

現今教師對師生關係的價值導向之選擇，因為受到教師所處的社會價值觀的改變，出現了矛盾的和兩難的困境，端賴教師從經驗中去自我統合協調。良好的師生關係建立不易，教師基本上除了讓學生感覺友善、溫暖、願聽他們傾訴、安全、被尊重、公平對待等等之外，並須顯示其在教室中妥善處理個別學生行為問題的班級管理能力。教師若能與學生維持良好的師生關係，則學

校的學習環境對學生而言是吸引人的，振奮的與愉悅的，教師對學生在學業和人格成長方面的影響力也相對地提昇。茲將一些促進師生關係的具體原則列出如下：

1. 教師是友善的，但卻是堅持原則的。
2. 教師僅建立少數「不可接收的行為」，並與同學討論及明確訂定行為標準。
3. 教師在上課時及上課外多與學生交談、接觸、並把握心理輔導之專業特質如溫暖、傾訴、接納、設身處地等技術。
4. 避免威脅學生。
5. 在以「先嚴後寬」的原則建立教室管理後，應逐漸鬆綁，讓學生能自律自強。
6. 熟練運用不同的管理技術，如增強、懲戒、情境協助（如非懲罰性放逐、移去干擾物、告知學習目標或規則……）、自我控制與自我管理等等。
7. 師生相互允許另一方發展其獨特的個性與創造力。

綜言之，良好師生關係的發展是緩慢的，關係的本質是複雜的，其受到教師人格特質和社會動向的影響，有時會因突發事件而改變。對於有意加強師生關係的教師而言，多與學生溝通，請教高效能教師以及自我檢核均是重要的行動。

教 學 技 術

　　高效能教師採用有效的教學技術似乎是最明顯的特徵所在。雖然優良教學的終極表現在使教學藝術化，很難予以描述和分析，但一種功能性取向的分析之教學行為卻非常重要，是師資專業的基礎訓練目標之所在。雖然當代教育心理學很積極的研究有效教學的特徵，但從研究過程中發現「好的教學」實在很難界定，往往隨著不同的教學情境和所調查的教師對象而找出不同的指標。然而，從過去的研究報告似乎可以發現一些有效教學的共通原則，茲介紹如表12-2。

　　表12-2中，Flanders及其同仁的發現乃基於其所提出的社會交互作用模式。教師在教室活動中可能用到直接影響語言如講解、指示、命令、批評或維護權威等等，也可能用到間接影響語言如傾訴、讚賞、鼓勵、問問題等等。教學法亦根據上述特性而分為直接教學（direct teaching）和非直接教學（indirect teaching）。雖然Flanders及其同仁認為採用間接語言比採用直接教學獲得更好的學習結果，然而這兩類的語言對有效教學均相當重要，例如教師在採用講述法中提問題、等待學生反應以決定進一步的教學等等。

　　上文所提及的Rosenshine（1983）及其同仁所歸納出能促進高效能的直導教學之五項內容，包括：(1)勤查前次的學生作

業；(2)熟練表現新教材內容的技巧；(3)提供學生引導性的練習；(4)多予回饋和校正；(5)提供獨立練習的機會等項。他們發現每一項內容均有一些較能發揮教學功能的教師行為，茲進一步說明如下：

表12-2　有效教師教學的外顯指標

Ryan（1960）所發現的對比式指標		
1.教師溫暖和了解	對	冷淡和疏離
2.教師有組織的和工作取向的	對	無計畫和遇事拖延的
3.教師多刺激的和想像豐富的	對	沉悶的和例行公事的
Flanders（1970）所發現非直接教學風格的指標		
1.教師提出問題問學生		
2.教師接受學生的感受		
3.教師注重學生的想法		
4.教師讚賞和鼓勵學生		
Rosenshine和Furst（1973）所發現的指標		
1.教師是熱誠的		
2.教師是井井有條的和工作取向的		
3.教師能清晰地表現教材內容		
4.教師能用不同的教學材料和程序		
5.教師提供學生學習教材內容的機會		

(一)勤查前次的學生作業

教師在上課開始時，應先檢查前次的家課，再複習前次所教的內容。

(二)熟練呈現新教材內容的技巧

以數學科為例，高效能數學教師花費至少二十三分鐘在講述、示範和討論上。相對的，低效能數學教師僅花費十一分鐘在上述的活動。高效能教師的教學亦有以下一些特色：把握循序漸進的教材呈現原則，注重提供實例，以不同方法解釋疑難點，藉發問以確定進入下一階段教學的時機，示範學生如何回答高層次問題的步驟。

(三)提供學生引導性的練習

教師能夠在提出知識性的和程序性的問題後給予學生回饋。在實施的過程中注意問及到全班每位學生、寫下學生的答案並將他們的答案相互比較，以及將重點寫在黑板等等。

(四)多予回饋與校正

當學生有正確反應時給予口頭稱讚或再問；有錯誤反應時則予以提示；問較容易的問題或舉額外的例子。以上均為可提高教學效能的教師行為。

(五)獨立練習

學生除了在老師引導下而練習外，尚需要有在座位上單獨練

習的機會，教師可從旁作個別指導，必要時允許學生相互討論。

　　吳淸山（民81）引自Emmer等人（1984）所著《中學教師的教室管理》一書對無效和有效的教師行爲作比較，分別從溝通單元目標、有系統的呈現訊息、避免模糊不清、檢查學生了解情形、提供練習和回饋來說明，頗具參考價值，如表12-3所示：

表 12-3　教師教學的無效與有效行爲

無　　效　　行　　爲	有　　效　　行　　爲
1.溝通單元目標	
● 沒有描述單元目的或沒有期望學生所學的內容。 ● 沒有告知學生所要注意的重點、觀念、或概念。	● 單元開始即說明目標。 ● 告知學生爲其求知或學習負起責任。 ● 強調所呈現的主要觀念。 ● 單元結束時複習主要重點或目標。
2.有系統的呈現訊息	
● 呈現訊息紊亂；重點省略不提。 ● 插入無關的訊息、評論或瑣事於單元之中。 ● 沒有告知即從一個主題移到另一個主題。一時呈現太複雜訊息或所作的指示太快。沒有留下足夠的時間徹底地涵括每個單元。	● 有次序呈現單元大綱。 ● 把握住主題。摘記前述要點；清楚地描述觀念或主題間的主要轉變。 ● 逐步指示，在進行另一項目之前先考察學生了解情形。保持早期動的有效率速度，使後來的單元學習有寬裕時間。

3. 避免模糊不清

• 呈現觀念沒有具體的例子。利用太複雜的字彙。 • 過度利用否定片語（如：並非所有的觀點，並不是許多人，不是很快樂）。 • 含糊的或不確定的用語：也許，或許，偶爾，不常……。	• 提供不同適當的例子。 • 使用學生所能了解的字彙，界定新字彙的意義。 • 明確的和直接的用語（如：三分之一人，憤怒的）。明確的說明所提到的具體目標，並說明什麼是不正確的及其原因。

4. 檢查學生了解情形

• 認為每位學生都了解，或只簡單問「每位都了解嗎？」或「有任何問題嗎？」卻沒有予以驗證是否了解。 • 由於時間限制或沒有學生發問就進行下一個主題。不詢問學習緩慢學生；只靠少數學生的回饋。	• 發問問題，俾確定學生是否已準備繼續進行下個主題。 • 要求學生摘記要點，以驗證學生是否了解。 • 重新講授不清楚部份。有系統地核對每位學生了解情形。

5. 提供練習和回饋

• 沒有指定家庭作業。 • 所指定作業只包括學習一小部份。 • 對於指定學生的工作未能予以回饋、或討論。	• 確定每位學生有足夠的練習，使每位學生都能精熟重要的目標。 • 檢討作業以確定學生所有學習的單元技巧和概念都得到增強。 • 經常考查作業，重新說明重要的觀念，必要時可再教一次。

資料來源：Edmund, T. Emmer, Carolyn, M. Evertson, B. Clements, et al.（1984）. *Classroom management for secondary teachers.* Englewood Cliffs, NJ：Prentice－Hall, 119－120.

高效能教師所採用的教學技術似乎相當複雜，端賴教師在平常教書之際設定一些教學改進目標、實施、檢討與反省、再實施等過程以加強自己的教學能力，同時抱持熱心、愛心和溫暖的態度，並多與同校或他校教師討論教學方法要領，則不難成為具高度專業水準的教師。

第四節
諮商心理學在教學上的應用

學生在學習上發生困難，往往並非由於能力不足或學習不力，而是學生受到心理因素的影響之故。茲介紹三種以心理治療理論方法為基礎的教學法，以促使教師有效地幫助學生達成學習的目的與需求（李咏吟，民74）：

一、完形教學過程

完形教學過程是根據心理學家潑耳士（ Fredrick Perls ）的完形心理治療法的理論與技術，運用於學校情境之內，特別對特殊教育上具有情緒及行為問題的青少年學生有所幫助。完形心理學視人性具有應付生活的本能，因此，完形的人性觀實奠基在存在主義的哲學及現象學（ phenomenology ）上。大前題在於個人欲達到成熟的境界，就先必須在其生命中尋覓個人的途徑並擔負

起個人應盡之責。個人的知覺（awareness）影響到其情緒與行為。完形學派強調統整個人部份的或片面的人格，而著重個體的行為表現的原因(what and how)以及個人對此時此地（here－and－now）的經驗感受。個人行為原因的瞭解不足以使個人擴展其知覺層面。心理治療人員（或諮商員）的任務是在激發個案，從顯著的事物（the obvious）著手處理治療。完形治療事實上有賴個案的自我療治，心理治療人員並不向個案解釋案情，個案對案情作自己的解釋，尋求其個人之意義。心理治療人員主要是如何激發個案從仰賴他人或環境的支助到自我的支助（self support）。完形治療可使個案發現個人有自己意想不到的能力，可做很多的事情。個案失去對自己能力的信心乃是因為知覺受到阻礙。因此，完形治療針對個案的感情，身體的言語、現時的知覺（awareness at the moment），及知覺的阻礙──從明顯的事實著手，使個案發揮其個人的感受（senses）。影響個案心理平衡的另一原因是個人未表現的感覺（unexpressed feelings），完形學派稱之為未完成的事（unfinished business），諸如個人的憤怒、仇恨、焦慮、悲傷、痛苦、罪惡感等皆是。這些未完成的事通常與個人的回憶或幻想聯結一起。完形治療主要乃使個案在此時此地親身體驗這些事情，使能與這些過去未完成的事相抗衡。個案無需解說原委，直接體驗衝突的事物可使個人的知覺層面逐漸擴張，個人處事的能力得以開展（Perls, 1969a, 1969b）。

　　從學習輔導的立場來說，前述完形治療學派對教育的功能也許僅止於抽象理論而已。然而事實上並非如此。基於該派堅信個人有能力處理自己的事，個人祇不過迷失於過去未完成的事中，

個人自應肩負起解決問題的責任。

以完形學派方法運用到教室情境雖不多見，下面是兩項重要的完形教學實例，值得從事學習輔導的教師參考：

(一)運用於特殊教育班級以輔導有情緒及行為問題的學生

特殊班級的學童大抵本身覺得無能（powerlessness）及對學習有厭惡之感，甚至學童的家長亦染有相同感受。心理學家里特門（Lederman, 1969）運用完形的觀念，要求這些內心充滿怨恨、憤怒及感到無助的問題學童對自己的所為負起責任。里氏並不以教師的身份和權力去約束這些學童；相反地，毫不矯飾地接納他們的感覺。里氏的作法與傳統的教師以壓制學生的不良行為和感覺大相逕庭。一般教師認為學生的問題行為如不壓制，則教室秩序無以維持，里氏卻以為學生的問題行為及情緒應鼓勵表露出來，但得要求學生對其行為的結果負起責任來。里氏本人在這種輔導過程中軟硬並施（非指體罰而言），主要目的在使學生獲得內心領悟（insights）。里氏的作法主要是認為學生如不能有效地自行處理其騷擾的情緒，他們將無法專心學習任何學科。里氏採用完形的理論來輔導有情緒與問題的特殊學童是有相當成效的實例。

(二)運用於一般教學過程上

可以心理學家布朗氏（G. Borwn, 1971）的方法為代表。布朗氏根據一般適用在中小學情境的完形知覺技術（gestalt awareness techniques）發展成其自創人道教學法（humanistic approaches）。布氏首先對一些在職進修的教師介紹他的方法，目

的在幫助這些教師學習如何使學生學習的意願和學科統合在一起。布氏的人道教學法無意摒棄傳統的課程，但卻有意使教師知道可以帶動傳統的課程到學生的生活中。布氏之法跟前述里特門完全著重學生的感覺方法有所不同，其法事實上是認知和情意方面的學習的一種整合。布氏主張「萬流歸宗」的教育（confluent education），使學生的感覺、態度、價值觀、目的、抱負、及個人的生活空間結合在一起、布氏認為使用一些完形技術如幻想練習、攻擊練習、即席表演法、責任技巧等情意學習能與認知教材結合，將更能引起學生的學習動機、激發學生的責任感，使學生能更有效地獲得認知的學習。

二、現實教學方法

現實教學法是「現實心理治療」的原則在教學上的一種運用。現實治療是精神醫學家威廉葛拉塞（William Glasser）在1965年所創，是目前極為盛行的心理諮商方法。然而其功用卻並不僅限於心理治療，其觀念在學校、醫院、監獄、以及其他場合皆已為人接受採用。葛拉塞（Glasser, 1965）認為：(1)愛與被愛；和(2)自我價值與他人對己之價值感，是人的兩大基本心理需求。而現今社會是所謂「身份社會」（the identity society），個人的基本心理需求決定了其在社會上的身份（Glasser, 1975）。這種個人身份的需求包括個人對一己的突特感，與他人的分離感及個人的顯著處。由於個人有身份的需求，因此形成其行為的一種動力。然而，並非每個人都能順利達到心理的需求，

心理失調的人更是無法在需求上獲得滿足。現實治療對個人的身份之成敗——所謂「成功身份」（success identity）或「失敗身份」（failure identity），非常重視。個人身份感之形成有賴個人與他人之直接相處，及個人感受到有關成敗的自我形象。身份感與個人的責任感有密切關聯。心理失調的人最顯明的徵象就是疏遠別人，否定了周遭的現實世界。現實治療強調個人的身份感可以受到別人的影響，得以澄清；而個人的責任感也可以學習或接受教導。簡言之，現實治療認為心理失調的人，甚或其他有困難問題的人（如學生、家長等），無非是自覺失敗的不負責份子，因而無法達到個人的需求。治療的方法就是使不自我負責的個人學習合情合理，為人接受的行為以求達到個人的需求。在治療的過程中，現實治療強調積極介入個案，治療計劃之擬訂，對治療計劃之承諾，及對治療計劃成敗的責任感。

　　葛拉塞認為現實治療有其教育意義，特別是傳統的學校教育方法使得很多學生產生失敗的感覺。影響所及，即使這些學生離校後，在社會仍然被失敗的陰影所籠罩。因而，這些人缺乏被愛及有價值的自我觀念。葛拉塞的名著《無失敗的學校》（Schools without Failure）（Glasser, 1969）即欲闡揚一種新的學校教育方法，以匡時弊。在其著作內，葛氏提出學生的學業失敗乃是由於學校當局否定了學生人性的重要性。教師們對學生的一貫要求是「努力讀書獲得好成績」。教師們從不先瞭解他們的學生，然後再鼓勵他們以達到學習的目的。因此，許多學生不知自己的角色任務何在，挫折感乃由此而生，從而很早就自承失敗了。在學校裡所遭遇到的失敗，連帶在家庭中產生了失敗感，使學生對個人的價值的認識大為受損，因此發展形成一種失敗的

身份感。葛氏認爲學校教育的最初幾年對一個人來講是最重要的階段。由於學校教育過份強調記憶與成績,使許多孩童被看做是失敗的學生,使得孩童自己也覺得是失敗的學生。因此他建議學校的一般學業成績制度應該以「通過」或「優良」來替代。在教室裡,基本的教法應以討論爲主,並應強調學生以所學應用到學校以外的情境。

　　運用現實治療技術於學校情境有賴教師本身改變一些不良觀念:教師首應改變不願設法去教好問題學生及以爲這些學生無法改變的觀念。教師應知道唯有在教室的環境中才能幫助這些問題學生。雖然有時爲維持學校的正常功能不得不開除頑劣的學生,這種措施是對有問題的學生全然無助的。教師應該培養瞭解學生的能力,學習一些新的技巧以幫助學生達到他們的需求:現實治療理論強調教師個人與學生的介入與密切接觸,同時以非懲罰的意味與方式來訓導學生,使學生體會到教師對他們的關切。教學對學生而言,事實上應是非常個人化的經驗。一個學生之能否成功地經驗他的學生生涯有賴與具有責任感的其他人士的交往,而教師可說是學生生涯中遭遇到的最重要的人。也許教師的介入並非一蹴可幾,隨圖漸進,同時幫助學生增進自我價值,可使教師的介入繼續維持。面對學生個人的不負責表現,教師應予拒絕,並教導適當的行爲方法。不負責的學生是需要教師以鍥而不捨的態度來教化。因此現實教學法是除了教師的深度介入學生的問題外,教師應幫同學生擬訂改變行爲或學習的計劃,要求學生對計劃承諾,對計劃執行的成功或失敗要自行負起責任,教師不接受學生任何的藉口理由。雖然葛氏之法極須教師本身的執著,主要還是教師個人對學生的關切,才使得學生的問題化解。

三、學習者中心教學法

　　從現象主義的觀念看人性，心理學家卡爾羅吉士（Carl　R. Rogers）對人是極爲樂觀的。他認爲個人具有潛能去自我實現。個人對現實的觀感決定其實現的動機與取向。心理失調的人可以透過與治療者的關係，在治療者的眞誠（genuiness）、接納（acceptence）及擬情的瞭解（empathic understanding）的理想氣氛下發揮潛能、改變不良的行爲，促進自我的成長。這是羅吉士的個人中心諮商方法（person－centered approach）的簡單描述。其重點是假設治療者本身是純眞一致的人（a　congruent person），當事人是心理矛盾不一致的（incongruent），藉治療者與當事人的個人關係，以達成諮商之目的，但治療的主要責任在於當事人身上。

　　羅吉士（1961）早就試用其以當事人爲中心的諮商方法於教學上，頗受良好回饋。在其一九六九年的著作《自由學習》（Freedom to Learn）內，羅氏推介以「學習者爲中心的教學」（learner－centered　teaching），強調與其當事人中心治療法相同的觀念。這種教學法可以視之爲發現學習法（discovery　approach）的極致（Biehler,　1974），亦爲羅氏的理想之教育模式。羅氏本人以爲如果在百班中有一班級教師能讓其學生自由地學習其個人之所願，則目前的教育是有革新之望的。羅氏認爲以學習者爲中心的教學法主要是幫助學生「共同分享在探察中的人際態度與關係」（Rogers, 1964, p.15）。這種觀念，換言之，是

羅氏所謂的「經驗學習」（experiential learning）。羅氏之法與一般發現式教學法之最大不同處即是其經驗學習強調教師與學生間的個人互動。

　　以學習者為中心的教學法是羅吉士的人道教育（humanistic education）的手段。羅氏認為其法適合在各級學校使用，因為教師可信賴學生能自覺與本身存在有關、且具有意識的學習問題，祇要教師能在學習環境裡培養一種自由和信任的氣氛，學生們是可以自行從事有意義的學習的。羅氏的方法的主要基礎如下：

1. 先前條件（precondition）：在學習環境中的領導人物（可為教師，亦可為學生）必須本身是極具安全感的人，在人際關係中，極獲他人之信賴。如此項先前條件不存在，以下的基礎將無法達到。

2. 學習環境中的催化者（the facilitative persons）：在學習的過程與學生們共同負責學習之促進。班級教學雖有一貫的課程，但整個學習的策略卻應由師生共擬共擔。

3. 學習的催化者以個人的親身體驗、書籍或其他資料，作為學習的資源，並鼓勵學習者提供個人的經驗與知識以增加學習的資源。

4. 學生們個別發展其學習計劃或共同合作擬訂其學習計劃。

5. 培養有利學習的氣氛首由學習的領導者（教師）為之，學生可以體會出真實（realness）、關切（caring）、及瞭解的傾聽的氣氛。當學習過程漸漸推進，這種氣氛就逐漸地由學習者自行培育。就像從書本上的學習一樣，學習者可以從相互學習中獲益。

6.學習的焦點針對繼續不斷的學習過程，學習的內容即使有其意義，亦不過淪為次要而已。因此，一項課程學習之評鑑重點不在學生已學習到需學的內涵，而在是否學習所需知識上有所進步。

7.促成學生達到學習目的的管束是自我約束（ self－discipline ），學生瞭解其個人職責。

8.評鑑個別學生學習的成果主要由學生自行為之（雖然有時多少受到他人回饋的影響）。

9.在這種促進成長的氣氛下，可以使學生學習得更深入，更快，比傳統的教室教學更能使學生的行為與生命充實（ Rogers, 1980, pp. 299－301 ）。

當然，羅吉士的這些學習基礎是未來教育的理想。確定教學以學生為中心是其優點，但似乎不能適用於任何學科的學習，因為有些學科的知識並非可由學生自由學習而得，因此即使熱衷於以學生為中心的教學法的教師必須斟酌其適用性。

第五節

總　　結

教師生涯的困境在於教學工作一旦完型後，由於職業的安定性，許多教師很少自省如何提高教學效能。通常一個求進步的教師其基本的態度是經常性自我檢討教學的表現、設定改進目標與

實際嘗試，並常與同事教師就教學問題交換意見。本章對於如何增進教師專業智能的建議，爲能兼顧教師在智、情、意等三方面的統合表現，比較了高／低教學效能的教師在教師信念、師生關係及教學技術等上的差異之處，務期每位老師省思及模仿高效能教師的特質，不斷自我教育，不會因爲教師因素製造學生的學習問題，反之，更能因教師的優良表現使學生的經驗充分發展，如是，則教書是一種相當能自我實現的事業。

問題研討

1.作為一位現代教師應有那些新的教師信念？

2.高效能的教師通常會有那些教師信念？

3.你在教學表現上的優缺點如何？

4.那些教師所表現的教學技能與學生的學業成就有高度相關？

5.你如何應用諮商心理學的原理以加強師生關係？

◆參考書目◆

王家通、吳裕益（民75）：國中優良教師之特質及其背景研究。
　　教育資料文摘，*98*，83－103。

李咏吟（民74）：教學原理——最新教學理論與策略。臺北：遠
　　流。

吳清山（民81）：學校效能研究。臺北：五南。

陳奎憙（民67）：師生關係的理論模式。載於教育原理。偉文圖
　　書出版社，215－249。

Anderson, H. H.(1945). Studies of teacher's classroom
　　personalities. *Applied Psychology, 6 & 8.*

Bauch, P. A.(1982). *Predicting elementary classroom teaching*
　　practices form teachers' educational beliefs. Paper presented
　　at the annual meeting of the American Educational
　　Research Assocation. NY.

Biehler, R. F.(1974). *Psychology applied to teaching.* Bos-
　　ton：Houghton Mifflin.

Brown, G.(1971). *Human teaching for human learning.* NY：
　　Viking.

Dobson, R. L., & Dobson, J. E. (1983). Teacher be-
　　liefs－practice congruency. *Viewpoints in Teaching and*
　　Learning, 59(1)*, 20－27.*

Flanders, N. A.（1970）. *Analyzing teaching behavior*. Ready, MA：Addison Wesley.

Glasser, W.（1960）. *Schools without failure*. NY：Harper & Row.

Glasser, W.（1965）. *Reality therapy*. NY：Harper & Row.

Glasser, W.（1975）. *The identity society*（revised ed.）. NY：Harper & Row.

Lederman, J.（1969）. *Anger and the rocking chair*. NY：McGraw－Hill.

Neuman, C.（1985）. *Teacher culture in successful programs for marginal students*. ED 259 459.

Onosko, J.（1989）. Comparing teachers' teaching about promoting students' thinking. *Theory and Research in Social Educalion, XVII*（3）, 174－195.

Parsons, T.（1960）. The school class as a social system. *Harvard Educalional Review, 29*, 297－308.

Perls, F.（1969a）. *Gestalt therapy verbatim*. Moab, Utah：Real People Press.

Perls, F.（1969b）. *In and out of the garbage pail*. Moab, Utah：Real People Press.

Peterson P. L., & Mark, C. M.（1978）. Teachers' reports of their cognitive processess during teaching. *American Educational Research Journal, 15*, 417－432.

Rogers, C. R.（1961）. *On becoming a person*. Boston：Houghton Mifflin.

Rogers, C. R.（1964）. *What psychology has to offer teacher education?* Paper prepared for Conference on Eduational Foundations. Cornell University.

Rogers, C. R.（1969）. *Freedom to learn.* Columbus, Ohio：Merrill.

Rogers, C. R.（1980）. *A way of being.* Boston：Houghton Mifflin.

Rosenshine B.（1983）. Teaching functions in instructional programs. *Elementary School Journal, 83,* 335－352.

Rosenshine, B., & Furst, A. F.（1973）. The use of direct observation to study teaching. In Travers, R. M.（ed.）. *Second Handbook of Research on Teaching.* Rand McNally Chicago.

Ryan, D.（1960）. *Characteristics of teachers.* American Council on Education, Washington D. C.

White, R. K., & Lippitt, R.（1960）. *Autocracy and democracy,* NY：Harper & Row.

第 *13* 章

影響學習的家庭因素

重要概念介紹

1.家庭社經地位（social－economic status）

一般用來評定家庭社會經濟地位的標準是家庭的職業水準、教育程度和家庭收入。在本文中，家庭社經地位的高低並不被視為直接影響孩子學業表現的因素，而是透過不同社經階層家庭所反映出的種種特性，包括：父母教育期望、家庭學習環境、孩子的抱負水準……等方面的差異，而影響學習表現的差異。

2.父母教養態度（parents' child－rearing attitude）

父母教養態度包括父母對孩子教育與養育的態度。在本文中父母教養態度的內涵包括了父母的管教態度、與子女親近的程度、對子女的期望、以及父母本身對於教育子女的信念與價值觀等。

3.家庭學習環境（family learning environment）

家庭學習環境所指的是家中的文化環境、學習場所的提供，以及父母對孩子學習的參與程度。本文主要著眼於父母參與的重要性，因為父母是創造家中優良學習環境的核心人物。

老師甲：我們班×××今天考試又交白卷了，我真拿他沒
　　　　辦法。

老師乙：不行哦，要通知家長好好管教一下。

老師甲：他的父母每天早出晚歸，工作很辛苦，哪有時間
　　　　管小孩！

老師乙：怪不得在學校不好管，這個同學遲早會變壞。

老師甲：是啊，放學後我們就管不到了，他不看書要到處
　　　　去晃，我們也沒辦法。

老師丙：我們班×××這次又考全校第一名了。

老師丁：真的很不簡單耶。

老師丙：這位同學很用功，家長也很配合。

老師丁：怎麼配合的？

老師丙：他自己有一間個人書房，每天唸書時間到的時
　　　　候，家裏就不開電視，全家一起看書。

老師丁：不容易哦，現在的家長很少人做得到。

老師丙：所以別人的小孩考不到第一名啊！

　　儘管學校教育提供平等的學習機會，但是來自不同家庭背景
的學生卻可能在學業表現上有相當大的差異。假若上述兩段對話
中所提到的兩位學生在智力上並無高下之別，且就讀於相同的班
級，那麼造成學業表現懸殊的因素為何呢？也許我們可以推測第
一位學生來自藍領階級的家庭，父母忙於家計，對孩子的期望僅
止於唸得畢業就好，對男孩子的行為管教比女孩更鬆，不主動與

學校老師聯絡，甚少協助孩子完成家庭作業……。而第二位學生呢？他可能來自中產階級的家庭，父母相當重視教育，視文憑為提昇社經地位的法寶，家裏有許多讀物，父母採溫和且具權威性的管教方式，對男孩的成就期望高於女孩，協助孩子的課業，關心孩子在學校的表現……。

　　從對這兩位學生的家庭背景分析中，可提出三項對學業表現最具影響的因素，就是：家庭社經地位、父母管教態度及家庭教育環境。在以下的各節裏，我們將一一探討這些因素對於學習的影響，並且瞭解親職訓練的提供對於改善家庭教育不利因素的成效如何。

第一節

家庭社經地位相關因素對學習的影響

　　家庭「社經地位」（ social－economic　status，簡稱SES ）這項指標所包含的因素，在大部份的研究中皆以家長教育程度、職業類別、經濟收入等客觀標準為代表，亦有學者加入社區環境、住家環境、家庭大小、家庭文化水準等因素來評定一個家庭的社經地位。一般而言，若父母親接受教育的年數愈多或層級愈高，所從事的職業愈具專業性與管理性，家庭收入愈豐或消費能力愈強，則其家庭社經地位愈高；反之，則其地位愈低。

　　關於家庭社經地位與學習的關係，大多數的研究皆證實社經背景愈高的學生在學業表現上優於社經背景較差的學生。從不同

的求學階段來看，家庭社經地位對學業成就有持續的影響力。以下分別將相關的研究結果按學齡階段順序陳述：

一、學前階段

　　兒童的早年經驗對其日後的發展有重大影響。個人最初幾年的生活經驗對智力的發展也相當重要。如能對學齡前兒童提供適當的學習刺激，將可幫助其語言、智力、社會化等各方面的成長，為日後的學習適應打下良好基礎。國內學者陳淑美（民62）曾研究三十二名平均年齡五歲六個月的學前兒童，將其劃分為「高社會經濟階層」與「低社會經濟階層」兩組。前組父母的教育程度都在大專程度以上，而且都具有專門性的職業；後組父母的教育程度都屬中、小學程度，甚至不識字，其所從事的職業都是非專門性的或勞力工作。研究目的在比較來自不同社經水準的兒童在語言模仿和理解能力等方面是否有差異。結果顯示不同社經水準的環境差異在兒童的語言模仿和理解的控制力上亦顯示出極大差異。也就是說高社經地位的兒童有較好的成人語言模範與刺激，有較多增強和鼓勵語言學習的機會，而低社經地位者相形之下擁有較少的學習機會，因此產生了顯著差異。家庭社經地位的高低除了影響學習刺激的多寡之外，亦影響兒童接受學前教育的機會。林淑玲（民71）研究國小一、三、六年級學童其家庭社經地位與學前教育對學業成就之影響，結果發現：(1)家庭社經地位愈低，接受學前教育的年數愈少；(2)學前教育對一年級兒童之各科學業成就及三年級國語科、數學科學業成就有顯著影響。

由研究結果可知學齡兒童之家庭社經地位會影響其接受學前教育的多寡，而學前教育對日後的學業表現有相當大的影響。為免孩子輸在起跑點上，學齡前階段的教育品質不容忽視。

二、國教階段

來自不同家庭社經背景的學童在學校的表現仍持續顯示出差異性。較高的學業表現與升學率常是屬於較高社經地位的學生群，而輟學、偏低的升學率、偏高的犯罪率……等等卻常與較低社經地位的學生群有關。黃富順（民63）的研究以家長職業水準與家長教育程度為家庭社經地位的指標，以國中三年級中等智力學生為研究對象，在家庭社經地位與學生學業成就的相關研究上所得結果為：(1)國中學生學業成就與家長職業水準有顯著正相關，即家長職業等級愈高，學生的學業成就亦愈高；(2)國中學生的學業成就與家長教育年限呈正相關，家長教育年限愈長，學生的學業成就亦愈高。由於社經地位較高的家庭，父母教育程度較高，對子女的學業較重視；而由於職業階層亦較高，家庭經濟不虞，親子之間較為接近，子女從小接受較多刺激，語言運用較純熟，在入學前已具備較佳學業表現的有利條件，入學後由於具有較高的成就動機，更助長了較優異的表現。不同社經地位所帶來的學業表現差異會因為能力分班之後更形嚴重。通常較低社經背景的學生被編入後段班的比例較高。馬信行（民74）以國中二、三年級前段班與後段班學生為研究對象，結果發現：成績好的學生，其家庭社經背景也較高，父母較關心平時作業成績，對

孩子的成績感到滿意時，較能以口頭讚許來鼓勵，家中有較多的兒童百科全書、期刊、報紙。在家中書籍方面，科學性與文學性書籍以前段班學生較多，而消遣性書籍則後段班學生較多。在寒暑假時，能督促孩子看課外科學書籍或預習下學期功課者，以前段班學生的父母較多。

三、高中階段

我國的高中教育，本質上近似大學的預備教育。在高中的學業表現以及大學入學機會上，家庭社經地位仍持續保有其影響力。簡茂發（民73）以高中三年級學生為研究對象，發現在家庭社經背景方面，諸如父親職業、父母教育程度、父母每月總收入等因素，都和高中生國文、英文、數學三科的學習成就有關。學業成就因社經地位不同而有差異的現象，存在國文、英文兩科和女生樣本中，多於數學科和男生樣本。這個現象可能的解釋是：國文科與英文科的學習表現與家庭文化環境較有關係，而數學科則較與天賦能力關；而且由於性別期待的不同，男學生被期望有較佳的學業表現，因此較不受階級差異的影響。

在大學入學機會方面，張明輝（民66）的調查發現：大學入學機會與考生父母教育程度、職業類別、家庭收入、家庭居住環境、家庭大小等因素有關。大體而言，父母教育程度較高（尤其是父親教育程度）、職業等級較高（尤其是父親的職業）、高收入、居住於城市地區且家庭總人口數或兄弟姊妹人數較少者，其錄取大學的比率較高。另外，黃昆輝（民66）的研究亦獲得

類似的結果：父親教育程度高中以上，母親初中以上，父親職業為專業人員或管理人員以上，兄弟姊妹數在一至三人之內者，有較高的大學錄取機會。

楊瑩（民 83）的研究發現，在同一教育階段中，不同類型學校學生的組成結構有相當大的差異：在高級中等教育階段，高中學生的家庭背景最優，其次為五專、高職。在高等教育階段，大學院校學生家庭背景最優，其次為三專、二專。對個人受教機會影響較大的客觀變項為父親教育、父親職業及家庭每月收入等變項。而父親對子女的教育期望對個人畢業後升學計畫與選擇有極為重要的影響。

家庭社經地位對學業表現的影響可謂相當深遠。社經地位的高低影響受教育的機會、學習環境的良否以及求學動機的高低。除了擁有這些有利學習的條件之外，研究亦顯示資優學生多來自較高社經地位的家庭（郭素蘭，民 72）。或許是遺傳上的優勢再加上後天環境的陶冶，高智商兒童的家庭社經背景普遍較佳；而相對地，智能不足兒童的家庭社經背景則較為低劣。簡茂發與羅芙蓉（民 78）的調查發現，國小資優兒童的學習環境優於普通兒童，而家庭社經背景對兒童的學習環境關係最大。陳榮華（民 70）的研究發現，與普通班的學生比較起來，國中益智班學生的家長社經地位相當低劣，父母教育程度以小學為主，職業以工人及小販為多，兄弟姊妹亦人數眾多。而且在家庭教育環境方面亦相當不佳，如家中課外讀物及玩具稀少，所受學前教育機會不多，旅遊經驗貧乏等等。

綜觀上述研究可以發現來自高、中、低社經地位家庭的兒

童，在受教育機會的多寡、家中學習環境的優劣、父母關心其學習狀況的程度……等方面都有所差異。在勞工階層的家庭中，父母工作的環境惡劣、家中物質水準低落、工作上的滿足也較少。在這種情形下，父母對兒童的教育期望、教養態度，以及參與兒童學習活動等方面都會受到影響。Metcalf 與 Gaier（1987）認為以往低社經地位的父母傾向於較看輕教育的價值，對於兒童的學業表現較不感興趣；而中產階層的家庭則相當重視教育。不過有愈來愈多勞工階層的父母希望自己的子女能有好的表現，而且對子女的學習成就施以更大的壓力。雖然如此，僅有約三分之一的勞工階層父母會期望自己的孩子進入大學。而中產階層父母則將教育視為一種獲得職業或社會成就的主要手段，因而相當重視子女的學業表現。因此在不同的教育期望之下，中產階層家庭的子女確實在大學入學率上優於勞工階層的子女。在父母教養態度方面，由於勞工階級的工作大多是服從性質，甚少獨立判斷或集體構思的運作部份，這種職業角色反映到對子女的教養態度上，容易形成較權威獨裁的管教方式。而中產階級者的工作性質較需要合作協調，兼重個人與團體的表現，因此反映到對子女的態度較民主且尊重。Logan（1978）的研究顯示：中產階級白人家庭若採用溫暖且非限制（non-restrictive）的教養方式則子女有較高的學業成就。但是居住於都市區（urban）的黑人家庭則以溫暖而限制的教養方式對子女的學業較有益。因為黑人父母若是亦採非限制的教養，子女常容易轉而受同儕團體的影響，反而輕視學習的重要性。因此可知並非有某一種教養方式是最合適的，社經背景的影響必須列入考慮。在父母參與（parental involvement）方面，若是父母愈能主動提供孩子學習刺激，並且愈早開始引導

孩子學習及探索，則將來孩子在學習上愈可能有良好的表現。Ninio（1979）的研究指出：較高社經地位的母親認爲替孩子說故事、買書、常和孩子說話……等等有助於孩子的心智發展。而低社經地位的母親則傾向於認爲孩子的身體成長是父母要關注的，心智成長的部份則可以交給學校。事實上，父母才應該是兒童的第一位老師，責無旁貸。

　　社經地位除了影響父母的教育期望、教養態度與學習參與之外，並經由父母對子女的影響力而造成子女的學業表現差異。所以社經地位並非直接影響學業表現，而是透過對一些中介變項的影響。造成高社經地位學生在學習上優勢的中介變項包括：高社經地位家庭所能提供的優良學習環境、父母對子女的高教育期望、父母關懷孩子的課業、孩子擁有高的成就動機……等。陳奎熹（民71）歸納出至少有九項因素受到家庭社經地位差異的影響，而直接間接影響到學生的教育機會與學業成就。這些因素分別是：家庭物質條件、父母教育態度、父母教養方式、父母價值觀念、語言型態、智力因素、成就動機、抱負水準及學習環境等。鄒浮安（民83）以後設分析的方法，針對國內十五篇以「家庭社經地位與學業成就關係」爲焦點的研究論文爲樣本，發現由家庭社經地位解釋學業成就的變異量只約佔百分之五・五，顯示在家庭社經地位與學業成就之間的確存有許多中介變項之影響，諸如家庭文化、教養方式、家庭氣氛等等。無論屬於何種社會階層，只要父母關心子女的教育，採用適宜的教養方式，爲子女創造有利的學習環境，則定能提昇其教育成就。因此，努力去造成孩子在學習上的優勢條件，才是父母最該努力的。

第二節

父母教養態度對學習的影響

在親子關係的研究上，最常探討的是父母教養子女的方式與態度。陳淑美（民 70）調查我國國民教育階段中兒童及青少年親子關係的發展，結果發現兒童及青少年所覺知的父母「愛護」、「拒絕」、「精神獎勵」、「物質懲罰」和「命令」的態度與子女的自我觀念、內控信念、情緒穩定性、行為問題等各項人格特質有顯著相關存在，其中愛護與拒絕最為顯著。父母的教養態度除了影響子女的人格形成之外，亦對子女的學習造成影響。許多研究皆指出，若父母對子女的管教側重愛的方法、強調感情、瞭解，並按子女的興趣予以合理的滿足，則兒童在學校的表現較佳。反之，過份淡漠、憂慮和專制的家庭，其子女的學業成績往往較差（引自黃富順，民 62）。國內有關父母教養態度的研究主要偏向兩類群體的比較研究：一為資優生與普通學生的比較，另一為高成就與低成就學生的比較。在資賦優異兒童的研究方面，簡茂發與羅芙蓉（民 78）調查國小資優及普通兒童的父母教導方式，結果顯示資優兒童的父母以「高關懷低權威」方式教導子女者較多，普通兒童的父母則以「高關懷高權威」或「低關懷高權威」方式教導子女者為多。在父母教導方式中，「關懷」的因素與「學習環境」相關密切，亦即關心子女的父母通常能提供較佳的學習環境。陳淑美（民 73）的研究亦是比較國小資優和

普通兒童所知覺的父母各項教養態度的差異情形。研究發現資優兒童較普通兒童心目中認為父親持有較多寬鬆態度，較少命令態度；而母親亦持有較多寬鬆態度，較少拒絕態度。在各年級資優兒童心目中父親的寬鬆態度隨年級遞增，而拒絕和物質懲罰態度隨年級遞減；至於母親教養態度方面，寬鬆態度亦顯示隨年級遞增現象。由上述研究結果可知資優兒童的父母多採用關懷與寬鬆的教養方式，較少拒絕或命令的態度。在民主尊重氣氛下成長的兒童確實較能充分發展其天賦才能，因此對資優兒童的教養宜採高關懷低權威的方式。不過，並非這樣的教養方式就能培育出資優兒童，應當依孩子不同的資質與氣質而採用合適的管教方式。

對於資優學生的父母教養方式之研究可以幫助我們了解何種方式是有助於孩子天賦才能的發展。而對於高成就與低成就學生的父母教養方式的比較，則可以讓我們進一步了解何種方式有助於孩子的學業表現。Morrow 和 Wilson（1961）指出高成就學生的父母給予子女較多的讚美與贊同，表現出對子女瞭解及有興趣的態度，與子女相當親近，讓子女有家的歸屬感並且向父母認同。另一方面，低成就者的父母表現出較專斷與過份嚴厲的態度，較常使用體罰。此外，低成就者的父母常是過度嚴厲或者是過份溺愛的，家中氣氛常是緊張且有壓力的。蘇建文（民65）對國中高、低成就學生心目中父母教養態度之分析，結果顯示高成就學生心目中，父母表現較多的愛護態度，並且應用較多的精神獎勵方式與較少當眾羞辱或收回愛護等精神懲罰方式。而低成就學生心目中，其父母較易表現拒絕與忽視的態度，較多應用精神懲罰方式。所以，在關愛中成長的孩子擁有良好的表現，而在責罵中成長的孩子通常不能自我肯定、抱負水準低落且表現不

佳。親子關係是互動的，父母若能以關懷的態度，不吝給予讚美，孩子成龍成鳳的可能性也會較高。Gottfried 與 Gottfried 研究父母的獎懲策略（ reward strategies ）與孩子的學業表現之關係，發現強調孩子能力的獎勵能提昇其成就動機，獲得較多讚美的孩子表現出較高的成就。而相反地，強調外在獎賞或貶低孩子能力的獎懲則對成就動機及表現有負面影響，同時也會造成較多的在校行為問題以及無效的學習。

　　父母教養方式確實對子女的學習成就有所影響，研究顯示中途退學的行為受到家庭的影響亦相當大。Dornbusch、Ghatak、Poulos、Ritter 和 Rumberger 等人（ 1990 ）的研究比較中學退學學生與一般學生在家庭影響上的差異，結果顯示有三方面的不同：(1)教養方式的不同：退學者的家庭教養方式是較容許的（ permissive ），他們常常要自己去判斷行為的適當與否；(2)父母對分數的反應之不同：退學者的父母較傾向於對孩子的學業表現有負面的情緒，而一般學生的父母則有較多正面的情緒反應；(3)父母有無參與學習的不同：退學者的父母較少關心孩子在學校的表現。從這三方面的不同，可以進一步探討家庭是如何影響退學行為的產生。首先，允許式的教養方式可能導致過度的自主。尤其在青少年階段的孩子若缺少父母的指導常容易受制於同儕的影響力。其次，父母對孩子所得分數的反應可能會助長或阻礙孩子的內在動機。使用外在的獎勵與懲罰會減低內在動機，因為孩子傾向於將他們的表現歸因於外力的作用，而非自動自發的。相對地，若父母常給予鼓勵、讚美和其他正向的回應，最後孩子會學到為自己的行為負責，而這種責任感有助於內在動機的發展並能增進學業表現。最後，父母參與孩子的學習活動對學業

表現具有最直接的幫助。父母的參與包括：監督及幫助孩子完成家庭作業、參與學校的會議及校務運作、提供一個支持性的學習環境……等。要解決中途退學的問題，家庭必須能提供一些助力，改變不合適的運作方式。這些助力包括：社會性的支持（social support）、學業上的鼓舞（academic encouragement）以及學業上的幫助（academic assistance）。除了在家中多用鼓勵的教養方式，並在學業上給予幫助之外，在學校營造一個支持與鼓勵性的環境亦有助於延續家庭的功能或彌補其不足。

　　綜觀上述各種學生的比較研究，究竟有哪些父母的行為與態度會影響學業表現呢？Powell（1990）列出有五個範圍的行為表現是與學業成就有關，以下就此加以討論：

一、親子間的口語互動

　　許多親子之間的口語互動行為都和學校成就有關，包括：母親為孩子閱讀的多寡、問孩子問題的多寡、母親的口語反應、在教導過程中要求口語或非口語反應的多寡、是否允許孩子參與用餐時的對話、是否鼓勵孩子設想未來的行為與結果或是為過去事件重新建構不同的選擇……等。父母是孩子的第一位啟蒙師，親子之間口語互動的頻繁與富智性的啟發對於孩子未來的學習無疑打下良好的基礎。

二、對成就的期望

在學生求學過程中，家中（尤其父母）通常是對其影響最大的人，楊瑩（民83）的研究發現，父親的期望對子女未來的升學或就業有極大的影響。林寶山（民67）的研究亦指出，學生的升學意願與家長的期望頗多一致之處。

一般而言，若父母對孩子有高的期望，孩子亦會有較好的表現，但是若父母的期望過高或是超出孩子的能力太多，則反而會造成孩子對失敗的焦慮，而感到沮喪或自我貶抑（郭生玉，民64），是以父母應當依子女的能力及性向予以合適的期許。除此之外，父母對男孩子與女孩子的期望常是不同的，有許多研究都發現父母對男孩要求較嚴，期待較高，在教養上較女孩採用更多獎勵與懲罰；而女孩則認為父母較具有愛護及寬鬆態度（蘇建文，民65；陳淑美，民73）。由於性別期許的差異造成男女在成就動機的發展上有所不同，男孩子較看重成就的追求而從中獲得自我肯定；女孩子則往往將成就表現視為博取注意或讚賞的手段。所以，若家中有兩位以上的小孩，父母應當儘量給予相同的期望水準，不要偏愛某個小孩或偏好男孩或女孩。當然父母的期許必須也包含尊重和體諒，包容孩子有表現不理想之處，給予合適的期許而非壓力或責怪。

三、親子間的情感關係

　　有很多研究都強調父母溫暖的關懷與孩子的學業表現有關。
親子之間情感的培養從父母與孩子相處的時間、使用獎懲的態
度、口語溝通型式、對孩子是否感興趣……等方面就可以看出成
效。現代的父母與子女相處的時間減少，而在短暫相處的時間
裏，父母肯花多少時間來從事一些教導的活動就與孩子的學習有
很大的關係。若父母所能與孩子共享的就是晚餐與電視，甚少面
對面與孩子做口語上的互動，孩子若不順父母之意則遭來責打，
這樣的親子關係必屬情感匱乏的類型。而相反地，親子間若有良
好的情感關係，不但可以增進孩子的自信心，增強其抱負心與成
就動機，且對其學習上的表現相當有助益。

四、常規紀律的訓練

　　在上文中曾經提過，「容許」的父母管教方式對孩子的學業
有不利的影響。而事實上，具有權威性的（authoritative）而非
獨裁的（authoritarian）父母管教方式可能更有助於孩子的課業
（Lamborn et al., 1990）。一種具有指導性與控制性、是溫暖、
合理、不責罰且態度堅定的管教態度有助於孩子在學業及品性上
的表現。一般人以為在青少年時期的孩子最不喜歡被管教，會反
抗父母的權威，但實際的情況是，青少年時期也是有很多的徬徨

與迷惑的年紀，他們需要成人的引導，他們也常常不能確定自己
的表現是否適當，因此父母不應放棄管教的責任。管教是必須
的，但是應當使用有效的策略，尊重、合理與堅定的態度可以讓
孩子更容易接納父母的管教。

五、父母對孩子的發展之信念

　　許多研究顯示孩子的智力功能的發展與父母對於發展歷程的
信念有關。父母若認為孩子在很小的年紀就具備心智活動的能力
或是愈早開始孩子在認知上的學習活動，則孩子的智能發展會較
優良（ Schaefer, 1991 ）。相反地，若父母的信念是孩子會自然
成長、資質是天生的、照顧孩子的身體比較重要，則父母傾向於
認定孩子的能力不會改變，較可能相信老師對孩子的評價並如此
去看待孩子。是以父母的信念影響了對待孩子的行為與情感上的
表現，決定了對待孩子的態度，影響可謂深遠。

　　良好的父母教養態度包含了相當豐富的內涵。從父母的信念
開始，父母若能明瞭幼兒教育的重要性，能夠給予孩子豐富的學
習材料，啟發其智能的運用，則從親子互動中不僅培養了親密的
情感關係，也能讓父母慢慢了解孩子的資質與才能進而建立合適
的成就期望。親子之間若能維持尊重與關懷的互動，則孩子的行
為規範也會漸漸在父母的陶養之下形成。要培養學業與品性俱佳
的孩子不能只有一種方法，通常多種策略並用才不會失之過當。
Heilbrun、Harrell 和 Gillard（ 1976 ）的研究發現母親的關愛態
度與孩子的成就有正向的相關，但是這種關係必須是在母親的控

制態度也相當高的時候才成立。也就是說，母親若是兼採關愛與控制兩種教養態度對孩子的學業較有利。除了善用各種管教策略之外，父母若能採取一致的管教，多用鼓勵少用責備，重視孩子的功課，提供孩子良好的學習環境，則對孩子未來在學業與品性上的表現都有很大的幫助。

第三節
家庭學習環境對學習的影響

　　家庭學習環境的良否可由家中是否能提供充足的文化刺激、父母親對孩子課業的參與情形，以及孩子是否有適宜的讀書環境等方面來判斷。家中文化環境與家庭社經地位有密切關係，通常具有較高社經地位的家庭在文化水準上亦較高，家中有較多的書籍、期刊及報紙。社經地位除了與家庭文化環境有關，亦影響父母的教育態度及對孩子的學習參與的程度。事實上，有些學生的低成就表現主要原因就在於「文化不利」，在家中既缺乏學習經驗而且父母亦不重視學業成就，在這種環境中成長與其他從小就有許多讀物且接受過豐富的才藝訓練的孩子自然相差頗大。兒童時期的學習經驗相當重要，家中能否提供良好的學習環境與孩子的學業表現有最直接的關係。

　　有關家中文化環境的研究大多肯定文化經驗對學業成就有正面的影響。Schaefer（1991）認為父母親所提供給孩子的文化經驗，尤其是有關書籍閱讀方面的經驗以及父母本身在文化、智能

與語文活動等方面的示範都會影響孩子能力的發展。文化經驗的提供有助於孩子在智能上的開發，郭素蘭（民73）的研究，顯示國小資優兒童的父母提供較多的文化刺激、較常與子女討論所提的意見、給子女的課業壓力較小。雖然，研究中無法證實究竟是父母在文化刺激上的提供有助於孩子的智能發展，亦或是孩子的優異表現鼓勵了父母予其更多的學習經驗，但是相信親子間的互動若要有良性的循環，父母應當設法充實孩子的文化經驗，當父母開始參與孩子的學習活動後，從孩子的回饋中亦能漸漸發掘其才能，這些回饋進而催化了父母繼續投入的行為。

　　父母對孩子學業關心的程度與其學業表現有密切的關係。Metcalf和Gaier（1987）認為父母對子女的學業直接參與或是子女覺知其參與的態度，都會對孩子在校的相關表現有所影響。而相對地，父母親不關心孩子成績表現的態度也會造成其放棄追求學業上的成就。Becher（1984）從對高成就學生的研究亦發現其父母給予較多的成就壓力及課業指導、對其學業較有興趣並且有較高的教育期望。有許多的研究皆證實來自於父母在學業上的支持與鼓勵對孩子的學業成就最有助益。Marjoribanks（1984）認為來自父母的鼓勵對於孩子未來在教育及職業上的抱負有直接影響，這種影響力比任何其他社會關係因素還要強。對於來自低社會階層的兒童往往不容易引起他們的學習動機，主要原因亦在於無法得到家庭方面的鼓舞與支持。因此，如何鼓勵家長參與孩子的學習活動（甚至是參與學校的校務推展）可能是教師需要去努力的方向。

　　Crawford（1985）曾經設計一套課程是有關於引導家長教導孩子的閱讀技巧，結果相當令人滿意，顯示父母所給予的支持

與鼓勵發揮了正面的效果。Becher（1984）認爲唸書給孩子聽的練習與孩子將來的閱讀能力發展有顯著的關係，透過這樣的活動可以增進孩子的：(1)語彙吸收與表達能力；(2)語文理解能力；(3)造句的長度；(4)字母與符號的辨識；(5)基本概念的發展與類化；(6)對書本的興趣。由父母來引導孩子學習不僅效果顯著而且對各項學習能力的發展亦有深遠影響。Epstein（1987）曾舉出十六種方法可供教師用以引導家長參與孩子在家中的學習活動，包括閱讀、遊玩、教導及益智遊戲等。這些方法條列如下：

1.請父母按時唸書給孩子聽或聽孩子朗讀。

2.指定給父母一些書籍、作業書及其他學習材料。

3.請父母帶孩子上圖書館。

4.請父母讓孩子談談今日在學校所做的事。

5.指派一項作業是有關孩子向父母提出問題。

6.請父母與孩子一同觀察某個指定的電視節目，看完之後再互相討論。

7.提供幾種方法讓父母可以帶著孩子參加他們的教育進修活動。

8.提供幾種有關學校課程的遊戲或團體活動可供親子或手足間一起進行活動。

9.建議父母如何使用家中的材料及活動來引起孩子在閱讀、數學與其他科目的興趣。

10.建立一種正式的契約讓父母能監督與協助孩子完成家庭作業。

11.建立一種正式的契約讓父母能依孩子在學校的表現或行爲給予報酬。

12.請父母某一天前來觀察教室。

13.向父母解說一些教學、製作教材及安排課程的技術。

14.給予父母可以評量孩子的進步情形或是提供其他回饋資料的評量表。

15.請父母在完成的家庭作業上簽名。

16.請父母給予孩子拼字練習、算術練習及一些練習的活動，或是幫助完成指派的作業。

　　由上述的建議可知若父母能多花時間協助孩子的課業或提供一些家中的學習活動，則不僅有助於提昇孩子在學習上的動機，進而能使家中成為學校之外另一個延續學習活動的場所。雖然由父母來擔任家中教師的角色對孩子有相當大的幫助，然而大多數的父母卻很少做到如此。Powell（1990）從相關研究中發現在父母與子女相處的時間中，僅有約百分之二十的時間是具教導性質的，包括幫助或教導、閱讀或聆聽，以及遊玩等親子活動。研究中亦發現在三到五歲之間的孩子，平均一天中有七分鐘的時間可以聽到父母唸書給他們聽，但是一天之中就花了一小時又十五分鐘在看電視。在今天來說，父母們花費最多時間從事的休閒活動就是看電視，很多孩子最豐富的幼年學習經驗也是來自觀看電視，無怪乎有人戲稱今日的兒童是「被電視帶大的」。孩子們觀看電視的時間長度其實與父母很有關係。父母若本身就花了很多時間在看電視、或者鼓勵孩子觀看電視，以取代親子相處的時間，則容易讓孩子也養成愛看電視的習慣。其實，如果善用電視為一種教育課程一樣能夠提供孩子良好的學習內容。重要的是，父母如何去積極創造孩子的學習機會。

親職訓練的內涵與成效

　　在一九六〇年代中期以後至一九七〇年代中期，美國聯邦政府大力推行為低收入家庭父母所安排的補救教育課程，目的在訓練父母如何教導子女。這些親職課程的實施是希望能從改變父母與子女相處的方式，藉由父母參與的力量來預防或補救子女在基本的認知能力及學校課業表現上的缺陷。而我國教育當局也注意到家長參與的重要性，於是在國民中、小學推行了一些親職教育活動，例如：規定中小學組織家長會、舉行母姊會、教師定期家庭訪問等（歐陽闓、柯華葳、梁雲霞，民79）。雖然強調學校與家庭之間的聯繫，但是真正有子女教養上問題的家長卻往往是最忽略與學校聯繫的一群，所以我國在親職教育上的推展應當更具主動性，主動提供較低社會階層家庭一些親職課程上的訓練，從預防的角度開始做起。

　　親職課程究竟應具備哪些內涵才能夠真正達到促進良好親職功能發揮的目的？Schaefer（1991）認為親職教育應當包括的內容有：(1)幫助父母了解哪些技巧及行為有助於教育與職業上的成就：這些技巧包括了說、聽、讀、寫等有關語文智力發展的能力，以及像好奇心、創造力與毅力等等內在動機。對於這些能力的發展有所了解可以促進父母更積極投入孩子的教育；(2)使父母了解其有關孩子的養育及教育的信念與價值觀對孩子未來成就的

影響：澄清父母本身的價值信念有助於改善親子間的關係；(3)使父母了解其對於孩子在家中的學習有何幫助：讓父母明瞭幼兒的學習潛能以及父母的影響力，並了解父母所扮演的角色除了提供教育經驗之外，還有對孩子在教育上的計劃與安排；(4)讓父母明瞭有哪些行為對孩子的成就與發展有影響：父母對子女的教養方式以及親子間的關係對孩子的學業成就與人格特質發展同等重要。

　　親職教育的提供最重要是能與父母建立合作的關係。若父母認為參與親職課程的確有所助益則必然較願意應用所學到的內容，且與學校的配合度也會提高。因此對於參與親職課程的父母本身的感受必須予以重視，瞭解父母真正需要的是什麼，而不是給予一些專家自認為相當重要的概念。一種經驗分享的態度會比「讓我來教你們如何當父母」的態度更能令人接受。Powell（1990）發現多數為低收入家庭安排的課程計劃皆包括了醫療服務、對兒童發展的診斷服務，或者是兒童保護的服務。由此可知，社會福利救助以及社區服務資源的運用亦可納入為親職教育的服務項目中。給予家庭最實際的幫助應比任何課程更有直接的影響力，只不過要做到這部份必須有穩固的經費支援，超過學校本身所能提供的。

　　在許多有關親職方案成效的研究中，Becher（1984）歸納出親職課程的實施有助於增進孩子的智能發展，並且這樣的效果可以持續一年以上，甚至有的研究還發現在親職方案結束後的四至五年的追蹤研究仍見其效果。除了在智能上的助益之外，親職教育課程亦能有效增進孩子的語文表達能力、提昇他們在成就測驗上的表現，以及對他們在校的一般行為表現皆有助益。親職方案

帶給家庭的改變主要在於影響：(1)父母親的教育方式；(2)父母與子女互動的情形；(3)父母對於家中學習環境的安排。接受過親職教育的父母較願意改變對子女的教養態度，能與子女分享更多時間，親子間的互動增加，而且較能提供子女更具啓發性的家庭學習環境。

　　雖然許多研究都證實親職教育的效能，但是究竟有效的親職方案應包含哪些內容？Becher 從相關研究中發現有一些項目的課程內容是相當可行的，包括：(1)家庭訪問：比起家長會或工作坊等活動，家庭訪問對於孩子的認知能力的增進更具效果；(2)由父母擔任孩子的教師：重視鼓勵父母教導孩子的訓練課程對孩子的能力發展有更長遠的效果；(3)教師與父母一對一的關係比參與團體教導活動更具效果；(4)給予高度結構性的與具體的任務對父母而言較具教導的持久效果；(5)提供長期的諮詢服務：提供父母至少十八至二十四個月以上的諮詢服務，對於父母與孩子雙方面的改變最有助益。 有效的親職教育方案是兼具「指示性」(pre-scriptive) 與「個人化」(personalized) 的，也就是在課程的提供上能夠有清楚具體的目標、活動以及詳細的督導以達到質的控制，並且時時修正內容以適合(proper fit) 每對親子間的狀況。

　　在所有影響學習的家庭因素中，父母所扮演的角色是其中最核心的力量。不論處於何種社經地位、亦不論家中能提供如何良好的學習環境，父母對子女的教養態度、親子之間互動的品質，以及父母親本身對子女教育的期望及態度等才能真正決定孩子在學習上的表現與成就動機的高低。一種溫暖支持但不失權威性的管教方式、親子間共同參與學習活動、對子女合理的期望水準以及對課業與學校表現的關懷態度等表現都有助於提昇孩子的學業

成就。愈早培養學習的潛能與興趣愈可能學得好，而父母正是擔任孩子第一位教師的最佳人選。

有關父母職責的重要性實無需多加贅言。在本章末僅以 Dixon（1986）對於父母如何增進家中生活品質的建言供每個家庭做為自我評量，亦希望這些觀念能對父母們有所助益：

1.全家皆參與學習的活動

在家中談論有關學習的內容並且討論知識性的話題。鼓勵孩子思考與運用心智力量以追求更高的理想。

2.家庭中有親密的氣氛

家人有認同感與歸屬感，每位成員都彼此關懷並感到親近。家人彼此間真誠對待、對家庭有責任感、並且能夠幫助彼此達成目標與獲得滿足感。

3.對鄰里與社區的關懷

發揮睦鄰的精神，主動幫助周遭較不幸的人。

4.孩子學習獨立解決問題

培養孩子能不依賴父母的介入而解決自己的問題。孩子能自立自主則較不會產生個性上的矛盾衝突。

5.家中成員的交談內容是自發性的且表達清楚的

在家庭中的交談是不緊張的，可以自由表達意見。家中應該允許意見與情感的表達，溝通對家庭的互動關係十分重要。

6.交談的內容具有建設性

成員們彼此給予正向的回應，致力於建立家中具建設性的支持氣氛。

7.在交談中甚少予以曲解

不誇大事實的嚴重性也不貶損他人，忠實呈現事情的原貌。

8.父母允許孩子有不同的意見並鼓勵提出不同的看法

父母聆聽與不曲解的態度讓孩子有表達個人想法的空間。

9.讓孩子逐漸培養獨立

隨著年紀增長，孩子應該學習著負起更多責任並能更成熟下判斷與做決定。

10.父母親雙方皆積極參與家中事務

身為家中的主導人物，父母應能提供一種支持、瞭解與鼓勵的感受，幫助建立對家庭的認同感。

營造良好的家庭氣氛，需要父母不斷付出愛與關懷，「家」之所以塑造人就是從整個家的氣氛做起。親子關係是人生中最具影響力的人際關係，父母應當善用自己的影響力，並且也允許孩子有獨立發展的天空，在孩子的人生道路上扮演好引導者的角色。

問題研討

1. 家庭社經地位的差異會影響哪些因素而造成學業成就的差異？

2. 在您成長的歷程中有哪些家庭因素對學習是助力？哪些是阻力？

3. 您認為您會以何種教養態度教育自己的孩子？您對孩子的教育期望是什麼？

4. 若您是學校的校長，您如何規劃與推動一套合適學區內低社會階層家庭的親職教育計劃？

5. 若您是導師或輔導老師，您會用什麼方法提昇家長對子女的學習參與？

◆參考書目◆

李明生（民62）：影響才賦優異兒童教育之家庭因素。師大教育研究所集刊，*15*，129－232。

林淑玲（民71）：家庭社經地位與學前教育對學齡兒童學業成就之影響。國立政治大學教育研究所碩士論文。

林清江（民61）：家庭文化與教育。師大教育研究所集刊，*14*，89－108。

林寶山（民67）：台北市高級中學學校新生入學前後升學意願及學業成就之研究。國立臺灣師範大學教育研究所集刊，20，487-520。

吳裕益（民69）：國中高、低成就學生家庭背景及心理特質之比較研究。高雄師大教育學刊，*2*，161－198。

馬信行（民71）：家庭支持增強對國小學生學業成績的影響。政大學報，*46*，345－367。

馬信行（民74）：家庭文化背景與學業成績的關係。政大學報，*51*，139－165。

黃昆輝（民67）：我國大學入學考試報告與錄取者家庭社經背景之比較分析。師大教育研究所集刊，*20*，149－326。

黃富順（民63）：影響國中學生學業成就的家庭因素。師大教育研究所集刊，*16*，383－487。

黃福來（民71）：高中生選組狀況及其影響因素。國立臺灣師範大學教育研究所碩士論文。

許美瑞（民67）：次文化影響因素與兒童教養態度之關係。師
　　大教育研究所集刊，*20*，411－473。

陳淑美（民62）：學前兒童家庭社會經濟水準與語言模仿及理
　　解能力之關係。教育心理學報，*6*，113－119。

陳淑美（民70）：我國國民教育階段中兒童及青少年親子關係
　　的發展。教育心理學報，*14*，173－188。

陳淑美（民73）：資賦優異兒童親子關係之研究。教育心理學
　　報，*17*，131－150。

陳榮華（民70）：智能不足學生家庭背景之調查研究。教育心
　　理學報，*14*，41－58。

陳奎熹（民71）：教育社會學（第二版）。臺北市：三民書局。

張　平（民72）：高中生的教師期望、父母期望、自我期望與學
　　業成就的關係。國立臺灣師範大學教育研究所碩士論文。

張明輝（民67）：影響我國大學入學機會之主要家庭差別因
　　素。師大教育研究所集刊，*20*，589－599。

張春興（民70）：高中生的自我知覺與對父母期待知覺間的差
　　距與其學業成績的關係。教育心理學報，*14*，31－40。

張春興（民75）：加強親職教育以減少青少年犯罪之研究──
　　國教階段品學優劣與觀護中在學少年親子關係之比較研究。
　　行政院研究發展考核委員會研究專案。

郭生玉（民64）：父母期望水準不切實際時對子女成就動機之
　　影響。教育心理學報，*8*，61－80。

郭素蘭（民73）：國小資優兒童與普通兒童在家庭社經背景與
　　父母管教態度上的差異。國立政治大學教育研究所碩士論
　　文。

楊　瑩（民83）：臺灣地區不同家庭背景子女受教機會差異之研究。教育研究資訊，2(3)，1-22。

鄒浮安（民83）：家庭社經地位與學業成就之關係：後設分析。教育研究資訊，2(3)，38-47。

簡茂發（民73）：高級中學學生家庭社經背景、教師期望與學業成就之關係。師大教育研究所集刊，26，1－91。

簡茂發（民78）：國小資優及普通兒童父母教導方式與學習行為之關係。測驗年刊，36，133－164。

蘇建文（民65）：國中高、低成就學生心目中父母教養態度之分析。教育心理學報，9，21－32。

歐陽闇、柯華葳、梁雲霞（民79）：我國國民小學學生家長參與子女學習活動之研究。教育心理與研究，13，265－251。

Bar－Tal, D. & Guttmann, J.（1981）. A comparison of teachers', pupils' and parents' attributions regarding pupils' academic achievements. *British Journal of Educational Psychology, 51,* 301－311.

Becher, R. M.（1984）. *Parent involvement：A review of research and principles of successful practice.* ERIC No. 247 032.

Crandall, V. J., Preston, A., & Rabson, A.（1960）. Maternal reactions and the development of independence and achievement behavior in young children. *Child Development, 31,* 243－251.

Crawford, A.（1985）. Parental involvement and reading

behavior in one California high school. *Sociology of education, 63,* 283 – 299.

Dixon, J. R.（1986）. *The dropout dilemma：Parenting in a preventive mode.* ERIC No. ED 284 095.

Epstein, J. L.（1987）. What principals should know about parental involvement. *Principal, 66,* 6 – 9.

Gottfried, A. E., & Gottfried, A. W.（1991）. *Parents' reward strategies and children's academic intrinsic motivation and school performance.* ERIC No. ED 335 144.

Haynes, N. M., Comer, J. P., & Hamilton−Lee, M.（1989）. School climate enhancement through parental involvement. *Journal of School Psychology, 27,* 87 – 90.

Heilbrun, A. B., Harrell, S. M., & Gillard, B. J.（1967）. Perceived maternal child−rearing patterns and the effects of social non−reaction upon achievement motivation. *Child Development, 38,* 267 – 281.

Hess, R. D., & Mcdevitt, T. M.（1984）. Some cognitive consequences of maternal intervention techniques：A longitudinal study. *Child Development, 55,* 2017 – 2030.

Jayaratne, T. E.（1987）. *The impact of mothers' math experiences on their daughters' attitudes toward math.* ERIC No. ED 297 967.

Lamborn, S. D. et al.（1990）. *Patterns of competence and adjustment among adolescents from authoritative, authoritarian, indulgent, and neglectful families.* ERIC No. ED 324 attainment. *Educational and Child Psychology, 2* (1), 17 – 25.

Dornbusch, S. M., Ghatak, R., Poulos, G., Ritter, P. L., & Rumberger, R. W. (1990). Family influences on dropout 557.

Logan, R. D. (1978). *Maternal child－rearing patterns and children's scholastic achievement in different groups.* ERIC No. ED 213 512.

Marjoribanks, K. (1983). The relationship of adolescents' perceptions of family environments to earlier measures of environmental characteristics and academic achievement. *Educational and Psychological Measurement, 43,* 1153 – 1162.

Marjoribanks, K. (1984). Ethnic, family environment and adolescents' aspirations : A follow－up study. *Journal of Educational Research, 77* (3), 166 – 171.

Metcalf, K., & Gaier, E. L. (1987). Patterns of middle －class parenting and adolescent underachievement. *Adolescence, 22,* 919 – 928.

Morrow, W. R., & Wilson, R. C. (1961). Family relations of bright high－achieving and under－achieving high school boys. *Child Development, 32,* 501 – 510.

Ninio, A. (1979). The naive theory of the infant and other maternal attitudes in two subgroups in Israel. *Child Development, 50,* 976 – 980.

Powell, D. R. (1990) . *Parents as the child's first teacher*: *Opportunities and constraints.* ERIC No. ED 325 231.

Schaefer, E. S. (1989) . Prediction of child competence from maternal beliefs and behaviors during infancy. In Doxiadis, C. (ed.) . *Early influences shaping the individual* (pp. 257 – 268) . NY: Plenum.

Schaefer, E. S. (1991) : Goals for parent and future－parent education: Research on parental beliefs and behavior. *The Elementary School Journal, 91* (3) , 239 – 247.

Sealover, I. E. (1988) . *The relationship between parental involvement and academic achievement of high school students.* ERIC No. ED 321 191.

Twillie, L. D. (1991) . *Attitudes of parents and teachers toward improving academic achievement in inner－city schools.* ERIC No. ED 340 802.

國家圖書館出版品預行編目資料

學習輔導：學習心理學的應用／李咏吟等合著.
-- 再版 -- 臺北市：心理, 2001（民 90）
　　面；　　公分.--（一般教育；16）

　　ISBN 978-957-702-428-2（平裝）

1. 學習心理學

　521.1　　　　　　　　　　　　　90002593

一般教育 16　　**學習輔導：學習心理學的應用**

主　　編：李咏吟
作　　者：李咏吟、邱上真、柯華葳、杜正治
　　　　　林本喬、陳慶福、洪榮照、韓楷檉、董力華
總 編 輯：林敬堯
發 行 人：洪有義
出 版 者：心理出版社股份有限公司
社　　址：台北市和平東路一段 180 號 7 樓
總　　機：(02) 23671490　　傳　真：(02) 23671457
郵　　撥：19293172　心理出版社股份有限公司
電子信箱：psychoco@ms15.hinet.net
網　　址：www.psy.com.tw
駐美代表：Lisa Wu　　tel: 973 546-5845　　fax: 973 546-7651
登 記 證：局版北市業字第 1372 號
印 刷 者：翔盛彩色印刷有限公司
初版一刷：1993 年 5 月
二版一刷：2001 年 3 月
二版四刷：2008 年 3 月

定價：新台幣 480 元　　■有著作權‧侵害必究■
ISBN　978-957-702-428-2

讀者意見回函卡

No. _____   填寫日期：　年　月　日

感謝您購買本公司出版品。為提升我們的服務品質，請惠填以下資料寄回本社【或傳真(02)2367-1457】提供我們出書、修訂及辦活動之參考。您將不定期收到本公司最新出版及活動訊息。謝謝您！

姓名：_____　性別：1□男　2□女

職業：1□教師 2□學生 3□上班族 4□家庭主婦 5□自由業 6□其他____

學歷：1□博士 2□碩士 3□大學 4□專科 5□高中 6□國中 7□國中以下

服務單位：_____　部門：_____　職稱：_____

服務地址：_____　電話：_____　傳真：_____

住家地址：_____　電話：_____　傳真：_____

電子郵件地址：_____

書名：_____

一、您認為本書的優點：（可複選）

　❶□內容 ❷□文筆 ❸□校對 ❹□編排 ❺□封面 ❻□其他____

二、您認為本書需再加強的地方：（可複選）

　❶□內容 ❷□文筆 ❸□校對 ❹□編排 ❺□封面 ❻□其他____

三、您購買本書的消息來源：（請單選）

　❶□本公司 ❷□逛書局⇨_____書局 ❸□老師或親友介紹

　❹□書展⇨____書展 ❺□心理心雜誌 ❻□書評 ❼其他_____

四、您希望我們舉辦何種活動：（可複選）

　❶□作者演講 ❷□研習會 ❸□研討會 ❹□書展 ❺□其他____

五、您購買本書的原因：（可複選）

　❶□對主題感興趣 ❷□上課教材⇨課程名稱_____

　❸□舉辦活動 ❹□其他_____　　　（請翻頁繼續）

廣 告 回 信

台 北 郵 局 登 記 證

台 北 廣 字 第 940 號

（免貼郵票）

 心理出版社 股份有限公司

台北市 106 和平東路一段 180 號 7 樓

TEL: (02) 2367-1490

FAX: (02) 2367-1457

EMAIL:psychoco@ms15.hinet.net

沿線對折訂好後寄回

六、您希望我們多出版何種類型的書籍

❶□心理 ❷□輔導 ❸□教育 ❹□社工 ❺□測驗 ❻□其他

七、如果您是老師，是否有撰寫教科書的計劃：□有□無

書名／課程：＿＿＿＿＿＿＿＿＿＿＿＿＿＿＿＿＿

八、您教授／修習的課程：

上學期：＿＿＿＿＿＿＿＿＿＿＿＿＿＿＿＿＿

下學期：＿＿＿＿＿＿＿＿＿＿＿＿＿＿＿＿＿

進修班：＿＿＿＿＿＿＿＿＿＿＿＿＿＿＿＿＿

暑　假：＿＿＿＿＿＿＿＿＿＿＿＿＿＿＿＿＿

寒　假：＿＿＿＿＿＿＿＿＿＿＿＿＿＿＿＿＿

學分班：＿＿＿＿＿＿＿＿＿＿＿＿＿＿＿＿＿

九、您的其他意見

謝謝您的指教！　　　　　　　　　　　　　　41016